U0554899

中国文物事业改革开放三十年

国家文物局 编

文物出版社

封面设计：周小玮

责任印制：陈　杰

责任编辑：许海意

图书在版编目（CIP）数据

中国文物事业改革开放三十年／国家文物局编．—北京：文物出版社，
2008. 11

ISBN 978-7-5010-2638-8

Ⅰ．中… Ⅱ．国… Ⅲ．文物工作 – 调查报告 – 中国 –1978 ~2008

Ⅳ. K87

中国版本图书馆 CIP 数据核字（2008）第 168783 号

中国文物事业改革开放三十年

国家文物局　编

文 物 出 版 社 出 版 发 行

（100007　北京东直门内北小街 2 号楼）

http：／／www．wenwu．com

E - mail：web@ wenwu．com

北京文博利奥印刷有限公司制版

北京美通印刷有限公司印刷

新 华 书 店 经 销

787×1092　　1/16　　印张：13. 75

2008 年 11 月第 1 版　2008 年 11 月第 1 次印刷

ISBN 978-7-5010-2638-8　定价：60. 00 元

国家文物局

《中国文物事业改革开放三十年》课题组

课题领导小组组长：单霁翔

课题领导小组副组长：张　柏　　董保华　　童明康

课题领导小组成员：刘曙光　　王　军　　顾玉才

　　　　　　　　　宋新潮　　侯菊坤　　黄　元

　　　　　　　　　关　强　　叶　春　　何戍中

　　　　　　　　　王　莉　　柴晓明　　李培松

　　　　　　　　　李耀申　　张建新　　周　明

前　言

今年是我国改革开放 30 周年。30 年来，全国文物系统高举中国特色社会主义伟大旗帜，以邓小平理论和"三个代表"重要思想为指导，深入贯彻落实科学发展观，不断解放思想，坚持改革开放，推动科学发展，中国文物事业呈现出蓬勃发展的局面。为全面贯彻落实党的十七大精神，纪念改革开放 30 周年，2008 年国家文物局组织了"中国文物事业改革开放 30 年"专题调研活动，形成了一批调研成果。本书汇集专题调研的主报告、各分报告和大事记等 13 篇，力求以生动的事实、喜人的成就，全面展示和总结改革开放 30 年来文物事业改革与发展的基本脉络、成功经验及启示，使我们深刻领会改革开放是发展中国特色社会主义的必由之路，也是发展中国特色文化遗产事业的强大动力，进一步坚定走中国特色社会主义道路、坚持中国特色主义理论体系的决心和信心。

国家文物局
二○○八年十一月

2002、2003年，新修订的《中华人民共和国文物保护法》及《实施条例》相继颁布实施。

各地文化遗产保护法律文件

1987年12月，甘肃敦煌莫高窟被列入《世界遗产名录》。图为敦煌莫高窟第254窟南壁前部中层壁画"降魔成道"。

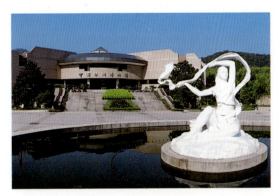

1992年2月，中国丝绸博物馆正式对外开放。

1994年12月，西藏布达拉宫被列入《世界遗产名录》。2002年6月，中央财政投资1.79亿元，维修西藏布达拉宫。图为布达拉宫仰视图。

1994年12月，曲阜孔庙、孔林被列入《世界遗产名录》。图为孔庙大成殿侧面。

1994年12月，承德避暑山庄及周围寺庙被列入《世界遗产名录》。图为避暑山庄与外八庙全景。

1997年，中国博物馆学会与挪威开发合作署贵州生态博物馆群合作签字仪式。

1997年，由中国和挪威文化遗产保护部门合作开发的重要合作项目——贵州生态博物馆启动。

保护修复装配中的一号铜车马。该保护修复技术1997年12月获得国家科技进步奖二等奖。

1999年，西藏博物馆开馆。

2000年，清西陵被列入《世界遗产名录》，图为清西陵泰陵隆恩殿螭首。

2001年12月，上海科技馆正式开馆。

2002年，国家重点文物珍贵文物征集专项经费设立。2008年10月征集的越王丌北古剑入藏海南省博物馆。

2004年6月，省级古建所所长班学员考察柬埔寨周萨神庙。

2004年9月，全国文物保护科技工作会议。

2004年10月，第28届世界遗产委员会会议在苏州召开。

2005年，古代壁画保护国家文物局重点科研基地挂牌仪式。

2005年，国际博物馆馆长论坛在南京博物院举行。

2005年，中国意大利一期文物保护人员培训项目学员在意大利结业。

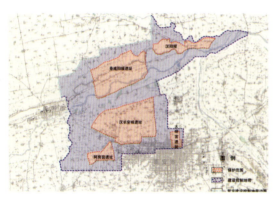

2005年，中央财政设立大遗址保护专项资金。国家文物局启动了100处大遗址保护规划纲要的编制工作。图为西安片区大遗址保护区划图。

2005年7月，《遣唐使与唐代美术展》在东京国立博物馆奈良博物馆展出，日本天皇参观我赴日文物展览。

2005年7月，"澳门历史城区"被列入《世界遗产名录》。图为澳门历史城区一角。

2005年10月，国际古迹遗址理事会第15届大会在西安召开。

2005年12月，投资1.1亿元为石宝寨抢救保护工程动工。

2006年3月，投资1亿元的汉阳陵帝陵外藏坑保护展示厅开馆，图为外藏坑保护展示厅内部。

2006年1月，中意两国政府签署《关于防止盗窃、盗掘和非法进出境文物的协定》。

2006年5月~6月，第二届文化遗产保护与可持续发展国际会议在绍兴召开。

2006年7月~9月，中国蒙古国合作考古工作照片。

2006年7月，安阳殷墟被列入《世界遗产名录》。图为殷墟王陵遗址鸟瞰全景。

2006年8月，"丝绸之路（新疆段）重点文物抢救保护工程计划"正式启动，其中交河故城抢险加固工程（第一期）投入维修资金4000多万元，图为维修前的交河故城。

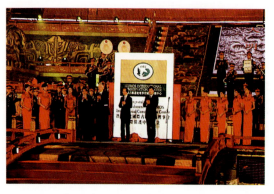

2006年10月，国际古迹遗址理事会国际保护中心在西安成立。

2006年10月，中国肯尼亚合作考古项目。

全国文物保护标准化技术委员会2007年年会暨标准审查会

2007年，亚非国家文物保护官员培训班在京举办。

2007年3月，大遗址保护工作洛阳现场会召开。

2007年3月，江西靖安水口墓地出土的棺木残留蔑织物。

2007年4月，科技部、国家文物局在京联合召开"文化遗产保护领域国家科技支撑计划课题启动实施大会"。

2007年4月，张桓侯庙地质滑坡应急处理工作汇报会。

2007年5月，东亚地区文物建筑保护理念与实践国际研讨会召开。

2007年，中国文化遗产保护人员赴法夏季培训班。

2007年5月，中国文化遗产保护无锡论坛。

2007年5月，第7届全国博物馆十大陈列展览精品评选在西安举办。

2007年6月，城市文化国际研讨会暨第二届城市规划国际论坛。

2007年6月，开平碉楼与村落被列入《世界遗产名录》。图为开平碉楼俯视图。

2007年7月，"指南针计划"分项目规划论证会。

2007年8月，中国博物馆代表团出席维也纳国际博协第21届大会，接受国际博协大会会旗。

2007年9月，中国意大利打击文物走私研讨班在罗马举办。

2007年9月，中国专家赴丹麦首都哥本哈根鉴定查获的中国文物。

2007年10月，国家文物局召开学习传达贯彻党的十七精神大会。

2007年11月，湖北省博物馆免费开放，拉开了全国公益性博物馆、纪念馆免费开放的序幕。

2007年12月，"南海1号"沉船沉箱起浮成功。

2008年2月，中宣部、财政部、文化部、国家文物局在京召开全国博物馆纪念馆免费开放工作会议。

2008年3月，陕西历史博物馆免费开放。

2008年7月，福建土楼被列入《世界遗产名录》。图为福建土楼俯视图。

2008年9月，文物拍卖专业人员考试于北京举行。

2008年10月，大遗址保护高峰论坛在西安召开。

小学生参观中国人民抗日战争纪念馆

中学生参观八路军太行纪念馆

目　　录

中国文物事业改革开放 30 年

30 年前，党的十一届三中全会吹响了当代中国前进的号角，从此中国改革开放的大幕拉开。一个有着五千年历史、十几亿人口的文明古国，开始建设和发展中国特色社会主义的伟大实践。中国文物事业在这条改革、开放、发展的大道上阔步走过了 30 年的光辉历程。与全国其他战线凯歌高奏、捷报频传一样，在党中央、国务院的高度重视下，全国文物工作者高举中国特色社会主义伟大旗帜，以邓小平理论和"三个代表"重要思想为指导，深入贯彻落实科学发展观，不断解放思想，坚持改革开放，推动科学发展，中国文物事业呈现出了蓬勃发展的喜人局面。

一 中国文物事业 30 年的发展历程

中国文物事业的发展与国家改革开放和现代化的发展进程风雨同舟、命运与共。30年来，中国社会沧桑巨变，中国文物事业也走过了不平凡的发展历程。大体经历了四个阶段。

（一）1978～1982 年：文物事业的恢复发展阶段

1978 年，我们党召开了具有历史意义的十一届三中全会，重新确立了解放思想、实事求是的思想路线，作出把党和国家的工作中心转移到社会主义现代化建设上来和实行改革开放的战略决策。随着党和国家工作中心的转移，文物战线在实际工作中拨乱反正，在文物保护、法规制度、对外交流、管理体制和队伍建设等方面开展了大量卓有成效的工作，文化遗产事业逐步走向正确的发展轨道。

——文物事业得到党和国家的高度重视。十年内乱期间，我国文物事业也经历了一场浩劫。彻底扭转十年内乱对文物事业造成的干扰破坏，使文物工作走上正轨，成为最迫切的任务。1979 年 7 月，全国人大将违反文物法规、破坏国家保护的珍贵文物等列入《中华人民共和国刑法》，加大了对文物犯罪的惩处力度。1980 年 5 月，国务院发出《关于加强历史文物保护工作的通知》，针对文物频遭破坏和文物工作面临的严峻形势，提出了加强文物保护管理工作的具体措施。这是改革开放以后国务院发出的第一个关于文物工作的重要文件。同年5月，中共中央书记处第23次会议研究讨论了文物工作，要求文物部门"以责任在身、当仁不让的精神做好工作"，充分体现了我们党对文物工作的支持与鼓励。1982年12月，适应改革开放的新需要，国家发展博物馆事业、"国家保护名胜古迹、珍贵文物和其他重要历史文化遗产"被列入《中华人民共和国宪法》。

——文物事业的各项工作逐步铺开。改革开放后，有关文物工作的重要措施相继出台。1980年6月召开的全国文物工作会议，是党的工作中心转移以后召开的第一次全国文物工作大会。会议研究讨论了法制建设、考古发掘、博物馆建设、文物出口、对外交流、组织建设等，同时规划了发展文物事业的宏伟蓝图，极大地鼓舞了全国文物工作者的信心。1981年1月国务院批转国家文物局《关于加强文物工作的请示报告》，就文物保护、市场管理、经费投入、人才培养、管理体制和发展博物馆事业等提出了具体意见和措施。从1981年开始，国家在全国范围内开展文物普查、复查工作。1982年2月，国务院相继公布了第一批国家历史文化名城24座和第二批全国重点文物保护单位62处，历史文化名城和全国重点文物保护单位公布制度逐步完善。文物科学技术的支撑和引领作用初现端倪，科技管理制度建设逐步展开；开展了规模较大的人才培训活动，这一时期文物系统累计轮训干部14939人次，占职工总数的56.9%。

——文物法制建设取得重要进展。1982年11月，在总结新中国成立以来文物工作经验，以及发布的一系列有关文物保护法令、指示和办法，特别是《文物保护管理暂行条例》的基础上，第五届全国人大常委会第25次会议通过了《中华人民共和国文物保护法》。《文物保护法》是在党的十二大制定的全面开创社会主义现代化建设新局面的新形势下颁布的，是我国文化领域第一部由国家最高立法机构颁布的法律，也是我国历史上第一次以法律的形式对文物保护工作进行了界定。随着《文物保护法》的颁布，各部门、各地方也依据法律法规和各地文物工作实际，陆续出台了一批加强文物保护和管理的法规和规范性文件，强化文物保护和管理。这标志着中国文物事业逐步走向法制化轨道，是新时期文物事业发展的一个里程碑。

（二）1983～1991年：文物事业的探索发展阶段

《文物保护法》颁布之时，正值我国改革开放和现代化事业快速发展阶段。在城市化、工业化进程中，规模空前的基本建设与文物保护之间的矛盾日益突出，文物工作受到城市建设、旅游开发等活动的严重冲击；盗掘、盗窃、走私文物的犯罪行为猖獗一时，文物安全面临着严峻的形势。同时，文物工作在指导思想上也出现了分歧：文物工作是保护为主，还是利用为主；是保护利用并举，还是保护为主、利用为辅，等等。如何处理好这些关系，成为这一时期文物事业迫切需要探索、解决的问题。

——对新时期文物工作规律的认识得到深化。1984 年 4 月和 10 月，中央宣传部与文化部在北京先后召开全国文物工作会议和文物工作座谈会，研究贯彻《文物保护法》，探讨文物保护和发挥作用，开创文物博物馆事业新局面的问题；1984 年 7 月和 1985 年 11 月，中共中央又先后召开书记处会议，研究文物保护和博物馆建设问题，讨论加强文物保护和利用、促进社会主义精神文明建设问题。在多次深入探讨和总结实践经验的基础上，1987 年 11 月，国务院发出《关于进一步加强文物工作的通知》。《通知》全面总结了新中国成立以来文物事业成就，指出了文物事业存在的主要问题，提出了当前文物工作的任务和方针是"加强保护，改善管理，搞好改革，充分发挥文物的作用，继承和发扬民族优秀的文化传统，为社会主义服务，为人民服务，为建设具有中国特色的社会主义作出贡献"。《通知》对发挥文物作用、加强文物保护、博物馆建设，以及把文物保护纳入城乡建设总体规划和加强文物工作的领导等提出了明确要求。《通知》颁发后，尽管在文物工作方针上，是保护为主、还是保护和利用并重等问题上有各种不同的认识，但仍不失为在改革开放新形势下我们对文物工作规律的有益探索。

——对外交流与合作取得突破。随着国家对外开放的领域和规模不断扩大，以对外文物展览为起点的文物对外交流与合作迈出步伐。涉外考古、文物保护、馆际交流、人员培训等合作项目，数量从无到有，规模从小到大，交流合作体系初步形成。1983 年 7 月中国博物馆学会加入联合国教科文组织属下的国际博物馆协会，标志着中国文物事业在国际舞台崭露头角。1985 年 11 月中国加入《保护世界文化和自然遗产公约》，1987 年 12 月中国的第一批 6 项遗产进入《世界遗产名录》，标志着我国文物事业进一步与世界接轨，迈出对外开放的新步伐。

——文物安全工作取得成效。这个时期，文物遭受破坏的情况也相当严重，特别是文物走私活动十分猖獗，文物犯罪活动时有发生，盗窃文物、私掘古墓、古遗址等这些在新中国成立后已经杜绝的丑恶现象又沉渣泛起，而且来势迅猛。为保护国家文物、严惩犯罪分子，1987 年 5 月，国务院颁发了《关于打击盗掘和走私文物活动的通告》，提出了打击文物犯罪活动的具体措施。同时，公安、司法、工商、海关和文化行政管理等有关部门相互配合，密切协作，出台了一系列政策措施，有效地遏止了盗掘和走私文物的违法活动。

——文物保护和博物馆事业得到发展。文物基础工作取得进展，1989 年全国文物工作会议把"四有"（即有保护范围、有标志说明、有记录档案、有专门保护机构或者人员）列为重要基础工作之一。在这期间，开展了布达拉宫、曲阜三孔、承德避暑山庄、临潼华清池等重要文物保护工程，修缮了大量的文物古迹；开展了江西万年仙人洞和吊桶环遗址、辽宁朝阳牛河梁遗址、浙江余杭良渚遗址、山西襄汾陶寺遗址、四川广汉三星堆祭祀坑、河南偃师商城遗址、山西侯马晋侯墓地、陕西咸阳汉阳陵丛葬坑等大量的考古发掘工作；文博人才培训形成规模，集中培训、院校合作培训、部门协作培训和人才对外交流取得进展；公布第二批国家历史文化名城 38 处；公布第三批全国重点文物保护单位 258 处。文物系统博物馆 1983 年为 467 座，1991 年迅速增加到 1075 座，平均每年增加近 80 座；1991 年举办展览 4292 个，观众达 1 亿人次。

（三）1992～2001 年：文物事业的稳步发展阶段

1992 年初，邓小平同志视察南方发表重要谈话，从理论上回答了长期困扰和束缚人们思想的许多重大问题。同年召开的党的十四大，确定建立社会主义市场经济体制的目标，对改革开放和社会主义现代化建设作出战略部署。伴随社会主义市场经济的逐步建立和改革开放的不断深入，文物事业进入了一个新的发展时期。

——确立新时期文物工作方针和原则。在发展社会主义市场经济条件下，如何处理好文物保护与经济建设、社会效益与经济效益，特别是保护与利用的关系，是文物事业发展中必须首先要解决的重大课题。1992 年 5 月，国务院在西安召开全国文物工作会议。这是新中国成立以来规格最高、规模最大的一次文物工作会议。在全面总结新中国成立以来文物工作实践的基础上，针对保护和利用的关系，党中央明确提出了"保护为主、抢救第一"的新时期文物工作方针。1995 年 9 月，在西安召开全国文物工作会议，针对市场经济条件下经济发展与文物保护的关系，进一步提出了"有效保护、合理利用、加强管理"的原则，这就形成文物工作完整的方针和原则。这是党和国家对新时期文物工作规律认识的重大突破，对发展社会主义市场经济的新形势下文物工作，具有较大的推动作用。

——提出文物工作的"五纳入"。1997 年 3 月国务院颁发了《关于加强和改善文物工作的通知》，在科学分析了当前文物的形势和任务的基础上，明确提出要努力建立适应社会主义市场经济体制要求、遵循文物工作自身规律、国家保护为主并动员全社会参与的文物保护体制。《通知》的核心是要求各地方、各有关部门应把文物保护纳入当地经济和社会发展计划，纳入城乡建设规划，纳入财政预算，纳入体制改革，纳入各级领导责任制。此后，"五纳入"的具体要求分别写进了新修订的《文物保护法》的条文，上升为法律规定，这对于提升文物工作的社会地位和文化遗产事业的整体水平具有重要意义。

——启动《文物保护法》的修订工作。1982 年颁布的《文物保护法》是在改革开放之初的历史背景、认识水平和文物工作的实际情况下制定的，它所规定的一些原则和制度符合当时我国国情和实际需要。随着改革开放不断深入，国家经济发展突飞猛进，社会生活日新月异，经济体制、政治体制以及社会文化体制都发生了深刻变化。同时，文物工作的理论和实践也推动了法制建设的逐步完善。1996 年国家文物局开始进行修订稿起草工作，国务院法制部门进行了深入调研和修改，2001 年至 2002 年九届全国人大常委会多次对草案进行审议，相关部门经过反复调研、讨论，在坚持原法确定的基本原则和方法的基础上，对原法内容进行了补充和完善。

——推动各项事业的发展。在新时期文物工作方针的推动下，1994 年，国务院核定公布第三批国家历史文化名城；1996 年和 2001 年，国务院先后公布第四、第五批全国重点文物保护单位，各地也分别公布了新的省、市县级文物保护单位，到 21 世纪初我国已公布省级文物保护单位 7 千多处；文物保护单位"四有"等基础性工作扎实推进；国家历史文化名城、全国重点文物保护单位和大遗址保护规划工作明显加强，博物馆事业、革命文物和少数民族文物工作深入开展；落实"科教兴国"战略，文物保护科技工作实现快速发展；文博干部岗位培训、资质资格和持证上岗工作迈开步伐。从 1992 年始，开展新中国成立以来规模最大的文物抢救保护工作。包括西藏布达拉宫、天津独乐寺、河北清东陵和西陵、浙江天一阁、河北隆兴寺大悲阁在内的一批重要文物保护工程陆续完成。开展小浪底水库、三峡水利工程等国家大型基本建设项目中的考古和文物保护工程。

（四）2002 年至今：文物事业的持续发展阶段

进入新世纪，我们党对发展社会主义先进文化重要性的认识达到了新高度，对社会主义市场经济条件下文化建设规律的认识有了新提高。党的十六大提出了发展先进文化的重大任务，党的十七大提出了推动社会主义文化大发展大繁荣，兴起社会主义文化建设新高潮的战略部署。文物事业作为文化建设的重要组织部分，受到党和国家的高度重视，进入了持续发展时期。

——文物法制进程取得新进展。2002 年 10 月修订的《文物保护法》颁布。它的一个重要成果是把"保护为主、抢救第一、合理利用、加强管理"的文物工作方针上升为法律规定，对不可移动文物，历史文化名城、街区村镇的保护，考古发掘管理，馆藏文物保护，民间文物收藏管理，文物进出境管理，法律责任等方面都进行了明确的规定。修订后的《文物保护法》及其后颁布的实施条例，更好地适应了文物工作与社会发展的实际，符合社会主义市场经济和改革开放的时代要求。这是我国文物事业发展史上的又一个里程碑，标志着我国文物保护的法制进程又大大前进了一步。

——文物保护理念实现新突破。随着工业化、信息化、城镇化、市场化、国际化深入发展，文物事业的发展环境发生了重大变化。准确把握文物保护的发展趋势，创新保护理念，拓展发展思路，是关系到文物事业发展全局的重大课题。2002年12月，国务院召开全国文物工作会议，面向新世纪部署了文物保护工作，提出发展文物事业的工作方针和基本思路。2005年12月，国务院发出《关于加强文化遗产保护的通知》，明确了文化遗产保护的指导思想、总体目标和具体措施，并决定设立我国"文化遗产日"，以"文化遗产"的概念拓宽了"文物"概念的内涵和外延，这标志着我国文物事业进入一个新的发展阶段。

——文物事业各项工作展现新气象。中央逐年加大文物经费投入力度。2001年开始，中央财政共安排文物保护专项转移支付资金2亿元，以后呈现逐年加速增长的态势，2005年达到近5.87亿元，2007年超过15亿元，2008年达到了25亿元。文物法制体系建设、摸清文物家底、人才培养、文物安全保障机制等基础工作迈出坚实步伐。文物保护科技原始创新、集成创新和引进消化吸收再创新蔚然成风，文物保护科技工作进入跨越式发展阶段。2006年5月，国务院核定公布了第六批全国重点文物保护单位1080处，数量上相当于前五批之和。2007年4月，第三次全国文物普查全面展开。文物对外交流工作形势喜人。2008年1月，全国博物馆免费开放全面启动。此外，长城保护、大遗址保护、世界文化遗产保护、工业遗产等全面铺开，为文物事业的健康、持续、稳定发展奠定牢固的基础。

二　中国文物事业30年的发展成就

十一届三中全会以来的30年，是我国改革开放和经济建设取得重大成就，综合国力大幅提升的30年。30年来，文物事业得到党和国家的高度重视，得到全社会的大力支持，得到人民群众的热情参与，文物事业实现了重大发展。

（一）基础工作进一步夯实，文物事业能力建设得到加强

——文物法制建设明显加快。30年来，我国涉及文物事业的相关法律法规、部门规章和规范性文件等已经近400项。特别是自新修订的《文物保护法》颁布以来，国务院颁布《文物保护法实施条例》、《长城保护条例》和《历史文化名城名镇名村保护条例》，国家文化、文物部门颁布40余个部门规章和规范性文件。一大批地方性法规陆续出台。以《文物保护法》为核心的法律法规体系框架已经初步形成，文物事业正

在步入法制化、规范化的轨道。全面贯彻依法治国基本方略，坚持科学立法、民主立法，法规的针对性和操作性进一步增强，质量和水平进一步提高。认真贯彻《行政许可法》，规范审批程序，简化审批环节，加强监督制约，推动文物行政部门职能转变。切实落实《全面推进依法治国行政实施纲要》，围绕建设法治政府的目标，推进行政执法体制改革，提高行政管理效能，创新管理方式，增强管理透明度。

——文物资源调查建档工作成效显著。在 1981 年第二次全国文物普查的基础上，2007 年又启动第三次全国文物普查。这一次文物普查无论从重视程度、涵盖范围、资金力量、技术水平等各个方面都大大超过前两次普查。作为国情国力调查的重要组成部分，第三次全国文物普查是推动我国文物事业持续发展的一项战略性举措，对于提升全民文化遗产保护意识、确保我国文化遗产安全具有重要意义。文物保护单位"四有"建设等基础性工作扎实推进。第一至五批全国重点文物保护单位记录档案备案基本完成，全国博物馆一级文物藏品建档、全国重点文物保护单位保护状况调研和全国馆藏文物腐蚀损失调查等工作取得了阶段性成果。文物调查及数据库管理系统建设项目已推广到 11 省区，提升了我国馆藏文物的现代化管理水平。长城资源调查、大运河资源调查等已经启动。

——文物安全保障机制初步建立。30 年来，文物保护机构逐步健全。1978 年全国文物系统有各类文物保护机构 721 个，2007 年有 4277 个，增加了近 6 倍。到 2007 年底全国有 24 个省、自治区、直辖市成立了副厅（局）级以上的文物局，有省级文物行政执法专兼职机构 31 个。执法力度逐步加大。特别是 2005 年以来，连续 4 年在全国范围内开展文物行政执法专项督察，文物执法专项督察工作初见成效，执法程序进一步规范，依法行政能力不断提高。文物安全防范工作得到加强。大量珍贵文物的保管条件得到改善，文物系统博物馆风险等级和安全防护级别达标工作继续推进。田野文物技术防范设备研制工作初见成效。一批古建筑消防安全设施得到完善。防范和打击文物领域犯罪活动的力度加大，进一步遏制文物走私、犯罪活动。

——文物队伍建设势头良好。30 年来，全国文物从业人员从改革开放之初的2.6 万人发展到8.7 万人，知识结构、学历结构、职称结构都有了很大改善，形成了一支具有较高政治和业务素质、结构比较合理的文博工作队伍。文物保护专业技术人员的管理体制日臻完善。加强行业准入管理，对从业人员资格进行规范，提高了行业管理水平。建立了有效的人才培训模式，大教育、大培训观念进一步强化，多渠道联合办学的教育培训模式日渐成熟，涉外培训工作不断深入开展，文物教育培训工作已经能够为事业发展培养和输送大批合格人才。长期制约文物事业发展的人才"瓶颈"问题正在得到有效解决。

——科技的引领和支撑作用日益凸现。落实科教兴国战略，编制文化遗产保护科技发展规划，开展中长期科技发展规划战略研究，组织重大科技攻关项目。设立12个国家文物局重点科研基地。一批重点课题被列入首批启动的国家科技支撑计划重点项目。"指南针计划"被纳入《国家"十一五"时期文化发展规划纲要》。积极推进文化遗产保护标准化建设，截至2007年底，10个项目列入国家标准制修订计划，28项标准制修订项目列入行业标准制修订计划，9项行业标准正式颁布。中编办批准成立中国文化遗产研究院。30年来，有19项成果获得国家科技奖励，129项获得文化部、国家文物局科技进步奖及文物保护科学和技术创新奖。

——行业信息化建设进展顺利。国家文物局数据中心建设持续推进，文物信息资源总量大幅增长。信息化标准建设富有成效，初步形成了涵盖数据采集、存储、传输、交换、应用等领域的行业信息化标准体系。行业软件应用日益普及，研发了具有自主知识产权的《第三次全国文物普查数据采集专用软件》、《博物馆藏品综合信息管理系统》等系列软件，并相继投入使用，有效地促进了相关业务工作的开展。自2001年启动"文物调查及数据库管理系统建设项目"以来，目前已初步建立起国家、省、文博单位三级存储的馆藏文物数据库。积极推进流失海外文物调查工作，建立流失海外文物信息资料数据库，现已录入流失海外中国文物数据2万余条，400余万字。国家文物局和部分地方文物行政部门机关办公自动化系统投入运行，提高了工作效率。政务公开、在线办事和互动交流等初见成效，信息服务水平不断提升。

（二）不可移动文物保护卓有成效，社会效益和经济效益显著增强

——文物保护力度明显加大。30年来，国家先后公布了5批全国重点文物保护单位。目前，我国已公布全国重点文物保护单位2351处、省级文物保护单位8831处、市县级文物保护单位58371处；先后公布了国家历史文化名城109座，中国历史文化名镇名村157座。建立了比较完整的文物保护单位公布制度、历史文化名城名镇名村保护制度。文物保护维修规范化制度化建设成效明显，制定实施了一系列管理办法、技术规范、指导性文件，建立了文物保护工程资质资格管理体系。一大批重点文物保护单位得到保护修缮，周边环境明显改善。山西南部地区早期建筑保护工程、明清皇陵保护工程、重点石窟保护工程、西藏重点文物保护工程、故宫维修工程等取得成果。特别是近几年来，文物保护领域得到拓展。保护工业遗产的行动开始启动。在新农村建设中，乡土建筑进入文物保护视野。有代表性的近现代建筑、"老字号"等文化遗产保护工作积极推进，文化景观、文化线路、二十世纪遗产等新类型文化遗产保护工作稳步实施。大遗址保护全面启动。"长城保护工程"总体工作方案业经国务院批准并进入全面实施阶段。丝绸之路（新疆段）、西安大遗址片区、洛阳大遗址片区、大运河等重点示范项目稳步实施。安阳殷墟遗址、洛阳隋唐洛阳城遗址和西安大明宫遗址保护工程等产生了良好的社会效益和经济效益，使文物事业真正惠及地方，惠及民众。

——考古工作扎实开展。30 年来，配合国家大型基本建设中的考古工作不断取得重大突破。三峡水库、西气东输、青藏铁路、南水北调等涉及国计民生国家重点工程的考古工作扎实开展，彰显文化遗产保护是经济建设中的一个重要组成部分。特别是三峡工程考古和文物保护工作是我国规模最大的文物抢救保护工程，项目多达 1087 项，考古发掘面积 187 万平方米。全国 110 家专业单位参与这场文物抢救保护的大会战，抢救了一大批重要文物，实现了经济建设与文化遗产保护的双赢。江西万年仙人洞和吊桶环遗址、辽宁朝阳牛河梁遗址、浙江余杭良渚遗址、山西襄汾陶寺遗址、四川广汉三星堆祭祀坑、河南偃师商城遗址、山西侯马晋侯墓地、陕西咸阳汉阳陵丛葬坑等一系列重要考古发现，不断深化人们对历史文明进程的认识。人类起源、农业起源、文明探源、城市考古、边疆考古、航空遥感考古等课题研究顺利开展。考古资料整理和出版工作成效显著。水下文物保护工作取得长足进展，"南海 I 号"、"碗礁 I 号"、"华光礁 I 号"等沉船遗址的抢救性发掘工作引起社会广泛关注。

——世界文化遗产事业取得突破。1985 年，中国加入《保护世界文化和自然遗产公约》，推动了中国文化遗产事业面向世界。自 1987 年中国的第一批 6 项遗产进入《世界遗产名录》以来，我国已拥有世界遗产 37 处，其中文化遗产 26 处，自然遗产 7 处，文化与自然混合遗产 4 处，数量仅次于意大利、西班牙，稳居世界第三位。《世界文化遗产保护管理办法》、《中国世界文化遗产监测巡视管理办法》等一批法规颁布实施，世界文化遗产保护体系日趋完善。一批体现世界文化遗产类型平衡性和多样性的文化遗产列入《中国世界文化遗产预备名单》。世界文化遗产事业带动了遗产所在地社会经济和文化的发展，极大地提高了当地广大人民群众的生活水平，改善了他们的生活环境，真正给他们带来了实惠。

（三）博物馆事业蓬勃发展，公共服务能力不断提高

——博物馆体系日臻完善。博物馆数量大幅增加，1978 年底全国文物系统博物馆只有 349 个，截止 2007 年末，全国文物系统有博物馆 1722 个，增长了近 5 倍；特别是各部门、各系统、各行业和民间兴办的博物馆有了很大的发展，目前全国博物馆总数已超过 2400 个。博物馆的门类日益丰富，多种类型博物馆竞相辉映。办馆主体呈现多元化，行业、部门，以及企业、团体、个人等社会力量兴办的博物馆日渐增多，地域分布更加广泛。随着一大批国家重点博物馆的相继落成，初步形成了门类丰富、特色鲜明的博物馆发展新格局。

——藏品保管逐步规范。目前全国博物馆藏品总量已达 2000 万件（套），其中，文物系统博物馆藏品达 1300 多万件（套），为传承中华文明做出了积极贡献。绝大部分省级以上博物馆及部分新建的地市、县级博物馆设施齐全，藏品保存、展示环境有了明显改观。全国 100 个一级风险单位的博物馆已全部达到安全技术防范标准。随着重大馆藏文物保护修复工程的实施，国家文物保护科研基地的成立，一批文物中心库房的建设，以及百余项文物保护技术的研发、推广和应用等，大大提高了我国馆藏文物的科技保护水平。

——社会效益显著提升。30 年来，全国博物馆积极融入社会，更新服务理念，强化服务意识，充实服务内容，探索展示艺术和表现手法，注重馆藏珍品的完美组合，注重高新技术和材料的合理利用，使基本陈列和专题展览的主题内容、科技含量和艺术感染力都有较大提高。积极推进"三贴近"试点工作。编制完成《县级博物馆展示服务提升工程"十一五"规划》及工作规程。开展博物馆评估定级。探索建立博物馆纳入国民教育体系的长效机制。目前，全国博物馆每年举办展览近万个，接待观众 1.8 亿人次。全国有 1000 多个博物馆、纪念馆被确定为爱国主义、科学普及等方面教育基地，每年接待未成年观众 3200 多万人次。博物馆正在成为传播先进文化、普及科学知识、树立社会正气、塑造美好心灵的生动课堂。

——免费开放取得突破。改革开放以来，我国逐步完善博物馆对未成年人、老年人、军人、残疾人等社会特殊群体的门票减免费制度。继 2004 年以来，杭州、北京、广州、苏州、武汉等地的部分博物馆，以及湖北省博物馆、井冈山革命纪念馆、天津博物馆等先后向全社会免费开放后，2008 年，全国博物馆向社会免费开放工作正式启动。中央级文化文物部门归口管理的博物馆全部向社会免费开放；各省级综合博物馆全部向社会免费开放；各级宣传和文化文物部门归口管理的列入全国爱国主义教育示范基地的博物馆、纪念馆全部向社会免费开放；浙江、安徽等 7 省（区）文化文物系统归口管理的省、市、县级博物馆全部向社会免费开放。鼓励有条件的省（区、市）探索全面实行免费开放。免费开放使更多的公众走进博物馆，加快了博物馆融入社区、融入校园、融入社会的步伐。公众踊跃参观博物馆，并给予积极评价。目前，全国已有 995 个博物馆实现了完全免费开放，观众量比以往同期增长了 2 倍。

（四）对外交流与合作成绩斐然，文物外事工作开创新局面

——政府间的交流与合作深入发展。30 年来，对外合作与交流逐步呈现出多层次、多渠道、全方位的发展势头。政府间签订文化遗产领域交流与合作协定数量不断增加。中意文化遗产保护中心合作项目取得阶段性成果。与印度、韩国、阿富汗、柬埔寨、意大利、越南、希腊和哥伦比亚等国的文化遗产部门签署关于文化遗产保护谅解备忘录或意向书。与意大利、秘鲁、印度、菲律宾、智利、斯里兰卡、塞浦路斯和委内瑞拉等国签署政府间《防止盗窃、盗掘和非法进出境文物的政府间协定》，合作打击国际文物走私犯罪活动初见成效。对外援助项目取得成果。中柬、中蒙、中肯合作考古和文物保护等项目，获得相关国家政府和国际组织的高度评价。面向亚非国家举办的文化遗产保护培训项目持续开展，涉外合作研究和培训项目不断增多，水平不断提高。

——与国际组织的交流与合作日益紧密。改革开放以来，中国先后加入了国际博物馆协会（ICOM）、国际古迹遗址理事会（ICOMOS）和国际文化财产保护与修复研究中心（ICCROM）等 3 个与文化遗产有关的国际组织，以及《保护世界文化和自然遗产公约》、《关于禁止和防止非法进出口文化财产和非法转让其所有权的方法的公约》、《关于被盗或非法出口文物公约》和《武装冲突情况下保护文化财产公约》等 4 个国际公约。加入这些国际组织和国际公约，不仅丰富了国际文化遗产法律法规体系，也促进了我国文物保护法律法规的完善和与国际接轨。成功获得 2010 年国际博物馆协会第 22 届会员代表大会主办权。国际古迹遗址理事会国际保护中心在西安成立。我国代表通过竞选担任国际古迹遗址理事会副主席，国际博物馆协会亚太地区主席、副主席，国际文化财产保护与修复研究中心理事等职务。中国在国际文化遗产保护领域中地位不断提高，对外合作与交流不断扩大，拥有了更多的话语权。

——文物出、入境展成为亮点。改革开放之初，中国赴境外的文物展览数每年平均不到 3 项，目前增加到每年 70 多项。30 年来，中国共有 1000 余项文物展览走向世界，观众逾亿，成为中华民族优秀传统文化的承载者、传播者。特别是在中法文化年、中意文化年、中俄"国家年"等重大外事活动中，文物展览作为"外交使者"、"国家名片"密切配合国家外交大局，面向世界传播中华文化，帮助各国人民深切了解中华民族的悠久历史和文明进程，了解中华文化对全人类作出的巨大贡献，真切感受当代中国改革开放带来的繁荣昌盛、和平崛起的形象，以及对未来充满的信心。同时，我国接待了来自各个国家和地区的文物展览，拓宽了广大民众了解世界历史文化的渠道。

——中外文化遗产保护理念更加融合。改革开放推动了中国文物事业走向世界。这些年来，我们着眼于中国文物事业的长远发展，吸纳百家之长、兼集八方精义，以更加自信的心态、更加开阔的视野，积极参与国际文化遗产保护领域的对话与交流。通过与国际文化遗产保护理念的交流、碰撞，中国文物事业获得了新鲜血液，始终保持蓬勃生机与旺盛活力，实现了一次又一次的飞跃。特别是近年来，我国成功承办第 28 届世界遗产大会、第 15 届国际古迹遗址理事会大会、第 2 届文化遗产保护与可持续发展国际会议、东亚地区文物建筑保护理念与实践国际研讨会、城市文化国际研讨会等重要国际会议；陆续形成《上海宪章》、《苏州宣言》、《西安宣言》、《绍兴共识》、《北京文件》、《城市文化北京宣言》等国际文件。这些国际文件的出台，进一步丰富了国际文化遗产保护理论，推动了中国文化遗产保护理念走向世界。

（五）民间文物收藏日趋活跃，文物市场逐步走上健康发展轨道

——文物市场管理逐步规范。改革开放初期，按照"归口经营、统一收购、统一价格、加强管理"的原则，确立了国有文物商店负责统一收购流散文物的管理体制。随着社会主义市场经济的发展，以及文物监管品市场和文物拍卖的出现，文物商店对文物独家经营的格局被打破，逐渐形成相互竞争的局面。国家开展了文物拍卖试点工作，建立文物拍卖标的鉴定许可制度。特别是 1997 年颁布施行的《拍卖法》以法律的形式规定了经营文物拍卖的资质条件和文物拍卖标的鉴定、许可程序，有力地促进了文物拍卖的发展。新修订的《文物保护法》颁布后，国家文物局先后出台了《文物拍卖管理暂行规定》等一系列规范性文件，我国文物市场的发展进入了依法管理的新阶段。30 年来，文物市场的经营主体、流通范围趋向多样化，实现由国家统管专营向依法管理的转变。目前，民间文物收藏呈现快速发展态势，收藏的规模、范围、品质和社会影响都达到了前所未有的高度。2006 年，全国已设立文物商店 100 多家，库存文物 200 多万件，当年为博物馆提供文物藏品 36641 件。2007 年，全国有具备文物拍卖资质的文物拍卖企业 240 多家，当年文物拍卖总额达 237 亿元。文物拍卖成为社会公众关注的热点之一。

——文物进出境审核得到加强。改革开放以来，我国文物进出境法规制度建设取得重要进展。文物进出境审核机构由 4 个增加到 17 个，基本覆盖了我国对外交往的主要口岸。审核机构的文物行政执法性质得以明确，文物流失得到有效遏制。30 年来，我国在文物进出境审核工作中抢救了数以万计的珍贵文物，基本扭转了文物大量流失出境的局面。文物出境审核数量大幅下降，2007 年文物出境审核数仅为 1978 年文物出境审核数的 21.44%。同时，文物进境数量逐年攀升，2007 年文物临时进境审核数 19364 件，比 2006 年增长 57.97%，其中大部分进境文物留在了境内。

——抢救流失文物工作取得进展。改革开放为我国开展文物追索、征集工作，推动文物返还国际合作，抢救流失海外的中国文物创造了条件。1989 年 9 月，国务院批复接受联合国教科文组织 1970 年《关于禁止和防止非法进出口文化财产和非法转让其所

有权的方法的公约》。1997 年 3 月，国务院又批复加入了国际统一私法协会 1995 年《关于被盗或非法出口文物公约》。这两个公约成为推动我国文物追索工作重要的法律基础。在国际公约的框架下，我国积极参与有关国际组织和国家促进文物返还的国际合作，连续当选为联合国教科文组织促进文化财产归还原属国或返还非法占有文物政府间委员会的成员国，在推动返还第二次世界大战期间流失出境的文物、起草促进流失文物返还宣言等重大活动中，发挥了关键作用。依据我国法律和国际公约，近年来，我国大力开展被盗窃、盗掘并走私出境文物的追索工作。1998 年，成功追索走私到英国的中国文物 3000 多件。2001 年，从美国追回五代王处直墓彩绘浮雕武士石刻。2008 年1 月，流失海外 14 年的北朝石刻菩萨造像从日本美秀博物馆运回中国。2008 年 4 月，丹麦政府将流失到丹麦的 156 件中国文物返还中国。此外，发挥国家重点珍贵文物征集专项经费的带动作用，多种渠道争取流失海外文物征集工作取得进展。特别是自 2002 年以来，先后从海外成功征集了包括龙门石窟流失佛造像、北宋米芾《研山铭》、陈国琅藏书、商代重器子龙鼎、南宋夏圭《秋郊归牧图》、《柳荫牧笛图》等 6 万余件（套）珍贵文物。一些国有博物馆通过购买、捐赠等多种征集形式，积极抢救了许多流失文物。

（六）全社会参与势头方兴未艾，文物保护的理念逐步深入人心

——文博社会组织得到发展。改革开放以来，文博社会组织焕发了勃勃生机。目前，仅国家文物局主管和业务指导的社会组织就有 19 个。各社会组织规范内部管理，加强自身建设，调整管理机构，提高整体素质，工作人员知识和年龄结构不断优化，团体会员、个人会员不断增长，显现出组织不断壮大、事业和谐发展的良好局面。文博社会组织自觉围绕党和国家工作大局，围绕文化遗产事业的改革与发展，积极承担社会责任，逐步成为推动文物事业发展的一支重要生力军。各文博社会组织积极开展政策宣传、技术咨询、业务指导、建言献策等活动，多方筹集资金，拓宽了文化遗产保护领域，扩大了社会组织影响，为文化遗产事业提供了技术、经济上的支撑。各社会组织努力发挥联系社会各个方面、联系专家学者、联系广大人民群众的桥梁和纽带作用，开展符合自身章程、发挥自身特点的丰富多彩活动，为动员全社会和广大人民群众共同参与文物工作作出了积极贡献。一些社会组织不断开阔视野、拓展业务，促进对外及与港澳台地区的交流，推动中华文化走向世界。

——文物资源开发工作富有成效。各级文物部门大力开发丰厚的文物资源，深入挖掘、充分展示文物所凝聚的深刻内涵，将其融入建设社会主义核心价值体系之中，为弘扬时代精神，巩固和发展积极健康的主流意识形态做出努力。积极开展各种形式的文物保护单位、博物馆进校园、进社区活动，通过文物的展示宣传，使广大民众受到教育启迪，陶冶思想情操，充实精神世界，提高生活质量，形成良好的文化生态和人文环境。充分发挥文物事业在弘扬中华文化中的作用。围绕抢救、保护、宣传、展示中国优秀文化遗产这个任务，积极推进文物图书、报刊和音像制品的出版发行，丰富文物工作的表现形式和传播形式。运用信息网络宣传中国文物，探索实施"数字博物馆计划"，扩大博物馆的覆盖面，实现文物信息资源共享，增强文化遗产的感召力和吸引力。注重把文物展览、图书、音像制品推向世界，扩大中国文化遗产的传播范围，提升中国文化软实力和国际竞争力。

——文物宣传工作不断深化。30 年来，全国文物部门以文物为依托，大张旗鼓开展丰富多彩的宣传活动，宣传《中华人民共和国文物保护法》，普及文化遗产保护知识。将《文物保护法》纳入全民普法规划，纳入国家全面推进依法行政实施纲要，努力形成全社会珍爱文化遗产的良好风尚，促进全社会依法保护文化遗产意识的提高。设立重大新闻发布制度，启用中国文化遗产标志，推广文化遗产保护公益歌曲。国家设立"文化遗产日"以来，各级文物部门以"文化遗产日"为契机，不断拓宽宣传思路，各种宣传活动卓有成效。国家文物局对不断涌现的保护文化遗产先进典型给予积极的表彰和奖励。特别是近五年来，已有 165 个县区被授予"全国文物工作先进县"，近 400 个先进单位和个人受到各种形式的表彰。一批批文物专家学者、基层文物工作者和朴实的农民群体光荣地走上领奖台，获得荣誉和奖励。先进典型的示范作用得到有效发挥，一个全社会关心、爱护并参与文化遗产保护的热潮已初步形成。

三　中国文物事业 30 年的经验和启示

30 年来，我们初步建设一个符合我国文物保护特点的法律法规体系，一个适应我国文物资源分布、类型特点的保护管理体制，一个保障广大人民群众基本文化权益的社会服务机制，一支保证文物事业得以持续发展的专业队伍。

30 年来，中国文物事业能够取得如此成就，归功于党和国家对文物事业的高度重视和坚强领导，归功于各级党委和政府的具体指导和全力支持，归功于广大人民群众及社会各方面的倾心关注和热情参与。

30 年来，中国文物事业成就，是在新中国成立后老一辈文物工作者开拓的基业上展开的，凝结着中国文物系统的历届老领导、老同志的挚爱深情和无私奉献，浸透着中国一代又一代文物工作者心血和汗水。这是中国文物事业赖以繁荣与发展的精神动力和宝贵财富。

30 年来，我们努力开辟中国特色文化遗产事业发展道路，不断建立并完善中国特色文化遗产事业理论体系。

中国特色文化遗产事业发展道路，就是在中国特色社会主义伟大旗帜指引下，沿着中国特色社会主义道路，立足我国基本国情，立足我国丰富的文化遗产资源，牢牢把握中国文化遗产事业所处的历史发展阶段，科学设计、合理谋划事业发展规划；牢牢把握党和国家的中心工作，不断探索文化遗产工作的自身规律；牢牢把握党和国家的文物工作方针，处理好有效保护、合理利用、加强管理、弘扬传承的关系；牢牢把握最广大人民群众的根本利益，努力建设中华民族共有精神家园；牢牢把握国际文化遗产保护的发展趋势，不断丰富和构建中国特色文化遗产事业的理论体系。中国特色文化遗产保护道路，是事业之本，发展之基，力量之源。能否坚持中国特色文化遗产保护道路，关系到文化遗产事业发展的兴衰成败。

中国特色文化遗产事业理论体系，就是在中国特色社会主义理论体系指导下，在贯彻《中华人民共和国文物保护法》、党和国家的文物工作方针过程中，在长期文化遗产保护实践中，不断探索、不断丰富的一系列理论成果。包括对文化遗产丰富内涵的认识，对文化遗产有效保护、合理利用和传承发展规律的认识，对文化遗产不可再生、不可分割规律的认识，对文化遗产事业在社会主义经济建设、政治建设、文化建设、社会建设中地位和作用的认识，对文化遗产保护体制和事业发展目标的认识，对文化遗产事业深化改革、扩大开放的认识等等。这个理论体系是不断发展、不断完善的开放体系。

（一）30 年来文物事业发展的实践证明，解放思想是发展中国文物事业的一大法宝。必须继续解放思想、实事求是、与时俱进，不断开创文物事业新局面

解放思想是发展中国特色社会主义的一大法宝，也是发展中国文物事业的法宝。30 年来，文物事业理论和实践上的每一个重大进步，都是解放思想的结果。1978 年关于真理标准大讨论，开启了中国全方位改革开放的历史转折，推进了文物事业指导思想、保护理念和法制建设的进程。1987 年国务院《关于进一步加强文物工作的通知》提出了当前文物工作的任务和方针，深化了对新时期文物工作规律认识。1992 年召开的全国文物工作会议针对国家发展社会主义市场经济的新形势，提出了"保护为主、抢救第一"的文物工作方针。1995 年召开的全国文物工作会议进一步提出了"有效保护、合理利用、加强管理"的文物工作原则。2002 年修订的《文物保护法》提出"保护为主、抢救第一、合理利用、加强管理"文物方针，使党和国家文物工作方针更加完整，更加确切，更加切合实际。这样一个循序渐进的完善过程，是我们解放思想、实事求是地研究新情况、解决新问题的过程，也是我们与时俱进、不断推动事业发展的过程。

　　当前，文物事业正处于新的历史起点上。十七大明确了文化建设的总体思路和目标任务，提出了推动文化大发展大繁荣、兴起社会主义文化建设新高潮的战略部署，指出了发展国家文化软实力的极端重要性。国家正处在改革发展的关键阶段，人民群众精神文化需求日趋旺盛，公众对文化遗产和传统文化的兴趣日益增长，中国正处在由文化遗产大国向文化遗产保护强国跨越的关键阶段。特别是随着经济全球化的深入发展，工业化、信息化、城镇化、市场化、国际化进程加快，文物事业面对着前所未有的机遇和前所未有的挑战，存在着诸多的问题。我们要继续解放思想，决不能骄傲自满，决不能停滞不前。要继续解放思想，首要的是始终做到高举中国特色社会主义伟大旗帜不动摇，坚持中国特色社会主义道路不动摇，坚持中国特色社会主义理论体系不动摇，坚持不懈地用中国特色社会主义理论体系统一思想，指导文物工作实践。要继续解放思想，就要立足于我国仍处于并将长期处于社会主义初级阶段的基本国情，深入学习实践科学发展观，认真分析新世纪新阶段文化遗产事业发展面临的阶段性特征，科学谋划事业的发展。要继续解放思想，就要正视前进道路上的坎坷与困难，冲破陈旧思想观念的束缚，以创新精神开拓新思路、新举措，推进文物事业不断迈上新的台阶。

　　（二）30 年来文物事业发展的实践证明，文物工作方针是指导中国文物事业科学发展的基本准则。必须正确处理好有效保护和合理利用的关系，促进文物事业全面协调可持续发展

　　改革开放以来，我们紧密围绕经济建设这个中心，开展文物工作。在关系到国计民生的重大经济建设项目中，全国文物系统一盘棋，集中力量开展文物保护和考古工作，保证国家重大基本建设项目的顺利进行。在城乡基本建设中，坚决依照《文物保护法》，将文化遗产保护纳入建设规划；建设工程选址，尽可能避开不可移动文物，并有效保护文物的原生环境。在保护和抢救文物中，主动发挥文化遗产工作的多方面综合效益，使文化遗产保护进一步融入城市发展、融入社区生活、融入经济建设，展示城市、乡村的历史文化内涵，充分发挥它们的综合价值，为人民生活创造美好的文化氛围。

　　30 年来，我们认真贯彻党和国家的文物工作方针，正确处理有效保护与合理利用的关系，进一步深化了对保护与利用关系的认识和理解。应该看到，保护是前提，利用是过程，管理是手段，目的是传承，把我们祖先留下的珍贵文化遗产世世代代传承下去，把中华文明世世代代传承下去。加强保护，才能保持文化遗产本体及其原生环境的真实性完整性，为合理利用提供基础；合理利用，才能使文化遗产保护的成果惠及人民群众，满足人民群众不断增长的文化需求，为保护创造更好的条件。在文化遗产保护过程中，要注重发掘文化遗产的多重价值，将其转化为服务于民众现实和未来生活的文化

资源；注重充分发挥文化遗产的社会效益，为旅游业和文化产业的发展提供良好环境，为区域经济的发展提供新的增长点。通过保护促进经济发展，在经济发展中加强保护，使二者相辅相成，相得益彰。

（三）30 年来文物事业发展的实践证明，人民群众是中国文物事业的可靠基础和力量源泉。必须紧紧依靠人民群众，坚持把实现好、发展好、维护好最广大人民的根本利益作为文物事业的出发点和落脚点

中国文物事业是全国人民的共同事业，文物事业的发展与广大人民群众的根本利益息息相关。人民群众是文化遗产的创造者、使用者和守护者，是文化遗产事业发展的源头活水和真正动力。要坚持以人为本，充分发挥人民的主体作用，尊重社会公众对文化遗产工作的知情权、参与权、监督权和受益权，及时公布工作程序和信息，认真听取相关的意见和建议，自觉接受公众监督。我国文化遗产资源十分丰富，保护工作不可能由国家全部包揽下来。要大力宣传动员人民群众参与文化遗产保护的全社会行动，研究制定发挥人民主体地位和作用的政策措施，拓展社会参与文化遗产保护的渠道，充分发挥社会团体的积极作用。

改革开放以来，我们推动中国文物事业科学发展的根本目的是做到发展为了人民、发展依靠人民、发展成果由人民共享，使文物保护成果更多的惠及人民群众。在城市建设中，通过加强文化遗产保护，挖掘城市所蕴藏的独特历史文化背景，丰富城市的文化内涵；在新农村建设中，要着力保护古村落的格局风貌、乡土建筑、环境景观和风俗习惯，保持村落的民族和地域文化特色；在大遗址保护和规划中，把文化遗产保护同发展区域经济建设、提高居民的生活质量结合起来。通过文化遗产保护，改善城乡的生态环境，保持浓厚的文化环境，创造美好的宜居环境，使人民共享文化遗产保护成果。博物馆是公益性事业单位，是保障和发展人民群众基本文化权益的重要途径。要继续推进博物馆免费开放，加强管理，改善服务，创造条件，逐步扩大免费开放的博物馆范围，让更多公众走进博物馆。要积极推动将博物馆纳入国民教育体系，特别是纳入义务教育体系，满足义务教育的需要。要按照"三贴近"的要求，不断推出文物保护维修、考古发掘、陈列展览、科学研究、书籍报刊的新成果，丰富人民群众文化生活。

（四）30 年来文物事业发展的实践证明，改革开放是推动中国文物事业发展的必然选择。必须进一步深化改革、扩大开放，为发展中国特色文物事业提供强大动力

我国文物事业的发展始终是与国家改革开放的过程相伴随的。30 年来，随着社会主义市场经济的深入发展，文化遗产保护工作赖以生存和发展的经济基础、体制环境和社会条件发生了深刻的变化。要深化改革，努力适应社会主义市场经济发展的要求，不

断创新体制机制，逐步形成科学有效的文化遗产管理体制，完善文化遗产保护法律法规体系。要深化改革，强化政府管理文化遗产职能，调动全社会和广大民众支持、参与文化遗产事业的积极性。要深化改革，进一步转变政府职能、推进事业单位改革、加大政府投入、调整资源配置，大胆探索，推进文化遗产的科学发展。

中国文物事业的发展离不开世界。国际文化遗产保护理念间的学习和借鉴是文化遗产事业发展的必要条件。在对外开放条件下，文物事业要在更大范围、更深层次上相互交流和借鉴。要积极配合国家外交大局，扩大和深化政府间交流与合作。推动与更多国家有关政府间文化遗产保护双边协定的签署，开展更有深度和实质性内容的合作。要善于借鉴其他国家和民族文化的长处，充分汲取世界文化遗产保护理论的精华，辩证取舍、择善而从、推陈出新，更好地推动中国文物事业的繁荣发展。要扩大对外文物展览的影响，在增加展览数量的同时，更加重视展览质量。要巩固我国与相关国际组织和民间机构的关系，积极参与国际文化遗产保护行动和相关国际公约的制定，增强我国在国际文化遗产保护领域的话语权。要履行我国加入的相关国际公约的责任与义务，树立负责任政府的国际形象。要通过"走出去"、"引进来"，拓宽人员交流和科技合作渠道，不断把中华文明推向世界，提高我国在国际文化遗产保护领域的地位和作用。

（五）30 年来文物事业发展的实践证明，开拓创新是推动中国文物事业发展的不竭动力。必须按照建设创新型国家的要求，努力提高文物事业的自主创新能力

这些年来文物事业的实践使我们认识到，文化遗产的概念不是在时间和空间上凝固不变的对象，文化遗产保护体系是一个不断发展和开放的体系。30 年来，文物概念的内涵和外延都发生了重要变化，文化遗产工作的领域得到拓展，文化遗产保护的要素、类型、空间尺度、时间尺度、性质和形态等呈现新的发展趋势。这些理论上的创新带来文化遗产保护对象、保护措施的创新，而实践创新的成果又为理论创新提供了基础。这些年来，我们相继制定了"长城保护工程"总体方案，开展大遗址保护，探索工业遗产、乡土建筑、文化景观、文化线路等新类型文化遗产保护利用的新思路。同时，我们还积极借鉴国际先进保护理念和做法，完善中国特色的文化遗产理论体系，取得了一些重要成果。

实践证明，提高文物事业的自主创新能力，是繁荣发展中国文化遗产事业的必由之路。当前，文物事业要按照建设创新型国家的要求，进一步增强创新意识，焕发创新激情，开拓创新思路。要推进制度创新，不断丰富和完善文物法规体系建设，特别要加大保护规划和行业标准的制定工作。加快《博物馆条例》、《文物保护单位管理条例》、《世界文化遗产保护条例》等法规的研究制定工作。加快制定文物商店和社会文物管理办法、文物鉴定标准和办法等。要推进科技创新，加大科技创新投入，加强创新人才培养，推进科研基地等研究平台建设，有效整合科研优势资源，吸收借鉴国际上文化遗产保护科技发展的最新成果，着力突破文物保护维修的基础研究、关键技术和前沿技术。要加强对传统工艺技术的保护、研究、传承和发展，实现传统工艺与科技创新成果的有机结合。要推进体制创新，努力建立适应社会主义市场经济体制要求、遵循文物工作自身规律、国家保护为主并动员全社会参与的文物保护体制。

（六）30 年来文物事业发展的实践证明，经费保障是中国文物事业发展的基本依托。必须进一步落实各级政府文物保护经费投入责任，拓展文物保护资金渠道

文物事业的发展，是综合国力特别是国家经济实力增长的重要体现。30 年改革开放带来的国民经济和社会财富的迅速增长为文物事业的发展进步奠定了重要物质基础。这 30 年间，中国 GDP 年均增长率达到 9.6%，国家财政收入由 1978 年的 1132 亿元增长至 2008 年的 51321 亿元。中央政府对文物保护经费的专项资金投入也逐年增长，中央文物保护专项转移支付资金已从 1978 年的 0.07 亿元增加到 2008 年的 25.2 亿元，30 年间增长了 363 倍，较 1973 年设立之初翻了 10 番。特别是新修订的《文物保护法》颁布实施以后，我国文物保护经费投入进入到快速增长时期。"十五"期间，全国文物业总收入累计为 279.74 亿元，比"九五"增加 143 亿元，增幅为 104%，年均递增 16.7%。正是得益于改革开放以来国民经济高速发展，财政收入大幅增长，日益充足的经费支持，我国文化遗产事业才得以取得了重要进展。

当代中国正发生广泛而深刻的变革，国家经济保持平稳，快速发展，经济实力大幅提升，这为文物事业的发展开辟了更为广阔的前景。要进一步加大中央级文物保护专项经费投入力度，完善文物经费增长机制，提高财政资金保障水平。要按照"五纳入"的要求，推动各级政府加大文物保护经费投入力度。我们要以文物事业发展的新成果，争取文物保护经费增长途径，完善经费投入体制机制，努力构建文物保护经费持续稳定增长的保障制度。要全方位拓展社会资金渠道，研究制定社会资金进入文物保护领域的政策措施，规范社会资金进入文化遗产保护领域的管理，保障社会资金的合法权益。要制定社会资金进入文物保护领域的优惠政策，鼓励引导更多社会资金投入文化遗产保护。要探索制定文物保护专项税收政策，形成稳定的文物保护资金增长机制。要大力推进国家文物保护专项经费"阳光工程"建设，强化经费管理，提高专项经费使用公开度、透明度，提高社会和公众的信任度。要加强财务管理制度建设，着力提高资金使用效益。

改革开放 30 年来，中国文物事业取得的一切成绩和进步的根本原因，归结起来就

是：我们始终高举中国特色社会主义伟大旗帜，坚持中国特色社会主义道路，坚持中国特色社会主义理论体系。当前，全党正在开展深入学习实践科学发展观活动。这是党的十七大作出的战略决策，是用中国特色社会主义理论体系武装全党的重大举措，是深入推进改革开放、推动经济社会又好又快发展、促进社会和谐稳定的迫切需要，是提高党的执政能力、保持和发展党的先进性的必然要求。全国文物战线上的广大干部和职工，要以更加昂扬的精神状态，更加务实的工作作风，扎扎实实开展好深入学习实践科学发展观活动，把党的政治优势和组织优势转化为推动文物事业又好又快发展的强大力量。

30 年耕耘，30 年收获。我们已经拥有一个值得自豪的过去，我们还必将创造一个更加辉煌的未来。保护文化遗产、守护精神家园，是时代的召唤和文物工作者的神圣使命。我们要紧紧围绕中央的战略部署，准确把握文物事业发展面临的形势，解放思想、实事求是、与时俱进，勇于变革、开拓创新、奋发有为，信心百倍地开拓中国文物事业的美好未来。

负责人：单霁翔

统稿人：王　军

执笔人：陈培军

文物法制工作改革开放 30 年

党和政府始终高度重视文物保护工作，新中国成立以来出台了一系列文物保护政策、法令和法规，对中华民族文物保护和促进文物事业发展起到了至关重要的作用。特别是改革开放以来，文物保护工作更是得到了前所未有的重视与发展。党和政府新时期文物工作方针的形成、发展和最终确立，有力地推动了文物法制工作的健全、完善与进步。经过 30 年努力，已经初步建立了具有中国特色的文物保护法律法规体系，文物依法行政积极推进，行政执法成效显著，基本实现了有法可依、有法必依、执法必严、违法必究，为我国文物事业科学发展创造了良好的条件。

一 中国特色文物保护法律法规体系初步建立，为文物事业提供了坚实的法制保障

改革开放 30 年来，我国政治、经济、文化各领域发生了深刻的变化，国民经济快速发展，国家实力显著增强。随着经济建设日新月异，文物工作也面临着空前的机遇和挑战。一方面，文物工作不断得到党和政府的高度重视，文物保护条件不断得到加强和改善；另一方面，文物工作的任务更加繁重，文物保护的形势也更加严峻。文物工作规范化、法制化成为时代的迫切要求。

改革开放 30 年来，在党中央、国务院、全国人大和全国政协的关心支持下，文物法制建设不断与时俱进，文物立法工作的民主性和科学性不断增强，立法质量和立法水平不断提高，立法数量不断增加，立法内容不断丰富。改革开放基本国策的推行，使文物法制工作得以在广度、深度以及与国际接轨方面快速迈进，文物法制建设得到快速发展。

以《中华人民共和国文物保护法》的颁行为标志，我国文物法制工作进入了一个全新的历史时期。《文物保护法》的制定、修改和完善，成为新时期我国文物法制建设的一个突出特点。

"文化大革命"中，我国的文物事业受到极大的冲击，文化遗产遭到严重破坏。粉

碎"四人帮"之后，面对千疮百孔、百废待兴的文物事业，开展了拨乱反正工作，文物事业重现生机。为加强文物保护和管理，党中央、国务院和文物部门积极开展法制建设工作，先后发布了30多项法规性文件、部门规章和规范性文件，各地陆续制定了几十项加强文物保护和管理的地方法规和规范性文件，全国范围内形成了文物保护齐抓共管的可喜局面，文物法制工作重新走上正轨。

20世纪80年代，受商品经济大潮和各种社会思潮影响，文物保护与管理形势趋向复杂。90年代，社会主义市场经济确立，空前的经济建设高潮与文物保护之间的矛盾突出。进入新世纪新阶段，我国城市化进程明显加快，新农村建设蓬勃开展，文物保护受到更加严峻的挑战。在这30年中，文物保护的理论积累和实践经验不断丰富，国家的文物工作方针日益清晰和明确，依法治国基本方略和全面推进依法行政实施纲要对文物法制建设提出了更高的要求。

（一）《文物保护法》制定、修改和完善

1982年之前，我国文物工作主要依据的法规是1961年3月4日国务院发布的《文物保护管理暂行条例》，但是这一《条例》制定于60年代，已经远远不能适应新时期全面建设社会主义现代化的形势和需要。

1982年11月，在总结新中国成立以来文物保护工作经验教训，结合社会主义现代化建设的新形势、新任务、新要求，以十一届三中全会以来正确的路线、方针和政策为指导，借鉴国际社会有益经验的基础上，第五届全国人大常委会审议通过了《中华人民共和国文物保护法》。《文物保护法》的颁布施行为制止各种文物破坏活动，加强文物保护和管理提供了有力的法律武器。这是我国在全面开创社会主义现代化建设新局面的历史时期，为保护中华民族历史文化遗产采取的重大举措，表明我国文物法制建设向前大大推进了一步，文物工作开始进入了依法管理的时代。

国家对文物工作的基本方针不断丰富发展，有力指导和推动了文物法制建设。1987年，国务院在《关于进一步加强文物工作的通知》中提出"加强保护，改善管理，搞好改革，充分发挥文物的作用，继承和发扬民族优秀的文化传统，为社会主义服务，为人民服务，为建设具有中国特色的社会主义作出贡献"的文物工作方针和任务。1992年，全国文物工作会议提出"保护为主、抢救第一"的文物工作方针；1995年，全国文物工作会议提出"有效保护、合理利用、加强管理"的文物工作原则，解决了人们在文物保护与利用的关系问题上的分歧与争论。2002年，全面修订《文物保护法》时，上述方针和原则综合为"保护为主、抢救第一、合理利用、加强管理"的文物工作方针，并最终以法律的形式确立下来。这一"十六字方针"，成为指导新时期文物工作和文物法制建设最

基本的法律原则。2005 年 12 月，国务院发布《关于加强文化遗产保护的通知》，进一步明确了文化遗产保护工作的指导思想、总体目标和具体措施。特别是在建立文化遗产保护制度体系工作上，对文物部门提出了新的更高的时代要求。《通知》提出文化遗产保护基本方针，除文物工作"十六字方针"外，又确立了非物质文化遗产保护的"十六字方针"，将文物工作向文化遗产事业这一更广阔领域推进了一大步。

文物工作方针的发展，文物工作中出现的新情况、新问题，都迫切需要法律法规予以调整和解决。与时俱进地对《文物保护法》进行周期性修订势在必行，这也是民主立法、科学立法的必然要求。

1991 年 6 月，第七届全国人大常委会第二十次会议通过《关于修改〈中华人民共和国文物保护法〉第三十条第三十一条的决定》，增加了应当给予行政或刑事处罚的文物违法犯罪行为内容，对与现行法律和实际情况不适应的内容进行了修改，对现实中存在的缺乏法律依据的破坏文物保护管理秩序的行为，明确了行为定性、处罚方式和职责部门，增强了法律的操作性和职责部门的执法力度。为适应行政审批工作的需要，2007 年 12 月，第十届全国人大常委会第三十一次会议通过《关于修改〈中华人民共和国文物保护法〉的决定》，对第二十二条、第二十三条、第四十条第二款进行修改，使文物行政部门的管理职能得到进一步优化。

2002 年 10 月 28 日，第九届全国人民代表大会常务委员会第三十次会议修订通过《中华人民共和国文物保护法》。新的《文物保护法》对原《文物保护法》进行了全面系统的修改和补充。

新《文物保护法》全面总结原《文物保护法》实施 20 年来文物工作经验，结合文物工作面临的新形势、新情况和新任务，将党和政府对文物工作的新要求和国际文化遗产保护的先进经验纳入其中，使文物立法达到了一个前所未有的新高度。新法不仅继承了原法中的一些好的原则和制度，更在许多方面有所突破、创新和发展。

修订后的《中华人民共和国文物保护法》和国务院随后公布实施的《中华人民共和国文物保护法实施条例》，第一次以法律的形式明确了文物工作方针，更加明确了各级文物行政部门的权力和责任。文物保护单位制度更加完善；历史文化名城、街区和村镇，被确立了与文物保护单位同等重要的法律地位；文物保护单位以外的不可移动文物，也有了明确的法律地位。地下埋藏的文物受到了严格保护，考古发掘工作得到了更加科学有效的规范和管理。馆藏文物的法律地位，以及文物收藏单位和主管部门对馆藏文物的保护责任，有了更具体明确的规定。民间收藏文物的权利与责任，作为文物保护的重要内容得到了严格界定，文物市场的规范更加明确；文物出境许可制度有了进一步发展，文物进出境审核机构的法律地位得到了进一步明确和提升。对破坏文物的违法和犯罪行为，也规定了更为具体的预防和惩戒措施。修订后的《文物保护法》及其实施条例，操作性更强，更好地适应了文物工作与社会发展的实际，符合社会主义市场经济和改革开放的时代要求。

新《文物保护法》的颁行标志着我国文物工作更加成熟，文物法制建设工作进入了一个新的历史阶段。

（二）文物法制建设全面开展

改革开放 30 年来，文物法制建设在改革开放中快速发展。以《文物保护法》为基础和依据，《中华人民共和国文物保护法实施条例》对《文物保护法》规定予以细化，使法律内容更具体、责任更明确、程序更清晰、操作性更强。

针对新时期不同阶段文物工作的新情况、新问题，国务院先后转发、发布《国务院关于打击盗掘和走私文物活动的通知》、《国务院关于进一步加强文物工作的通知》、《中华人民共和国水下文物保护管理条例》、《关于加强和改善文物工作的通知》、《关于加强文化遗产保护的通知》等多项法规或法规性文件。在打击文物犯罪、保护水下文物、正确处理经济社会发展与文化遗产保护的关系、建立与社会主义市场经济体制相适应的文物保护体制等多个方面提出了明确要求或作出详细规定。

为加强对长城的保护，规范长城的利用行为，2006 年 9 月国务院颁布了《长城保护条例》。《长城保护条例》明确了长城保护管理的范围和方法，对长城所在地各级人民政府及其文物主管部门的职责作了明确划分，对长城的旅游开发和保护管理进行了合理规范和制度创新，为社会力量参与长城保护提供了制度保障。条例中规定的专家咨询制度、总体规划制度和旅游容量指标控制作为文化遗产保护的重要措施开始进入行政法规。《长城保护条例》的制定，也为今后大运河保护和丝绸之路保护等的专项立法工作积累了经验。

文化部、国家文物局单独或联合有关部委先后重新制定或修订发布《古建筑消防管理规则》、《田野考古工作规程（试行)》、《博物馆安全保卫工作规定》、《文物出境鉴定管理办法》、《文物藏品定级标准》、《文物保护工程管理办法》、《文物行政处罚程序暂行规定》、《文物保护工程勘察设计资质管理办法》、《文物保护工程施工资质管理办法》、《文物保护行业标准管理办法》、《博物馆管理办法》、《古人类化石和古脊椎动物化石保护管理办法》、《世界文化遗产保护管理办法》、《文物拍卖管理暂行规定》、《文物出境展览管理规定》、《文物进出境审核管理办法》、《文物出境审核标准》、《全国重点文物保护单位保护规划编制要求》等百余项部门规章和规范性文件。对文物安全、文物保护、文物管理、考古、博物馆、世界文化遗产等方面进一步作出契合时代要求的明确规定。

各省、市、自治区也积极推动地方文物立法工作。依据文物法律法规，结合本地区文物保护的实际，先后颁行了八十余项地方性法规。《陕西省文物保护管理条例》、《西藏自治区文物保护管理条例》、《四川省世界遗产保护条例》、《甘肃敦煌莫高窟保护条例》、《河南省安阳殷墟保护管理条例》、《北京历史文化名城保护条例》等各项地方法规，使文物法律原则、制度与地方文物保护工作紧密结合，有力推动了当地文化遗产事业的发展。地方法规已经成为我国文物保护法律法规体系的重要组成部分。

在文物保护领域国际合作上，我国也迈出了较大的步伐。从 1985 年起先后批准加入联合国教科文组织《保护世界文化和自然遗产公约》、《关于禁止和防止非法进出口文化财产和非法转让其所有权的公约》、《武装冲突情况下保护文化财产公约》。1997 年 3 月签署加入国际统一私法协会《关于被盗或非法出口文物公约》。加入这些国际公约，不仅丰富了我国文物保护法律法规体系内容，也促进了我国文物保护法律法规进一步完善和与国际接轨。

这一时期，《中华人民共和国宪法》第二十二条明确规定"国家保护名胜古迹，珍贵文物和其他重要历史文化遗产"。这是文物法制建设的根本依据。我国颁布的民族区域自治法、森林法、建筑法、矿产资源法、海关法、档案法、城市规划法、环境保护法、治安管理处罚法、历史文化名城名镇名村保护条例等 10 余部法律法规，以及最高人民法院、最高人民检察院《关于办理盗窃盗掘非法经营和走私文物的案件具体应用法律的若干问题的解释》，全国人大常委会《关于惩治走私罪的补充规定》、《关于惩治盗掘古文化遗址古墓葬犯罪的补充规定》，《南京军区营区文物保护管理暂行办法》等，都对文物古迹保护作出了严格规定，加强了各行业各领域对文物的保护力度。

改革开放 30 年来，我国先后颁布文物保护专门法律 1 部，有文物保护内容的法律 10 部、规范性法律文件 3 项、行政法规 20 项、法规性文件 90 余项、部门规章 20 余项、部门规范性文件 110 余项、地方法规 130 余项、地方政府规章 20 余项、地方规范性文件 170 余项、军事行政规章 1 项。此外，还签署加入文化遗产保护国际公约 4 项。至此，我国制定发布的与文物保护和管理相关的法律、法规、规章以及规范性文件总数已经超过 600 项，现行有效的达到 500 余项，涉及文物保护的专门法律、法规、规章和规范性文件超过 400 项。以《文物保护法》为基础，以《文物保护法实施条例》、《水下文物保护管理条例》、《长城保护条例》等法规为支撑，部门规章、地方法规、地方政府规章、各种规范性文件和行业标准规范为重要组成部分的文物保护法律法规体系已经初步建立起来，并且基本覆盖文化遗产保护领域各个重要方面。我国文物事业已经步入规范化、法制化的轨道并正在迅速发展。

这是一项前无古人的历史成就，是党和政府高度重视和坚决支持的结果，是几代文物工作者不懈努力艰苦奋斗的结果。

所有这一切努力，为文物保护工作有法可依，依法行政提供了扎实的法制保障，为依法决策、依法管理营造了良好的法律环境。

二　文物依法行政工作积极推进，成效显著

党的十一届三中全会以来，我国社会主义民主和法制建设取得了显著成绩。依法行政成为新时期政府工作最突出的标志之一。1993年党的十四届三中全会第一次在党的文件中提出依法行政的要求。党的十五大、十六大以来，党中央、国务院都对加强依法行政作出了重要部署，提出了明确要求。在十七大报告中，胡锦涛总书记指出：要"全面落实依法治国基本方略，加快建设社会主义法治国家"，要"推进依法行政"，"建设服务型政府"。2004年国务院印发《全面推进依法行政实施纲要》，明确了今后十年全面推进依法行政的指导思想、具体目标、基本原则、基本要求以及主要任务和措施。国务院办公厅发布《关于推行行政执法责任制的若干意见》，对行政执法提出了更加具体的要求和目标。

温家宝总理在政府工作报告中强调指出："必须坚持依法行政。遵守宪法和法律是政府一切工作的根本原则。我们要严格按照法定权限和程序行使权力、履行职责，加强政府立法，规范行政执法，完善行政监督，建设法治政府，不断提高依法行政能力。只有全面推行依法行政，努力做到有权必有责、用权受监督、侵权要赔偿、违法要追究，让权力在阳光下运行，才能保证人民赋予的权力始终用来为人民谋利益。"为在新世纪新阶段加快推进依法行政，建设责任政府、法治政府吹响了前进的号角。

法律的生命力在于实施。在不断完善文物保护法律法规体系的同时，文物依法行政工作得到积极推进，行政立法不断完善，行政决策更加科学，行政执法取得明显成效，依法行政各项工作制度得到了较好的落实。

（一）依法行政的法制环境和执法条件得到明显改善

《行政许可法》、《行政处罚法》、《行政复议法》和《公务员法》的颁布施行，文物保护法律法规体系的初步建立，为依法行政提供了法制保障。全社会文物保护意

识和法制意识逐渐增强，为依法行政、开展行政执法工作创造了良好的社会环境。近年来，从中央到地方，都不断加强文物行政管理机构和文物行政执法机构建设，为推进依法行政提供了重要组织保障。2003 年起，为全面推动文物行政监督和处罚工作，国家文物局成立执法督察处，并下发通知要求各地成立相应的机构。2005 年国家文物局设立政策法规司，专门负责研究起草文物管理的法律法规草案，监督指导文物行政执法和文物安全管理工作。截至 2007 年底，已有 21 个省、市、自治区成立了副厅级以上的文物局，并且有很多地、县级城市成立了文物局。全国各地已建立省级文物行政执法专兼职机构 30 个。国家文物局还陆续为各省执法督察机构配发了行政执法督察专用车。各级政府还对这些机构在人员编制、经费预算和办公条件等方面做出了安排。

（二）依法行政能力和行政管理水平日益提高

通过积极贯彻落实《行政许可法》和《文物保护法》等法律法规，各级文物行政部门依法行政的意识和能力有了很大提高，工作程序和工作内容也得到了进一步明确。《国家文物局工作规则》、《国家文物局行政许可管理办法》和《国家文物局机关行政许可过错责任追究暂行办法》等数十项规范性文件的陆续出台，进一步提高了文物行政管理工作水平。《国家文物局突发事件应急工作管理办法》的实施，也使我们在建立健全预警和应急机制，应对突发事件和风险能力方面得到了加强。《文物行政处罚程序暂行规定》正式发布，为规范行政执法工作，落实执法岗位责任制提供了操作规程和行动指南。行政执法责任制是严格执法行为和加强执法监督的有力举措，随着配套制度的出台，定将进一步规范行政执法行为，提高文物执法水平。

提高干部队伍素质是法律法规得以贯彻实施的有力保障。2000 年以来，国家文物局连续举办全国专业管理干部培训班、文物行政执法研讨班，直接培训各级文物管理干部 2000 多人次，千余名学员获得岗位资格证书。接受培训的干部，无论在理论、政策、法律知识方面，还是在管理水平和执法能力方面都有了不同程度的提高。持证上岗制度正在全系统逐步展开。

（三）文物行政执法专项督察有力开展

为进一步推动和加强文物依法行政工作，规范行政执法行为，落实行政执法责任制，针对文物系统管理薄弱的问题与一些地方和部门有法不依、执法不严、违法不究、致使文物遭到损毁或破坏的情况，国家文物局依法从 2005 年至 2008 年连续在全国开展了行政执法专项督察活动，并及时向国务院报告督察情况。

2005 年主要对 158 个世界文化遗产地、全国重点文物保护单位和重点博物馆进行四个方面的检查：一是执行文物法律、法规情况；二是文物保护单位的"四有"情况；三是博物馆藏品档案建立与管理情况；四是各单位的防盗、防火设施建设与管理情况。4 个督察组分别对天津、河北、山西、辽宁、江苏、浙江、安徽、福建、陕西等 9 省市的 83 个文博单位进行了行政执法督察，同时对各级文物部门的工作情况进行了检查和调研。

2006 年国家文物局根据各地上报的情况、新闻媒体与群众反映的情况及已掌握的其他情况确定重点执法检查的地区。督察重点是：严厉打击破坏文化遗产的各类违法行为，特别是将文物作为或变相作为企业资产经营的违法行为，各地正在办理或已办结的文物违法案件的有关情况，对 2005 年度文物行政执法专项督察中发现的问题和重点督办案件进行复查，各地文物行政处罚工作开展现状，执法机构、队伍建设与培训情况和专项经费使用情况。四个督察组分赴北京、重庆、内蒙古、广东、河南、安徽、贵州、宁夏等 8 个省、区、市开展执法检查工作。

为切实规范文物行政部门依法行政工作，落实行政执法责任制，巩固 2005、2006 年行政执法专项督察成果，国家文物局将 2007 年的督察重点确定为：各地贯彻落实第三次全国文物普查工作的有关情况，各级文物保护单位的"四有"建设情况和管理、利用情况，规章制度建立、执行情况，各世界文化遗产地、全国重点文物保护单位和重点博物馆及其他文物保管单位的安全保卫情况，第六批全国重点文物保护单位及被评为文物先进县的文物工作，涉及文物、博物馆单位的恶性违法案件，文物保护专项资金管理使用情况等。国家文物局先后派出 4 个督察组赴北京、吉林、黑龙江、湖北、湖南、四川、云南、甘肃、青海等 9 省市进行了专项执法督察。

2005、2006 年，国家文物局将督察中发现的 9 起涉及文物的严重违法案件列为年度重点督办案件，进一步加大工作力度，有力维护文物法律法规的权威性和严肃性。与此同时，各地一批文物违法犯罪案件得到有效查处，有力保护了文物安全和维护了文物正常管理秩序。

近几年文物行政执法成绩突出，成效明显。基本形成了年度行政执法专项督察制度，年度重点案件督办制度，执法人员培训制度，行政执法奖惩制度，日常检查制度，行政执法新闻发布制度。但是，文物行政执法工作存在的问题依然严峻。主要是：重制度建设轻制度执行，重执法形式轻执法质量，重集中查处轻日常监管，重单一执法轻联合执法。这表明文物依法行政、行政执法工作仍然任重而道远。必须继续加强学习、提高认识，加强制度建设、增强应用能力，加强法制宣传、扩大法律影响，加强人员培训、提高执法水平，加强全面监督，注重工作实效，解放思想、开拓进取，在现有工作基础上不断加强和推进文物依法行政、行政执法工作，从而进一步体现法律的尊严，树立法治政府的形象，履行主管部门的责任，实现为人民服务的根本宗旨。

回顾改革开放 30 年文物法制工作，我们深深体会到：

（一）文物法制工作是做好文物事业的根本保障

没有规矩不成方圆。法律法规和规范标准，是有序开展一切文物工作的基本准则，是依法行政、行政执法的根本依据。而依法行政、行政执法的目标都是为了有效维护文物工作的良好秩序，最终目的是使祖国宝贵的文化遗产得到切实的保护。可以说，没有文物法制工作，就不会有健康、有序、全面、协调、可持续发展的文物事业。

（二）党和政府的重视是做好文物法制工作的关键

30 年来文物法制工作的经验告诉我们，所有成就的取得都是与党和政府的重视、关心和支持分不开的，都是在党和政府正确方针政策指导下实现的。我们相信，随着党和政府对文物工作认识的进一步发展，文物法制工作必将提升到一个新的更高的水平。

（三）坚持解放思想、开拓创新、与时俱进的思想作风和工作作风，是做好文物法制工作的思想保证

文物法制工作是在思想解放的环境中快速兴起的，是在理论创新的背景下发展进步的，是在不断适应时代要求情况下丰富完善的。任何封闭落后、故步自封、停滞不前的风气和作法都是发展的障碍，都是与时代格格不入的。发展是第一要务。只有始终如一地坚持解放思想、开拓创新、与时俱进，深入贯彻落实科学发展观，才能解决好文物事业发展中遇到的新情况、新问题，才能保持文物事业发展的生机与活力，真正实现文物法制工作的快速进步。

（四）人民群众广泛参与和支持是做好文物法制工作的社会基础

实现好、发展好、维护好最广大人民的根本利益是文物保护工作的出发点和落脚点。发展为了人民，发展依靠人民，发展成果人民共享。只有让人民群众充分享受到文物保护的成果，才能充分调动人民群众支持和参与文物保护的积极性，才能切实提高全民文物法律意识，才能形成有利于文物依法行政的社会环境。

文物是中华民族魂之所系、根之所在。文物保护工作任务繁重，文物法制工作使命光荣。广大文物工作者要在十七大报告精神指引下，深入贯彻落实科学发展观，认真研究文物工作的新情况、新问题，秉承"反映时代要求、把握客观规律、解决实际问题、接受实践检验"的文物法制工作原则，积极推进文物法制工作，进一步健全和完善文物保护法律法规体系，大力推进依法行政，推动执法能力建设，增强文物法制工作实际效果。必须始终坚持与时俱进、改革创新的工作势头，继续全面开创文物法制工作新局面。

负责人：董保华

统稿人：王　军

执笔人：张建华

不可移动文物保护改革开放 30 年

改革开放 30 年来，我国社会经济持续快速健康发展，国家繁荣稳定，人民安居乐业，为文物事业的发展提供了前所未有的机遇。在党中央、国务院的领导和关心下，在全国广大文物工作者的辛勤努力下，文物保护工作坚持围绕和服务于经济建设这个中心，发挥了传承中华文明、弘扬传统文化的重要作用。30 年来我国文物保护工作所走过的道路，是极不平凡的道路，极其辉煌，也极其曲折。这 30 年所面临的形势、所遇到的问题是前所未有的，所取得的成就更是前所未有的。30 年的发展历程充分说明，没有改革开放的正确路线，就没有新中国的繁荣昌盛和文物工作的伟大成就。

一 30 年文物保护工作的发展历程

中国是世界著名的文明古国之一，保存的文化遗存极为丰富，保护任务也极为沉重。新中国建立后，百废待兴，文物保护工作经过了艰难的初创阶段：中央在 50 年代确立了"重点保护、重点发掘，既对文物保护有利，又对基本建设有利"的文物工作方针；发布了《文物保护管理暂行条例》（1961 年）等重要法规；开展了第一次文物普查，公布了第一批全国重点文物保护单位，建立了文物保护单位制度，提出了"四有"要求（即有保护范围、有标志说明、有记录档案、有专门机构或者专人负责管理）；规定了修缮工程的分类、维修报批等，设立了重点文物保护专项经费（1973 年），完成了以山西芮城永乐宫搬迁、河北赵州桥维修、甘肃炳灵寺保护等为代表的一批重要文物保护工程，培养了一大批专业技术力量。到改革开放之前，我国创立了一套基本的文物保护修缮的方针、原则和规章制度，建立了一支文物保护专业队伍，为后来的文物保护事业打下了比较扎实的基础。

（一）文物保护：1978 ～ 1992 年

1978 年党的十一届三中全会以后，我国迈入改革开放和社会主义现代化建设新时期，文物保护工作也开始了一个新的历史发展阶段。在党中央、国务院的领导下，针对

"文化大革命"遗留下来的众多问题，国家采取了一系列应对措施：为了系统掌握"文化大革命"中的文物损失和当时的文物现状，从1981年开始，组织开展新中国成立以来的第二次文物普查、复查工作；为了将更多的珍贵文化遗产纳入法律保护的范围，实现依法保护，1982年，国务院又抓紧公布了第二批全国重点文物保护单位；为了挽救、保护一些城市中保存的丰富的文物遗存、较完整的历史风貌，同年，国务院又公布了第一批历史文化名城24座，并就如何处理保护与建设的关系等提出了要求，初步建立了我国历史文化名城制度；此外，国家拨款抓紧抢修那些濒危的文物保护单位，到1983年由国家共直接拨款维修重要文物保护单位450处左右，其中全国重点文物保护单位104处。国家有关部门还组织各种培训班，抓紧培训人才，重整队伍。通过这一系列措施，文物保护工作很快走上正常轨道。

1982年11月，全国人大常委会通过了《中华人民共和国文物保护法》，取代实施了20多年的《文物保护管理暂行条例》。这是我国文化领域第一部由国家最高立法机构颁布的法律，确认了我国文物保护的基本原则、相关单位的责任、权利、义务等，标志着我国文物保护管理工作进一步纳入法制化轨道。为了更加有力地切实贯彻《文物保护法》，文化部、国家文物局通过制定、颁发《文物保护法实施细则》等一系列的法规、规章和文件，对《文物保护法》相关条款的实施作出更为明确、具体的解释。各地也结合地方实际情况，颁发了一批文物保护法规。经过不断努力，到90年代初期我国已经初步形成文物保护管理工作的法规体系，文物工作在加强管理、协调关系、处理矛盾、制止破坏等方面基本实现了有法可依。

《文物保护法》颁布后，各项基础工作不断得到加强。1983年8月，全国文物普查工作会议召开，全国范围内的大规模文物普查工作全面展开，到80年代末大部分地区初步完成了田野调查。这次普查不仅发现了大量的文物点，使在册登记的文物点总数大幅度上升，填补了大量的文物年代的缺环和文物分布的空白，还有力地宣传和普及了刚公布的《文物保护法》。普查后开始组织编辑的《中国文物地图集》，全面总结了普查的成果，是全国文物保护和研究的重要基础工作。1986年，国务院核定公布了第二批国家历史文化名城，通过历史文化名城的公布和历史文化名城保护规划的制定，积极引导和协调各地解决日益严重的城市建设、经济开发与文物保护之间的冲突。1988年，国务院公布了第三批全国重点文物保护单位名单。地方各级人民政府也相继公布了几批省、县级文物保护单位，到1989年我国的省级重点文物保护单位已达四千多处。根据《文物保护法》的规定，各地开始根据文物保护的实际需要，在文物保护单位的周围划出建设控制地带，有的还明确规定了相关控制管理要求，以控制建设活动对文物周边环境风貌的破坏，这是我国文物保护单位管理工作中的又一项极其重要的基础工作。为加强"四有"工作，1989 年全国文物工作会议把"四有"列为重要基础工作之一，之后国家文物局下发《关于文物保护单位"四有"工作的意见》，召开了全国重点文物保护单位管理工作座谈会，重点解决全国重点文物保护单位实现"四有"的问题。为解决严重的人员缺失问题，从 1980 年以后，通过举办各种培训班、联合办学等形式，培训了一大批管理人才和专业技术人才。到 80 年代中期，全国共培训文物干部 16000 多人次，占全国文物系统总人数的 63%。大专以上的专业技术人才逐年有所增加。国家文物委员会、中国文物科学技术保护协会等文物保护机构先后成立或者恢复。成立了国家文物局古建筑专家组、考古专家组、科技保护专家组，逐渐建立了专业咨询机制，发挥专家在科学决策和民主决策中的独特作用。文物管理机构不断加强，大部分省区市建立了文管会、文物局，或者文化厅内设文物处。1989 年 12 月还与中宣部宣传局联合召开了革命文物宣传工作座谈会，推动了革命文物宣传工作。

在文物维修方面，1986 年，文化部对沿用了 23 年之久的《革命纪念建筑、历史纪念建筑、古建筑、石窟寺修缮暂行管理办法》进行修订，并更名为《纪念建筑、古建筑、石窟寺修缮工程管理办法》。《办法》确立了"不改变原状"的文物保护修缮原则、比较合理的文物修缮工程分类，以及合乎我国国情的工程分级管理制度，还第一次提出了文物修缮工程的资质资格要求。《办法》的实施对于加强文物修缮工程管理，进一步提高工程质量起了重要作用。文物维修经费不断增长，从 1979 年至 1988 年的 10 年间，仅中央财政拨款就达近 3 亿元，地方财政也拨出了一部分经费用于文物保护。顺利开展了布达拉宫一期、曲阜三孔、承德避暑山庄等重要维修工程。

《文物保护法》颁布之时，正值我国改革开放事业进入快速发展阶段，各地文物工作面临的城市建设、旅游开发等活动的冲击甚至破坏日益严重。如何处理好保护与利用、保护与建设等问题，成为困扰广大文物工作者的首要问题，迫切需要探索、解决、澄清。1984 年，为贯彻《文物保护法》，中央宣传部与文化部联合召开了全国文物工作会议，其间开始起草关于加强文物工作的通知文件，数次修改，多次讨论，最终在几个重大问题上统一了认识。据此形成了 1987 年 12 月国务院发出的《关于进一步加强文物工作的通知》（即 101 号文件），提出了新形势下文物工作的基本方针和任务："加强保护，改善管理，搞好改革，充分发挥文物的作用，继承和发扬民族优秀的文化传统，为社会主义服务，为人民服务。"这是我国对改革开放新形势下文物工作方针的第一次重大探索。但是，国务院文件颁发之后，在方针问题上，在保护为主、还是保用并重等问题上，仍然有各种不同的认识。

(二) 文物保护：1992～2002 年

1992 年，邓小平同志视察南方重要讲话和党的十四大会议精神传达以后，我国改革开放的步伐进一步加快，文物事业的发展也注入了新的活力。1992 年在西安召开了全国文物工作会议，李瑞环同志代表党中央、国务院提出了"保护为主、抢救第一"的工作方针；1995 年，在西安再次召开的全国文物工作会议上，国务委员李铁映同志又提出了"有效保护、合理利用、加强管理"的原则，这就形成一个文物工作完整的方针原则，文物工作从此有了处理保护与利用、保护与管理等问题的政策依据。根据1992 年、1995 年两次全国文物工作会议上所确定的文物工作方针和原则，1997 年国务院发出《关于加强和改善文物工作的通知》（13 号文件），提出了要正确处理好文物保护与经济建设的关系，处理好文物事业发展中社会效益与经济效益的关系。

在新方针的推动下，我国文物保护各项工作继续稳步前进：1994 年，国务院核定公布了第三批国家历史文化名城；1996 和 2001 年，国务院先后公布了第四、第五批全国重点文物保护单位，使得全国重点文物保护单位的总数达到 1271 处，各地也分别公布了新的省、市县级文物保护单位。文物保护单位"四有"建设等基础性工作扎实推进；国家历史文化名城、全国重点文物保护单位以及大遗址保护规划的编制和实施工作明显加强。1995 年全国文物工作会议上提出了文物保护工作又一项重要的基础工作——"五纳入"，要求各级政府把文物保护纳入地方经济和社会发展计划、纳入城乡建设规划、纳入财政预算、纳入体制改革、纳入各级领导责任制。1997 年国务院《关于加强和改善文物工作的通知》（13 号文件），再次提出要把"五纳入"工作落到实处。此外，还召开了全国革命文物工作会议（1997 年）和全国少数民族文物工作会议（1998 年），中央办公厅、国务院办公厅转发了中宣部等六部委《关于加强革命文物工作的意见》，国家民委和国家文物局联合下发《关于加强少数民族文物工作的意见》，促进了革命文物和少数民族文物保护工作的深入开展。

与此同时，我国文物维修工作也有了巨大发展。1992 年国家文物局在北京召开文物建筑维修保护理论研讨会，重点讨论了"文物原状"等理论问题，进一步理清了思路，为此后实施的文物抢救保护工程奠定了良好的基础。1992 年，长期困扰文物事业发展的经费短缺问题，获得了突破性的解决。国务院决定从该年起把文物直拨经费在原有 5000 万元的基础上再增加 7000 万元，从第二年起增加 8000 万元。1993 年财政部和国家文物局共同制定了《国家重点文物专项资金管理办法》，规定了这笔资金的使用范围等。到 1995 年的这段时间里，中央直拨文物保护经费总计近 4 亿元，抢救维修了616 个项目。此后，文物专项补助经费继续增长，从 1995 年的 1.29 亿元增加至 2002 年的 2.76 亿元。全国大部分省、自治区、直辖市也都大幅度地增加了文物经费，如北京市政府于 2000 年出台"三年 3.3 亿元文物抢救修缮计划"。从 1992 年开始，国家文物局组织展开新中国成立以来规模最大的文物抢救保护工程。全国重点文物保护单位濒临危险的状况有了很大的改善。包括天津独乐寺、河北清东陵和西陵、浙江天一阁、河北隆兴寺大悲阁在内的一批重要文物保护工程陆续完成，基本实现了前四批全国重点文物保护单位没有大的险情的目标。另一方面，我国积极开展国际文物保护交流与合作，通过敦煌莫高窟、云冈石窟等合作保护项目、援助柬埔寨吴哥窟周萨神庙维修工程，推动了我国文物保护理论的反思和总结，也培养了一批维修专业力量。在丰富的工程实践的基础上，1997～2001 年，中国古迹遗址保护协会与美国盖蒂保护所和澳大利亚遗产委员会合作编撰了《中国文物古迹保护准则》，中国文物保护工作自此有了自己的行业准则。

到本世纪初期，我国探索出了"保护为主、抢救第一"的方针和"有效保护、合理利用、加强管理"的文物工作原则，基本建立了适应社会主义市场经济体制要求、遵循文物工作自身规律、国家保护为主并动员全社会参与的文物保护体制。与此同时，随着改革开放的进一步深入以及从计划经济体制向社会主义市场经济体制转变，文物保护与市场经济发展，文物保护与城市建设，文物保护与改善人民群众生活，文物保护与旅游、宗教事业发展，文物保护的社会效益与经济效益等多种关系上遇到的众多急需解决的新情况、新问题、新挑战。

（三）文物保护：2002～2008 年

2002 年 10 月 28 日，第九届全国人民代表大会常务委员会第三十次会议通过了《中华人民共和国文物保护法》修正案。确立了"保护为主、抢救第一、合理利用、加强管理"的文物工作方针。把"五纳入"的具体要求分别写进了新法的条文。《文物保护法》的修订对于我国文物保护工作具有极为重要的现实意义和深远的历史意义。2002 年 12 月，为贯彻"十六字方针"和新修订的《文物保护法》，在北京召开新世纪的首次全国文物工作会议，提出了本世纪头十年的工作要点与基本思路。2005 年 12 月，国务院发出《关于加强文化遗产保护的通知》，再次明确了新时期我国文化遗产保护的指导思想、基本方针、总体目标和具体措施，标志着新世纪我国文化遗产事业进入一个新的发展阶段：

六年来，文物保护工作的法制基础不断加强。2003 年，国务院审议通过的《文物保护法实施条例》，有力地推动了《文物保护法》的贯彻落实。全国各地根据当地文物工作实际，也相继制定了一批地方性文物保护专项法规，如：《北京市实施〈中华人民共和国文物保护法〉办法》、《北京历史文化名城保护条例》、《浙江省文物保护管理条例》、《甘肃敦煌莫高窟保护条例》等，形成了以《中华人民共和国文物保护法》为核心，以行政法规、部门规章和规范性文件为主体，以地方性法规为基础的法律体系框架，真正做到了有法可依。

六年来，文物保护各项基础工作得到全面加强。为了全面掌握新时期我国不可移动文物的基本情况，2007年4月，国务院印发《关于开展第三次全国文物普查的通知》，全面启动第三次全国文物普查。这一次文物普查无论从重视程度、动员力度、普查范围、持续时间、资金力量、技术水平等各个方面都大大超过前两次普查。为了保护文物遗存丰富、且具有重大历史价值或纪念意义的、能较完整地反映一些历史时期传统风貌和地方民族特色的村镇，建设部和国家文物局2003年10月8日发布《中国历史文化名镇（村）评选办法》，并于2003年、2005年、2007年共同组织评选公布三批中国历史文化名镇85座和中国历史文化名村72座。2006年6月，第六批全国重点文物保护单位一次性公布1080处，这个数字接近于前五批全国重点文物保护单位数量之和。第七批全国重点文物保护单位的遴选也即将启动。全国重点文物保护单位保护范围、建设控制地带的划定工作日益规范。文物保护单位的保护规划编制工作日益受到重视，2003年举办了文物保护单位保护规划研讨班，2004年发布了《全国重点文物保护单位保护规划编制审批办法》、《全国重点文物保护单位保护规划编制要求》等规范性文件，规划逐渐成为指导、管理文物保护单位保护工作的基本手段。编制、发布了《全国重点文物保护单位记录档案备案工作实施方案》、《全国重点文物保护单位记录档案工作规范》和《全国重点文物保护单位记录档案著录说明》等，基本完成了第一批至第五批全国重点文物保护单位的记录档案备案工作，继续开展第六批全国重点文物保护单位记录档案备案工作。组织开展了全国重点文物保护单位保护维修现状调研和分析，取得了大量一手数据。这些扎实的基础工作，在"5·12"四川汶川特大地震这一突发事件中的文化遗产抢救、保护工作上发挥了巨大的作用。为了增强全社会的文化遗产保护意识，国务院还于2005年底批准设立了"文化遗产日"，推动文化遗产的宣传。此外，为解决新时期文物保护工作中出现的新问题，组织开展了对乡土建筑、工业遗产、20世纪遗产、老字号等的专题调研、研讨。落实了中央领导关于涉台文物、红色旅游等保护工作的重要指示。成功举办2005年国际古迹遗址理事会第15届大会、第2届"文化遗产保护与可持续发展"国际会议、2007年"东亚地区文物建筑保护理念与实践国际研讨会"和城市文化国际研讨会，通过了《北京文件》、《城市文化北京宣言》的文件，极大地促进了我国与有关国家和国际组织在文化遗产保护方面的交流与合作，有利于我们更加全面地接触、理解和吸纳国际先进理念和技术。

六年来，文物维修工作取得了巨大进步。新修订的《文物保护法》及其《实施条例》规定了文物保护工程的审批程序、资质管理、保护原则等，为我国文物保护工程管理奠定了重要的法律基础。据此，2003年，文化部颁发《文物保护工程管理办法》，按照现代工程项目管理理念对文物保护工程内涵的界定，类别的划分，工程立项与勘察设计，施工、监理与验收，奖励与处罚等做出了明确要求。配合该办法的实施，国家文物局又相继出台了《文物保护工程勘察设计资质管理办法》等一系列法规规章。此外，《文物保护工程北方地区定额》等一批文物保护工程技术标准规范正在抓紧制订。2004年、2007年颁发了第一、第二批文物保护工程勘察设计单位、施工单位资质证书，2008年颁发了第一批文物保护工程甲级监理资质单位的资质证书和第三批勘查设计、施工单位资质证书，基本实现了文物保护工程资质管理。2004年召开了第一次全国文物保护工程汇报会，总结了多年来的文物维修工程的得失，第一次就文物保护工程计划安排、文物保护工程资质、文物保护工程施工监理等方面的问题进行了认真研讨。此后每两年召开一次工程汇报会，总结、讨论维修工程中的问题，讨论工作思路。1998年、2004年举办的两期全国古建筑保护培训班，2006年开始的《中国文物保护准则》的相关培训，大大促进了维修工程的人才建设和理论发展。2006年召开东亚地区文物建筑修缮保护国际研讨会，加强了与国际同行间维修理念的交流。此外，通过实施全国重点文物保护单位保护维修情况调查工作，初步掌握了一至五批全国重点文物保护单位的保护维修的基本状况。

六年来，国家文物专项补助经费大幅增加，从2002年的2亿余元猛增到2008年的近4亿元。重点维修工程硕果累累：三峡文物保护工作顺利结束，西藏布达拉宫、罗布林卡、萨迦寺三大重点文物保护主体工程进入收尾阶段，大昭寺、扎什伦布寺等西藏"十一五"期间九大维修项目又将启动，故宫第一阶段维修、山海关长城修缮工程顺利完成并对外开放。山西南部元以前早期建筑的保护工程项目启动。应县木塔保护工作扎实推进。我国援助柬埔寨的吴哥窟保护一期项目周萨神庙基本完成，正在开展二期茶胶寺保护的前期准备工作。援助蒙古国的博格达汗宫博物馆门前区保护维修工程圆满竣工。三坊七巷、青海塔尔寺等重点修缮、整治工程和红色旅游、涉台文物等专项工程进展顺利。

总的来看，2002年以来，我国的文化遗产事业发生了巨大的变化，是我国改革开放30年来发展最快、变化最大、质量最高的一个时期。

二　30 年来的文物保护工作成就

（一）文物保护理念和理论不断发展、完善

从 1961 年的《文物保护管理暂行条例》、到 1982 年的《文物保护法》、再到 2005 年底国务院《关于加强文化遗产保护的通知》，从第一批全国重点文物保护单位的分类和公布、到第六批全国重点文物保护单位的分类和公布，文物的概念不断深化，文物保护的范围不断扩大，文物保护的理念不断进步。经过不断调整充实，目前国家立法保护的文物基本范围已经不再仅仅局限于古文化遗址、古墓葬、古建筑、石窟寺等。从第六批全国重点文物保护单位公布的结果来看，石龙坝水电站等工业遗产、聚馆古贡枣园等农业遗产、大栅栏商业建筑等商业遗产和老字号、柳氏民居等乡土建筑、马胖鼓楼等少数民族遗产、中国营造学社旧址等近代遗产、唐山大地震遗址等现代遗产，这些以往较少进入全国重点文物保护单位之列的，反映我国民族文化、地域文化和近现代文化生活、经济活动等方面的文化遗产，现在都被纳入了保护范畴。此外，随着文化遗产保护内涵与外延不断深化和扩大，文化景观、文化线路等一些新的文化遗产品类也日益受到重视。如：大运河这样一个空间尺度的保护对象，作为一个保护单位被列入全国重点文物保护单位名单加以保护，这在我国文物保护工作中是史无前例的，反映了我国文物保护领域在保护观念、技术手段、资金条件和管理体制上都已进入了一个新的阶段。

文物保护的理论研究不断深入。中国文物建筑从材料选择、构造技术、装饰手法、空间构成各个方面都与西方古典建筑有着不同的特点，在损毁规律、维修保护方法方面也与其存在很大区别。新中国成立以来，特别是改革开放 30 年来，我国文物保护、维修的项目大量增加，积累了丰富的实践经验，提出了若干值得探讨的保护理论；另一方面，通过上世纪 90 年代业界关于什么是文物原状、什么是文物现状等的讨论，以及本世纪以来与国际同行就文物建筑保护和修复的理念与实践的交流，我国的专家学者们也在不断加深、完善对具有我国自身特色的文物维修保护理论的相关认识。关于文物原状、关于原址保护、关于文物环境、关于复建、关于传统材料和工艺等中国文物保护维修工作中很多长期争论的问题，业界经过反复、深入讨论，基本达成共识，为我国文物维修保护工作确定了基本方向。

广大专家学者和从业人员不断总结工程实践经验，探索、研究文物保护维修理论，在学习与借鉴国际先进的文化遗产保护维修理论的基础上，对包括文物保护维修最终目的等问题在内的文物保护重大问题进行了日益深入的专业研究和理论归纳，形成了"真实

性"、"完整性"、"不改变原状"、"最小干预"等重要原则，初步建立了一套有中国特色的文物维修保护理论。尽管这套有中国特色的文物维修保护理论还有很多不完善的地方，还需要广大科研机构、专家学者、工程从业人员等广泛合作、共同奋斗，甚至需要几代人的持续努力才能最终完全建立和健全，但是，毋庸置疑，这套理论对于指导现阶段和今后一段时期我国的文物保护、修缮工作，具有巨大的、不可替代的作用。

（二）文物保护基础工作全面、扎实

通过新中国成立后的三次文物普查，特别是改革开放以来的两次文物普查这一项战略性举措，基本可以摸清我国现存不可移动文物的家底和现状，全面掌握我国文物资源的数量、分布和保存状况。以此为基础，改革开放以来的 30 年间，国务院先后公布了 5 批全国重点文物保护单位，全国重点文物保护单位数量达 2351 处，各地也相应公布了当地的各级文物保护单位；30 年来，国务院先后公布国家历史文化名城 109 座，建设部、国家文物局先后公布中国历史文化名镇 85 座和中国历史文化名村 72 座，建立起了完整的历史文化名城（名镇、名村）保护制度。目前第七批全国重点文物保护单位遴选即将启动，第四批中国历史文化名镇名村名单也即将公布。我国文物保护单位、历史文化名城（名镇、名村）的数量、种类不断壮大和增加。

经过 30 年的不断努力，大部分文物保护单位基本实现了"四有"：划定保护范围，竖立标志说明，建立记录档案，设置专门机构或者专人负责管理。基本完成了第一批至第五批全国重点文物保护单位的记录档案备案工作，并基本完成了建设控制地带划定工作，文物周边环境得到了保护。保护规划的编制和实施逐步推广。文化遗产保护的影响日益扩大，各级政府越来越重视遗产保护工作，把文物保护纳入地方经济和社会发展计划，纳入城乡建设规划，纳入财政预算，纳入体制改革，纳入各级领导责任制，大部分文物保护单位基本实现了文物工作"五纳入"。财政投入逐年增加，民众参与保护工作越来越多。

（三）文物保护、维修法律法规进一步健全

经过 30 年的努力，目前，我国基本形成了以《文物保护法》为核心，由行政法规、部门规章、规范性文件以及地方性法规共同构成的法律体系框架。如：《历史文化名城名镇名村保护条例》、《陕西省文物保护条例》、《江苏省文物保护条例》、《北京市长城保护管理办法》、河北省《承德避暑山庄及周围寺庙保护管理条例》等，使文物保护工作逐步步入有法可依的良性轨道。在文物保护工程方面，法规和标准化也基本建立健全。《文物保护工程管理办法》、《全国重点文物保护单位保护规划编制审批办法》、《全国重点文物保护单位保护规划编制要求》、《文物保护工程施工资质管理办法》、《文

物保护工程勘察设计资质管理办法》、《文物保护工程监理资质管理办法》（试行）等一系列法规规章，以及即将公布的《文物保护工程北方地区定额》等技术标准，对文物保护工程的原则、分级、资质、审批管理和立项、规划、勘察设计、施工、监理、验收等各个环节做出了较为全面、具体的规定，为依法从事、管理文物保护维修工作奠定了坚实基础，文物保护维修工作已经步入法制化健康发展轨道。

（四）文物保护管理机构和专业队伍不断壮大

1978 年，全国文物管理委员会和文管所 295 个，工作人员 2.6 万人；至 1997 年，全国文物保护和管理机构有 3412 个，有 20 个省（自治区、直辖市）设立了文物局，工作人员增长到 63000 千多人，其中有大专以上学历者近万人；到目前，我国共有各类文物机构 4277 个，文物工作者队伍已达 8 万多人，其中中高级职称人员近 15000 人，全国已有 23 个省（自治区、直辖市）设立了副厅级以上级别的文物局。大部分文物保护单位设置了专人管理，基层文物保护的队伍不断壮大。通过举办文物局局长培训班、省地市级文博管理干部培训班、全国重点文物保护单位管理机构负责人培训班、古建所所长培训班、普查培训班等，从业人员的管理水平、业务素质大大提高。

在专业维修队伍建设方面，建国初期，我国专门从事文物保护工程的专业队伍数量、规模都很小，只能开展一些古建筑调查、测绘、保养以及抢救性的维修工作。到上世纪五六十年代，我国通过工程实践独立培养、锻炼出一批较高水平的文物保护勘察设计、施工队伍和专家。改革开放以后，各级文物部门和相关单位通过正规的中、高等教育、各种类型的文物保护工程培训班，结合工程实践培养造就了一大批文物保护维修专业人才和队伍。到 2003 年开始评审首批文物保护工程资质时，全国申请文物保护工程资质的专业机构达到 500 多家，申请文物保护工程勘察设计和施工个人从业资格的人数达到 9000 余人。经过 30 年的发展，我国文物保护工程队伍不断发展壮大，研究、勘察、设计、施工水平也不断提高。

（五）文物保护工程管理逐步科学、规范

经过 30 年工程实践探索，我国基本实现文物保护工程规范化、科学化管理。通过开展文物保护工程资质评审工作，通过加强工程资质管理法规建设，通过每两年一次的文物保护工程汇报会，通过工程方案审批程序的不断改进、完善，通过工程检查、验收、年检等，我国基本建立了一套行之有效的文物保护工程资质管理制度，适应了文化遗产保护事业发展需要，规范了文物保护工程管理，提高了文物保护工程质量和工作效率。目前，我国已经评审和公布了三批甲级勘察设计资质单位、一级施工资质单位以及首批文物保护工程监理单位资质，2500 多人分别获得勘察设计和施工的从业资格。《文物保护工程审批管理暂行规定》已经自 2008 年 5 月 1 日起在北京、河北、山西、浙江、四川 5 省（市）试行。各项文物保护工程管理标准正在不断完善。

（六）大批重要的文化遗产得到妥善保护维修

30 年来，我国的文物保护经费不断增长。1978 年国家重点文物保护专项补助经费为 693 万元，到 2008 年达到近 4 亿元。从 1992 年开始，中央还每年投入 2500 万元"中央抢救性文物保护设施建设专项资金"，用于文物保护单位的看护和管理工作用房建设、安防及防灾减灾、管理监测设备购置以及基础保护设施建设等，至 2006 年提高到平均每年 2.3 亿元。2005 年，中央财政还增设大遗址保护专项经费 2.5 亿元，2007 年增加到 4.2 亿元，"十一五"期间规划总投入 20 亿元。各级地方政府普遍设立了文物保护专项资金。如：北京市政府 2003 年至 2008 年间每年再投入 1.2 亿元用于文物保护，杭州市从 2004 年到 2006 年投入 4.1 亿元保护维修了一大批文物古迹和历史街区。在中央和地方各级政府的支持下，经过 30 年的努力，大部分全国重点文物保护单位和部分省级文物保护单位的重大险情得以排除，其中很多单位还得到了全面修缮，配备了必要的消防、安防设施。据不完全统计，1996 年至 2003 年期间，中央财政共补助文物保护维修项目 822 项，其中 100 万元以上项目 244 项。2005 年安排了 112 项文物保护维修、40 项文物保护规划、45 项文物安防消防设施建设。2006 年安排 108 项文物保护维修、55 项文物保护规划、30 项文物安防、消防设施建设。从整体上看，我国重要不可移动文物的保护得到了很大加强，安全得到了基本保障。特别是一大批重点工程的实施，保护了一大批重要的文物古迹，如：1997 年开始实施的三峡工程库区文物保护工作重点项目中，张桓侯庙搬迁保护完成了主体复建工程，白鹤梁题刻水下原址保护工程、石宝寨原地保护工程进展顺利；一些受到社会广泛关注的重大文物保护工程项目，如西藏布达拉宫、罗布林卡、萨迦寺，山西应县木塔、云冈石窟和北京故宫保护维修工程等陆续实施。大遗址保护方面，编制了二里头、偃师商城、燕下都、邺城等重要大遗址保护规划，完成了西安唐大明宫、未央宫，殷墟、洛阳偃师商城，新疆交河故城、高昌故城等遗址保护项目，建设了金沙遗址博物馆等，殷墟、大明宫、阳陵等遗址公园初具规模。周萨神庙和博格达汗宫门前区维修工程等援外工程项目圆满竣工。

三　工作启示

总结改革开放 30 年的文物保护和维修工作，我们有几点深刻体会：

（一）正确的文物工作方针是文物保护工作健康发展的关键所在

30 年的文物保护实践说明，只有坚持结合实际，实事求是地发现问题、研究问题，形成正确的文物工作方针，才能结束工作中的种种争论，才能真正解决问题，才能促进文物事业的健康发展；只有坚持贯彻执行党的文物工作方针，才能保证文物事业始终沿着正确方向健康发展。

（二）扎实的基础工作是文物保护工作顺利开展的可靠保证

扎实做好基础工作，是一项长期、艰巨的任务，是我们应该永远放在首位的工作目标之一。只有不断夯实文物基础工作，才能为文物事业全面科学发展提供保障。改革开放 30 年来，在全国文物工作者不断努力下，文物基础工作取得了一定成效，技术规范、行业的国家标准制订工作提上工作日程，管理制度不断充实，家底不清、基础数据不准的情况有了极大转变。但是，文物保护的各项基础工作不能初见成效即告结束，必须坚持下去，常抓不懈，不断在广度和深度上开拓创新。

（三）先进的专业理念是文物保护事业不断发展的理论基石

文物保护是一项专业性很强的工作，无论是从我国改革开放 30 年的实践看，还是从国外文化遗产事业的历程看，其发展始终离不开文物保护理论的指导，这种专业性在 21 世纪的保护工作中将越来越明显。随着不断有各种专业背景的人员加入文化遗产保护队伍，这种专业理论建设将越发显现其重要性。

（四）专业的人才队伍是文物保护事业永续发展的动力源泉

文物保护专业人才的培养和队伍建设是全面提高文物保护工作特别是文物保护工程质量的关键环节之一。经过 30 年的发展，我国文物事业人才的缺乏，特别是文物保护工程专业人才的匮乏问题得到了很大改观。即便是在经费紧张、很多重要保护项目未得到实施的情况下，国家将人才培养作为事业发展的优先战略予以实施，采取了与大学联合办文物保护专业、举办专业培训班、与国外大学和专业机构合作选派专业人员深造等一系列的措施，针对不同对象培养、培训文物保护工程管理和技术人才，实现了专业人才培养、培训的规范化和制度化，成为我国文化遗产事业的持续发展的动力所在。

（五）充实的资金投入是开展文物保护工作的坚实保障

改革开放 30 年的发展历程表明，文物保护工作，特别是文物维修工作，离不开充实的资金保障。30 年文物保护专项经费的大幅增长，为文物工作的发展提供了广阔的空间和充实的动力。文物保护经费的增长，一方面说明文化遗产事业做出的成绩得到政府和社会的认可，另一方面也说明文化遗产事业与经济社会的进步休戚相关。经济社会的进步为文化遗产事业的发展提供了坚实的基础，反过来，文化遗产事业的发展也大大促进了各地经济社会的进步。

30 年来的文物保护工作充分说明，要做好我国的文物保护工作，必须要有改革的勇气和开放的精神。不改革，文物工作不能加强，也不能完善。只有加快文物工作的改革开放，充分发挥文物的优势，扩大文物在国内外的影响，才能把我国文物保护事业推上一个新台阶，使我们这个世界文明古国早日加入文物保护先进国家的行列。

负责人：童明康

统稿人：顾玉才

执笔人：凌　明

考古事业改革开放 30 年

改革开放 30 年来，国家政治稳定，经济繁荣，人民安居乐业，国民经济各项工作蓬勃开展。作为文化遗产保护工作的重要组成部分，考古事业也随之进入繁荣发展的历史新时期。30 年风雨征程，30 年奋斗拼搏，在党中央、国务院的高度重视下，国家不断加大对考古事业的投入和支持力度，考古工作也为迅猛发展的经济建设提供了有力保障。我国的考古事业步入健康、有序的发展轨道，取得了举世瞩目的成就。

一 改革开放 30 年考古事业发展历程

（一）考古事业的恢复

新中国成立之初，百废待举。国家及时制定了相关法规，在北京大学等高等院校设立考古专业，并筹办四期考古工作人员训练班（1952～1955 年），培养了一批考古专业人才。同时，北京大学、中国科学院考古研究所和地方考古队在全国开展大范围考古工作，积累了丰富的考古资料，也锻炼了一支专业队伍，为我国考古和文物保护事业的发展奠定了基础。

党的十一届三中全会后，在党中央、国务院和各级党委政府的高度重视下，我国考古事业步入正轨，迎来了发展的春天。陕西、山西、山东、河北等地相继设立省级文物事业管理局，加强对省内考古和文物保护工作的管理。依托北京大学、吉林大学等高等院校，国家多次举办考古专业进修班、专修班和研究生班，培养业务人才和文物考古干部，充实地方考古力量。青海、山东、浙江、河南等地纷纷成立省级文物考古研究所，承担起地方考古和文物保护工作的重任。

1979 年中国考古学会成立，安徽、湖北、青海、吉林等地方考古学会及研究会纷纷建立，并相继召开了曾侯乙墓学术讨论会、楚文化研究座谈会等会议，提倡解放思想，实事求是的学风，有力推动了相关领域研究工作的开展。河南偃师二里头遗址、湖北随州曾侯乙墓、陕西西安秦始皇兵马俑、陕西宝鸡法门寺地宫等考古发现，大幅度提升了考古事业的社会影响力。

（二）考古事业的发展与提高

1982 年《中华人民共和国文物保护法》公布实施。此后，《田野考古工作规程》（1984 年）、《中华人民共和国水下文物保护管理条例》（1989 年）、《考古调查、勘探、发掘经费预算定额管理办法》（1990 年）、《中华人民共和国考古涉外工作管理办法》（1991 年）、《国家文物局田野考古奖励办法》（1993 年）、《考古发掘管理办法》（1998 年）、《考古发掘品移交管理办法》（1998 年）等与考古工作相关的法律、法规、文件相继出台，各地也陆续颁行了一系列地方性法规，初步建立起以《文物保护法》为核心，以行政法规、部门规章、规范性文件为主体，以地方性法规、规划和标准为基础的一套比较完备的考古和文物保护法律体系框架。同时，国家充分发挥中国社会科学院考古研究所、中国科学院古脊椎动物与古人类研究所、北京大学等考古科研机构、高等院校和有关专家的学术优势，建立起一套专业咨询机制，提高管理水平。

随着法律法规体系的建立和管理工作的逐步规范，考古学学科建设也取得了可喜成绩。全国相继设立近 40 家考古研究机构，成为考古工作的中坚力量。十余所高等院校相继设立了考古专业或考古系，为各地输送了大量高学历的考古专业人才。国家着力加强对从业人员的教育培养，强化田野考古领队岗位培训，并先后在山东、河南、新疆等地举办多期田野考古专业培训班、石窟寺考古培训班等，有效提高了在职人员的业务水平和科研能力。

各项考古工作有序开展，大型水库、铁路、高速公路等国家重点建设项目中的考古工作成绩突出。1992 年起开展的三峡库区文物抢救保护工作，制订了系统全面的文物保护规划，积极探索了国家大型基本建设工程中考古和文物保护工作的方法和模式。以科研为目的的主动性考古工作取得一系列成果，江西万年仙人洞和吊桶环遗址、辽宁朝阳牛河梁遗址、浙江余杭良渚遗址、山西襄汾陶寺遗址、四川广汉三星堆祭祀坑、河南偃师商城遗址、山西侯马晋侯墓地、陕西咸阳汉阳陵丛葬坑和陕西西安汉长安城遗址等考古工作极大促进了农业起源、文明探源、国家形成、城市考古等重大学术课题的研究。学术界召开了形式多样的研讨会、座谈会，学术气氛空前活跃。考古工作者的课题意识增强，通过分析研讨考古新材料，逐步确立了我国考古学文化序列和编年框架，大大促进了考古学学科发展。

这一时期，大遗址保护工作逐步提上议事日程，成为我国考古和文物保护工作的重要内容之一。现代科技手段在考古工作中大量使用，边疆考古、水下考古、航空遥感考古等工作初见成效；对外交流合作日渐频繁，中国考古的国际影响日益显现，考古事业呈现出蒸蒸日上的新局面。

（三）考古事业的兴盛与繁荣

2002 年新修订的《文物保护法》正式颁行，各地进一步加大文物法律法规建设，规范考古和文物保护工作。为适应国内考古和文物保护工作的新形势，国家组织对已颁行的法规和技术标准进行修订增补，制订了《古人类化石和古脊椎动物化石保护管理办法》（2006 年），并积极开展水下考古工作规程、考古发掘项目检查、验收办法及标准等制订工作，推动考古项目监理、工程建设对文物影响的评估等制度的建立，不断完善我国的考古管理体系。同时，国家进一步加大基本建设工程考古工作的检查和督导力度，规范重大建设工程中的考古工作程序。2008 年，国家印发了《南水北调东、中线一期工程文物保护管理办法》和《南水北调工程建设文物保护资金管理办法》，为进一步加强南水北调工程文物保护工作的管理，确保工程建设和文物保护工作顺利进行，提供了制度保障。

随着考古管理体系的不断完善，考古事业步入了蓬勃发展的历史新时期。考古专业队伍日益发展壮大，目前全国已有 58 家单位获得考古发掘资质，900 余人获得考古发掘领队资格。30 余所高等院校设立了考古专业或考古系，形成了专科、本科、硕士、博士以及博士后的梯队人才培养层次结构，每年培养专业人才千余人，从业人员的业务水平和素质均有大幅度提高。考古研究机构自身建设加强，规章制度逐步建立健全，硬件设施不断完善，并注意吸纳考古、保护、修复、管理等多方面人才，综合实力大大提高。国家先后公布了 6 家行业重点科研基地，推动壁画、石刻、丝织品、漆木器等保护工作，解决了考古工作中遇到的很多技术难题。

2007 年国家共批准考古发掘项目近 700 项，比 1983 年 308 项增长了一倍多。三峡、西气东输、南水北调、奥运场馆等大中型建设工程中的考古工作进展顺利，湖南湘西里耶古城遗址、河南洛阳"天子驾六"车马坑、安徽六安双墩汉墓等考古工作均有重要发现；结合国家重点科研课题开展的主动性考古工作成果丰硕，浙江余杭良渚古城遗址、山西襄汾陶寺遗址、河南新密新砦遗址、河南偃师二里头遗址、河南洛阳邙山陵墓群、甘肃礼县大堡子山遗址等考古发现对相关课题研究的深入开展起到了重要的推动作用。考古工作者的保护意识增强，最新科技手段和科研成果得到大力推广；吉林、辽宁高句丽遗迹，河南安阳殷墟遗址，唐洛阳城遗址，陕西西安大明宫遗址、阳陵遗址，丝绸之路新疆段等地区的大遗址保护工作取得阶段性成果，考古与保护工作的相互衔接更为紧密；水下考古事业发展迅猛，目前已处于亚洲领先地位；对外交流合作活跃，我国考古事业的发展引起世界广泛关注。

二 改革开放 30 年考古事业成就

（一）基本建设中的考古工作有序开展，抢救和保护了一批珍贵历史文化遗产

基本建设中的考古工作是改革开放以来我国考古工作的重中之重。在各级党委政府的支持与配合下，广大考古工作者以对历史高度负责的态度，积极投身到国家重点建设工程的考古工作中，取得了令人瞩目的成绩。

三峡工程考古和文物保护工作是我国有史以来规模最大的文化遗产抢救保护工程，项目多达 1087 项，其中地下文物 723 项，考古发掘面积 187 万平方米。全国 110 家专业单位投入几乎全部的考古力量参与这场文物抢救保护的大会战。2005 年南水北调工程考古和文物保护工作正式启动，涉及项目 710 项，其中地下文物 663 项，考古发掘面积 169 万平方米。截至目前，全国已有 50 多家单位投入到此项抢救保护工作中。这些项目的实施，有力确保了国家大中型重点建设工程的顺利进行，同时也抢救保护了一批珍贵的历史文化遗产，促进了相关课题的研究，实现了经济建设与文化遗产保护的双赢。

随着我国社会经济的快速发展和大规模城市建设持续展开，城市基本建设中的考古工作取得了很多重要发现，成为城市文化的一个个亮点。广州城建工程中发现的南越国宫署遗址、成都城市建设过程中发现的金沙遗址和古蜀船棺葬墓、洛阳城市建设中发现的东周时期车马坑等等，不仅推动了城市考古等相关学术研究工作，也在科学规划城市发展、提升城市文化品位、满足公众精神需求等方面发挥着不可替代的重要作用。

（二）学术研究成果丰硕，重大科研课题带动学科发展

改革开放 30 年来，考古学研究树立了实事求是的学风，学术思想空前活跃，呈现出良好的发展势头。辽宁朝阳牛河梁遗址、浙江余杭良渚遗址、四川广汉三星堆大型祭祀坑等一系列重要考古发现，极大地促进了考古学研究的开展。在区、系、类型理论指导下，各地陆续召开了一系列区域性学术会议，深入探讨中原、山东、环渤海、苏鲁豫皖、长江中游、环太湖、辽西等区域的考古学文化。在夏鼐、苏秉琦、宿白等考古学家的带领下，考古学理论和方法不断进步，考古学文化的系列和编年框架得以逐步完善。史前考古逐渐形成了人类起源、农业起源、文明探源等若干重要课题，聚落考古、环境考古等研究方法被引进考古学中，大大促进了考古学科的发展。历史时期考古通过对古

代都城遗址、墓葬、石窟寺、手工业遗址等的考古和研究工作，深入探讨古代社会，研究内容涉及政治、经济和生活等方方面面。

加强学科建设的同时，各考古研究机构和高等院校积极承担国家重点科研课题，通过课题研究带动学科发展。夏商周断代工程涉及历史学、考古学、天文学、科技测年等学科门类，近200名专家学者直接参与项目研究工作。经过跨学科联合攻关和综合研究，促进了相关领域的课题科研工作，并对开展多学科合作研究进行了探索。2002年起，国家组织开展重点科技攻关项目"中华文明探源工程"。目前，"中华文明探源工程预研究"和"中华文明探源工程（一）"已顺利结项，系统梳理了中原地区文明形成和早期发展阶段的考古学文化谱系，并通过与系列碳十四测年数据的比对建立起文明形成与早期发展过程的时空框架。列入"十一五"国家科技支撑计划的"中华文明探源工程（二）"将研究重点扩展到黄河、长江及辽河流域，研究内容涉及中国文明起源与早期发展阶段的考古学文化谱系、古代环境、技术经济和社会文化等多方面，研究的深度和广度有了极大拓展。

大遗址保护一直是我国文化遗产保护工作的重点和难点，也是近年来考古工作的一个新问题。自2005年起，中央财政开始设立大遗址保护专项资金，加大投入力度。2006年国家制定了《"十一五"期间大遗址保护总体规划》，确定100处重点保护的大遗址，大遗址保护工作进入全面展开的新阶段。为做好国家大遗址保护工作，各地有计划地对一些重要遗址开展了考古调查、勘探、测绘和发掘工作，进一步确定大遗址的范围、布局和内涵，为大遗址保护规划的编制和保护展示工程的实施提供了科学依据。吉林、辽宁高句丽遗迹，河南安阳殷墟，陕西西安大明宫、咸阳汉阳陵，江苏无锡鸿山遗址等大遗址保护工作初见成效，产生了良好的综合效益。西安片区、洛阳片区、丝绸之路新疆段、长城、大运河等大遗址保护工作稳步开展，取得了阶段性成果。大遗址保护工作给考古学提出了新课题，使考古与保护的联系更为紧密，促进了考古学科的发展。

（三）现代科技手段广泛应用，考古学研究领域不断拓展

考古学自诞生之初就与现代科学结下了不解之缘。改革开放后，国家加大科技投入，积极推动现代科技手段和最新科研成果在考古工作中的应用，提高田野考古工作水平。目前，GPS定位、CAD制图等现代技术手段已同地层学、类型学一样，被越来越多的考古工作者熟练掌握和使用；动物考古、植物考古、冶金考古、食性分析、DNA分析等科技考古工作也深入开展，科研水平不断提高。信息化、数字化技术和地理信息系统已成为田野考古工作的有力辅助，使考古资料的收集、记录和管理更为科学、规范，大大丰富了考古研究的内容。使用现代科学技术手段最大限度的提取各种考古信息，已被越来越多的考古工作者接受和采纳，并在实际工作中加以推广。在一些重要的考古发掘现场，考古工作者已注意使用现代科技手段做好出土文物第一时间的保护工作。山西绛县横水西周墓地荒帷的提取与保护，江西靖安水口东周墓地大量丝织品、动植物残骸和人体器官组织的保存，都体现出现代科技手段在考古工作中不可或缺的重要作用。

现代科技水平的提高，也促使考古学研究领域不断拓展。20 世纪 80 年代开始，国家相继组织开展了水下考古、航空摄影考古、环境考古、沙漠考古、水文考古、地质考古等工作。多部委联合组建的国家航空遥感考古实验室已在多个省区设立工作站，完成了山东、内蒙古等地一系列航空遥感考古工作。水下考古事业发展迅速，至今已完成 4 期共 60 人的考古专业培训，拥有了一支专业化的水下考古队伍。近年来，国家组织对广东、福建、海南、浙江、山东等沿海省份开展水下文物普查工作，发现水下文物点 100 余处。同时，开展了沿海水下沉船遗址的抢救性考古发掘工作，获得了一批重要资料，大大丰富了航海史、陶瓷史、中外交流史等方面内容。2007 年度"南海 I 号"沉船整体打捞项目的成功实施，是我国首次在水下考古工作中采用整体打捞方式，标志着我国水下考古工作理念的创新和技术水平的提高，我国水下考古事业已处于亚洲领先地位。

（四）科普、宣传活动形式多样，考古工作成果服务社会

博大精深的历史文化遗产是全社会共有的宝贵财富，考古和文物保护工作也是全民族共同的事业，需要社会各界的积极参与和鼎力支持。改革开放 30 年来，国家十分重视提高公众的文物保护意识，注重扩大考古工作成果服务社会的范围。1979 年秦始皇兵马俑正式对外开放，极大提高了公众的文物保护意识，增强了民族自豪感和认同感。已持续十余年的"全国十大考古发现"评选活动引起强烈的社会反响，提升了社会各界对考古工作的关注度。从中央电视台直播老山汉墓考古工作后，新闻媒体直接介入到考古和文物保护工作中，在宣传考古工作成果，普及文物知识，增强公众文物保护意识等方面发挥着越来越大的作用。2006 年，人民日报、新华社、中央电视台等媒体开展了"文物保护世纪行——南水北调文物保护宣传大行动"，深入报道南水北调工程考古和文物保护工作情况，引起社会各界的广泛关注。2007 年"文化遗产日"期间，国家文物局与中央电视台共同举办了四川成都金沙、陕西韩城梁带村和广东南越国宫署发掘与保护工作的现场报道，引起极大反响。一些考古工地也根据自身情况，在确保文物安全和考古工作顺利进行的前提下，允许公众参观考古发掘现场，向他们宣传考古和文物保护知识，争取了社会各界对考古工作的理解和支持。

考古资料整理和报告出版工作是体现考古工作成果社会化、公众化的重要方面。改革开放之初，我国仅有《考古》、《文物》、《考古学报》3 种主要学术期刊，大量考古资料和报告专刊等待整理出版。近年来，国家将清理积压考古报告作为重点工作，大幅度增加考古报告出版工作的支持力度。经过不懈努力，一批积压多年的考古报告得以出版，新开展考古项目的资料整理和报告出版速度也明显加快。据不完全统计，目前全国共整理、出版考古报告 200 余部。此外，专业期刊的种类和出版量迅速增长，为学术研究的深入开展提供了丰富资料。文物考古科普著作的繁荣，也是改革开放以来考古事业发展的重要成果之一。30 年来出版的相关著作已达数百种，内容涉及人类历史的诸多方面，读者对象涵盖了各层次人群，大大加深了公众对考古工作和考古学的认识。

在大遗址保护工作中，遗址周边城市环境整治工程不仅改善了当地居民的生活条件，提高了遗址所在地的文化氛围，也带动了相关产业的发展。河南安阳殷墟遗址、河南洛阳隋唐洛阳城遗址和陕西西安大明宫遗址的大遗址保护工程与当地城市建设、旧城改造、经济发展和谐互动，产生了良好的社会效益和经济效益。

（五）对外交流合作日益频繁，考古工作成果举世瞩目

随着改革开放的逐步深入，尤其是《中华人民共和国考古涉外工作管理办法》颁布施行后，广大考古工作者解放思想，开拓创新，积极参与国际学术活动，合作考古工作呈现出不断发展的态势。1991 年至今，经国家批准的中外合作考古项目近 60 项，合作机构来自美、加、法、英、德、日、澳等多个国家，研究领域涉及农业起源、文明探源、聚落考古、城址考古、环境考古、盐业考古等众多学术热点问题。中美联合在江西万年仙人洞、吊桶环遗址和湖南道县玉蟾岩遗址进行的考古发掘工作，为探讨稻作农业起源和陶器起源提供了重要线索；中美联合在赤峰英金河流域进行的考古调查工作，为文明探源、国家形成等学术课题研究提供了重要资料；中日合作开展的汉长安城、唐大明宫、汉魏洛阳城等一系列古代都城遗址的考古发掘工作，对促进城址考古研究的开展具有重要意义。合作考古和相关研究工作的蓬勃开展，不仅使国内考古工作者有机会学习考古学新理论、新方法，尝试新技术手段，也让他们了解到当前国际学术界的热点问题，及时把握国际学术动态。

同时，我国具有较高科研水平的考古研究机构和学者也积极走出国门，赴国外开展考古和学术交流活动。改革开放后，国家选派大量优秀人才出国深造，学习、了解国际最新考古学理论、方法和科技成果。他们回国后，积极投身于国内考古科研工作，为我国考古学注入了新的生机与活力。近年来，我国考古研究机构先后赴柬埔寨、俄罗斯、蒙古、肯尼亚、越南开展合作考古项目，获取了第一手的考古资料，并积极协助他国培养考古方面的专业人才，为促进中外文化交流与合作做出了自己的贡献。此外，我国多次参与"世界考古学大会"、"世界东亚考古学大会"等大型国际会议和考古学论坛，宣传我国考古工作成果，引进国际先进理念与方法，使我国的考古事业逐步走向国际舞台。

三 改革开放 30 年考古事业发展的启示

三十年来，我国考古事业繁荣发展，成绩斐然。回顾三十年发展历程，总结以往的工作经验，我们得到以下启示：

（一）党中央、国务院和各级党委政府的高度重视与大力支持，是考古事业不断发展的根本保障

中国是历史悠久的文明古国，丰富的历史文化遗产是祖先勤劳与智慧的结晶。保护和传承这些文化遗产，是我们义不容辞的责任和使命。党中央、国务院和各级党委政府一直高度重视考古和文物保护工作，陆续制定、颁布了一系列文物法律法规，加强考古和文物保护法制体系的建立与完善，保障了考古事业的可持续发展；同时，不断加大对考古和文物保护工作的投入力度，使各项举措得以落到实处。三十年来我国考古事业取得的辉煌成绩充分说明，只有党中央、国务院和各级党委政府的长期关注与支持，考古事业才能不断发展壮大，才能为构建和谐社会、实现社会主义文化大发展大繁荣贡献力量。

（二）健全完善的考古管理体系，是考古事业健康发展的重要保证

依法治国是社会主义民主政治的基本要求。在文博系统中，考古行业最早建立起资质资格审核、项目审批、资料整理出版、发掘品移交、监督检查、水下考古、合作考古、经费管理等各项考古管理制度和相应的专业技术规范体系，不仅为各项考古工作的顺利开展提供了制度保障，也为相关行业体制和标准的建立起到了示范作用。考古管理体系建设既是考古工作的重要组成部分，也是促进考古事业健康发展的重要保证。面对考古和文物保护工作的新形势，我们必须进一步加强立法工作，不断健全完善考古管理体系，努力在规范工作程序、完善配套制度、建立长效机制等方面取得新的进展，积极推进我国的考古事业在新的历史时期取得更大的成绩。

（三）加强考古研究机构自身建设，提高考古工作者的综合素质，是考古事业保持生机活力的源泉

考古研究机构是开展考古工作的中坚力量，肩负着抢救、保护我国历史文化遗产的重要使命。要想从容应对当前考古工作中出现的新情况、新问题，承担起推动学科进步和事业发展的重任，各考古研究机构必须深化内部管理体制改革，加强自身建设。只有不断建立健全各项规章制度，逐步加强标本库、工作站、保护实验室等硬件设施建设，加大人才培养力度，增强从业人员的创新意识、科研意识、课题意识，提高从业人员的综合素质，才能培养出一支业务精通、作风正派、爱岗敬业、乐于奉献、具有良好职业道德、适应新形势需要的专业队伍，才能通过自身建设与人才培养不断为考古事业注入生机与活力。

（四）依靠现代科技进步，加强对外交流合作，是促进考古事业不断发展的重要动力

当今世界科技发展日新月异，新理念、新思维、新技术、新方法层出不穷，知识更新换代的速度加快。要提升我国考古事业发展水平，使中国考古学在国际舞台上占据一席之地，就必须依靠现代科技手段和最新科研成果，更新知识储备，坚持对外开放，扩大合作交流，吸收借鉴国外考古管理和学科建设的经验与成果，加强考古与保护工作之间的联系，用科技进步推动我国考古事业的发展。与此同时，通过加强合作考古和学术交流工作，不断提高学术水平和科技含量，宣传、弘扬我国悠久、灿烂的历史文化，为增强中华文化的国际影响力、提高国家文化软实力作出贡献。

（五）推进考古工作社会化和公众化，让考古工作成果服务地方民众，是推动考古事业发展壮大的重要条件

考古和文物保护工作不仅是政府部门和考古工作者的专利，更是广大民众的共同事业，每个人都有保护文化遗产，分享保护成果的权利和义务。考古工作者应牢固树立社会服务意识，坚持以人为本，将弘扬民族精神，满足人民群众不断增长的文化需求作为考古工作的一项重要内容。通过多种形式的公众参与活动，不断扩大考古工作服务社会的范围，使工作成果惠及地方，惠及民众。只有让广大人民群众分享文化遗产蕴含的丰富价值，使文化遗产保护理念和意识深入人心，形成全社会关心、爱护并积极参与文化遗产保护的氛围，才能为考古和文物保护工作创造良好的工作条件，才能推动我国的考古事业不断发展壮大。

负责人：童明康

统稿人：顾玉才

执笔人：张　凌

世界文化遗产事业改革开放 30 年

1972 年 11 月 16 日，联合国教科文组织第 17 届会议通过了《保护世界文化和自然遗产公约》（简称《世界遗产公约》），成为人类世界遗产事业的框架支柱，也成为联合国教科文组织最为热门的公约之一。1976 年 11 月，在肯尼亚内罗毕举行的第一届公约缔约国大会，组建了世界遗产委员会。1976 年，世界遗产委员会秘书处——世界遗产中心成立。

1978 年，正值中国改革开放初始之年，联合国教科文组织公布首批 12 处《世界遗产名录》（简称《名录》）。经过 30 年的发展，世界遗产从无到有，由少变多。目前，《世界遗产公约》的缔约国已达到 186 个。已被列入《名录》的遗产达到 878 处，其中世界文化遗产 679 处，自然遗产 174 处，混合遗产 25 处，分布在世界 145 个国家。

世界遗产作为一种理念被传播和接受，也作为一种观念被改善与提升。它为人类遗产保护确定了一个全世界文明国家共同遵守的标准，使不同民族、不同国度从世界的角度重新认识自己的文化。一个国家拥有世界遗产的数量，不但反映了这个国家和民族在历史上曾经有过的辉煌，也反映了他们的文明水平、国民素质和综合国力。

我国的世界文化遗产，是中华民族悠久历史、灿烂文明和丰富多彩的文化遗产的代表，既是中华民族祖先创造的成就，也是当今中国文明发展综合实力的表现；是中华民族独立于世界民族之林的精神根基和文化支柱，也是中国人民对全世界人民的丰厚贡献。正如 2004 年胡锦涛主席在给第 28 届世界遗产委员会会议的致词中所说："保护世界遗产，是造福人类的千秋功业。"

一　改革开放以来中国世界文化遗产事业的基本历程

（一）1985～1990：初始发展阶段

1985 年 3 月，在中国人民政治协商会议第六届三次会议上，北京大学侯仁之、中国科学院阳含熙、城乡建设部郑孝燮、国家文物局罗哲文 4 位政协委员，提交提案，建议我国尽早参加《保护世界文化和自然遗产公约》，并准备争取参加世界遗产委员会。1985 年 11 月 22 日，全国人大常委会批准中国加入《世界遗产公约》。对国际社会做出了为全人类妥善保护中国境内世界遗产的庄严承诺。

1987 年 12 月 11 日，对于中国世界遗产事业来说是具有划时代意义的一天。这一天，在法国巴黎召开的第 11 届世界遗产委员会会议上，中国的第一批 6 项遗产泰山、长城、明清故宫、莫高窟、秦始皇陵和周口店北京人遗址被列入《世界遗产名录》。当时未见国内的各大新闻媒体对首次申遗成功有相关报道。对于初始阶段的中国世界遗产事业来说，很多人包括进入《名录》的遗产管理机构也并不很清楚世界遗产零的突破意味着什么，将会对今后的中国文化遗产事业产生怎样的影响。

（二）1991～2000：快速增长阶段

进入 20 世纪 90 年代，中国在世界遗产领域崭露头角，开始发挥重要作用。1991 年，在联合国教科文组织第 26 届大会期间举行的第 8 届《世界遗产公约》缔约国大会上，中国首次当选为世界遗产委员会委员。1992～1993 年，在美国圣菲召开的第 16 届世界遗产委员会会议和在哥伦比亚卡塔纳斯召开的第 17 届会议上，中国连续当选为世界遗产委员会副主席。至此，中国世界遗产事业进入开始在国际上发挥重要作用并推进本国世界遗产数量快速增长的发展阶段。

从 1991 年到 2000 年的十年，中国的世界遗产增长数字为 20 项新申报项目和 2 项扩展项目，其中世界文化遗产有：1994 年的承德避暑山庄及周围寺庙、曲阜孔庙孔林和孔府、武当山古建筑群和拉萨布达拉宫历史建筑群；1996 年的庐山国家公园（文化景观）、峨眉山—乐山大佛景区（文化和自然混合遗产）；1997 年的平遥古城、苏州古典园林和丽江古城；1998 年的北京皇家祭祀坛——天坛、北京皇家花园——颐和园；1999 年的大足石刻、武夷山（文化与自然混合遗产）；2000 年的青城山和都江堰、皖南古村落：西递和宏村、龙门石窟和明清皇家陵寝，以及布达拉宫和苏州古典园林的扩展项目。

这十年是我国世界遗产数量增长最快、事业发展最快的时期。到 2000 年，我国的世界遗产数量达到 27 处，其中文化遗产 20 处，自然遗产 3 处，文化与自然混合遗产 4 处，仅次于较早加入《世界遗产公约》的欧洲遗产大国西班牙（36 处）、意大利（34 处）、法国（28 处），位居世界第四，充分显示出文明古国雄厚的遗产资源和保护管理实力。

与此同时，世界遗产给中国文化遗产事业打开了国际合作与交流的窗口。通过国际合作，逐步引进国际世界遗产保护理念、手段和技术。1988 年，国家文物局、敦煌研究院与美国盖蒂保护所、日本东京国立文化财产研究所签订保护莫高窟国际合作项目，拉开了世界文化遗产国际合作保护的序幕。1990 年，我国与世界遗产中心在泰山联合举办壁画保护研讨班；1992 年的中国石窟遗址管理培训班；1994 年的古建筑理论培训班；1995 年的木结构保护技术培训班；1997 年的世界遗产保护管理培训班，等等。

世界遗产的学科研究、工作研究和事业发展研究开始受到重视。1998 年 12 月 28 日，我国第一个世界遗产高级专业研究机构北京大学世界遗产研究中心成立，标志着中国的世界遗产研究进入新阶段。2000 年 5 月，首次中国世界遗产地工作会议在苏州召开。同年 7 月，"中国文化遗产保护和城市发展：机遇与挑战国际会议"在北京召开，会议形成了《北京共识》。

（三）2001 年至今：稳步和可持续发展阶段

进入新世纪，随着联合国教科文组织世界遗产委员会开展全球战略研究，2002 年第 26 届世界遗产委员会会议的《布达佩斯宣言》提出了四大战略目标（4C），2007 年第 31 届世界遗产委员会会议又增至五大战略目标（5C），世界遗产事业进入强调《世界遗产名录》的代表性、平衡性和可信性的发展阶段。2000 年 11 月，在澳大利亚凯恩斯召开的第 24 届世界遗产委员会会议，通过了限定每个缔约国每年只能申报 1 项世界遗产的《凯恩斯决议》（扩展项目不占名额），标志着世界遗产申报进入限额制时代。2004 年 7 月，在我国苏州召开的第 28 届世界遗产委员会会议，形成的《苏州—凯恩斯决议》，将世界遗产的限制申报数额增至一国 2 项（其中 1 项必须涉及自然遗产），但扩展项目占用名额。2007 年 7 月，在新西兰基督城召开的第 31 届世界遗产委员会会议，对《苏州—凯恩斯决议》做出新的修改，一国两项的申报数额不变，但不再受文化还是自然遗产种类的限制。

面对限额制的严峻挑战，中国世界遗产事业迅速调整发展策略，从前期的快速增长转而进入稳步发展和可持续发展阶段。我国相关部门和遗产所在地各级人民政府，精心遴选申报项目，不放弃每年的申报名额，共同进行更为艰苦卓绝的努力，以确保每一申报项目获得成功。继 2001 年云冈石窟作为世界文化遗产、罗布林卡作为布达拉宫的扩展项目申报成功后，2003 年至今，我国连续 6 年确保了每年申报世界文化遗产获得成功。包括高句丽王城、王陵及贵族墓葬（2004 年）、澳门历史城区（2005 年）、殷墟（2006 年）、开平碉楼及村落（2007 年）和福建土楼（2008 年）。同时，在 2004 年前扩展项目不受名额限制的短暂时间内，研究分析我国世界文化遗产申报潜力，并采取积极行动，仅 2003 年、2004 年两年，我国成功地将明孝陵、明十三陵（2003 年）、清永陵、清福陵、清昭陵（2004 年）以及沈阳故宫（2004 年）分别申报为明清皇家陵寝和明清故宫的扩展项目。

　　截止 2008 年 7 月，我国拥有世界遗产 37 处，其中文化遗产 26 处，自然遗产 7 处，文化与自然混合遗产 4 处，数量仅次于意大利、西班牙，稳居世界第三位。经过 20 多年的发展，我国世界文化遗产事业进入成熟与理性发展时期，遗产资源不断丰厚，保护管理理念不断完善，与国际交流合作不断扩大。

　　我国世界文化遗产保护管理工作不断得到加强。2006 年 12 月，国家文物局召开全国世界文化遗产工作会议，文化部部长孙家正在讲话中指出：世界文化遗产的保护是文物工作的重中之重，应以"世界一流的遗产，世界一流的保护、管理和服务"作为标准。我国世界文化遗产在遵守世界文化遗产管理的国际准则，履行作为缔约国义务和承诺的同时，积极探索、总结具有中国特色的文化遗产保护、管理和利用工作的规律、标准、措施和办法，为丰富和推进全球的世界遗产事业作出贡献。

　　结合国际领域实施的全球战略研究，考虑到限额制影响，我国做出了相应的世界文化遗产战略调整。主要包括两方面内容，一方面引导世界遗产申报工作向系列遗产、大型线型文化遗产发展，不仅节省了名额，也更好地突出了我国的遗产特性。以研究分析我国文化遗产保护在要素、类型、空间尺度、性质、形态等方面新的发展趋势为基础，结合国际遗产领域对线型文化遗产、文化线路、运河遗产等的关注，重点推进长城保护工程、丝绸之路跨国联合申遗、大运河保护与申遗等保护和申报准备工作。另一方面，加强对具有申报潜力的遗产的保护和管理，于 2006 年重新设立了《中国世界文化遗产预备名单》，将提高遗产地能力建设水平做在申报之前。

　　步入成熟与理性期的中国世界文化遗产事业，既重申报也重管理，对整个中国文化遗产事业产生了极大影响。除正式列入《世界遗产名录》的 30 处文化遗产和混合遗产外，还有 32 处文化遗产列入《预备名单》，参照世界遗产规则管理。其样板作用、带动作用和全面促进作用是积极而显著的。

二　30 年来中国世界文化遗产事业的主要成就

　　（一）世界遗产申报，极大地提高了我国文化遗产保护管理的整体水平，改善了遗产周边环境，带动了遗产地经济发展，使广大人民群众从中得到实惠，扩大了我国的国际影响，提高了在遗产保护领域的国际地位

　　通过申报世界遗产，各地人民政府为保护遗产、美化环境付出了巨大努力，改善了遗产地的基础设施，解决了多年遗留的老大难问题，极大地促进了我国文化遗产保护管

理整体水平的提高。龙门石窟申遗清除了周围的杂乱商摊和违章建筑，恢复了古朴自然的历史风貌；为保护颐和园周边环境，北京市花费 4 亿多元将高压线铺设入地。

一些正在申遗的遗产所在地各级人民政府不断加大整治力度，着力解决多年遗留的问题，给当地环境带来了焕然一新的变化。河南省为嵩山古建筑群申遗全力以赴整治环境，少林寺周边原来商摊林立，严重破坏了古代寺院的历史氛围。经当地人民政府大力整治，拆除大量商业摊点，改善了少林寺的周边环境，初步再现了深山藏古刹的历史风貌。山西省五台山为申报世界文化与自然混合遗产，第一批拆迁整治涉及 21 家单位、3 个村庄和台怀镇密集的饭店、商铺等，拆迁占地面积近 10 万平方米、建筑面积近 6 万平方米。申遗给五台山带来了优美的遗产环境、真实的历史风貌，得到了当地群众和广大僧众的理解、拥护和支持。殊像寺前面山谷原有杂乱建筑，既影响遗产景观，也影响古刹藏深山的幽静，地方人民政府投入 2000 多万拆除了 50 多所建筑，恢复山林地貌，重还古寺优美环境，得到寺庙僧众和香客的由衷赞美。

通过申报世界文化遗产，提高了各级政府对文物保护的重视，提高了人民群众对文物保护的自觉性。申报世界遗产既促进了珍贵文化遗产的全面保护，又有力地带动了各地遗产保护、环境整治、旅游发展和经济增长。申报过程使我国一批最高级别的文化遗产地的遗产本体得到有效保护，遗产环境得到显著改善，遗产价值得到科学彰显。

纵观我国 20 多年申遗发展历程，其在配合党中央中心工作、服务国家整体外交大局、维护国家利益和形象等方面，发挥了极具说服力的作用。世界文化遗产事业已成为展示我国悠久历史、古老文明的重要窗口和阵地，同时也对人类文化多样性保护作出了应有贡献，使国际社会更加了解、认知我国多民族、多元文化发展的历史和现实。每次成功的申报，都使国际社会更全面、更深刻地了解中国，这种宣传效应是其他方式不可比拟和无法取代的。

申遗带动了遗产所在地社会经济和文化的发展，极大地提高了当地广大人民群众的生活水平，改善了他们的生活环境，美化了他们的家园，真正给他们带来了实惠。以丝绸之路申报点——唐长安城大明宫遗址保护工程为例，当地政府所进行的拆迁和环境整治，不仅更好地保护了遗产价值，也实实在在地惠及了当地群众。2005 年以来，中央财政和地方政府投入巨资，加大大明宫遗址保护力度，仅 2005 年西安市政府就投入 2 亿元用于御道范围内的拆迁改造，改善了遗产周边环境和当地居民生活环境，提高了普通百姓的生活水平，使他们真正从保护中受益。其结果是，既彰显了遗产的真实性和完整性，又赢得了遗产保护最广泛的群众基础。多年生活在大明宫遗址周边地区的居民动情地说：文化遗产保护使我们离开了脏乱的环境，告别了低劣的生活条件，离开了拥堵的交通，是文化遗产保护带给我们实惠。

（二）随着我国世界文化遗产事业的良性发展，国家相关部门不断加大力度，狠抓世界文化遗产的保护和管理工作，提倡"既重申报，也重管理"，使得曾经出现过的"重申报，轻管理，重利用，轻保护"现象得到有效遏制。世界文化遗产保护管理工作取得了显著成绩

1. 世界文化遗产的保护法律体系建设不断完善

我国按照《世界遗产公约》及其《操作指南》相关规则，针对中国世界文化遗产保护管理实际，结合实施《文物保护法》及其实施条例，颁布了一系列世界文化遗产保护的法规、规章，使得我国世界文化遗产工作更加规范化、法制化，为事业发展提供了必要的法律保障。其中：2006 年 12 月 1 日，《长城保护条例》正式生效，这是新中国第一次就单项文化遗产颁布的专项法规；2006 年 11 月 14 日，文化部颁布《世界文化遗产保护管理办法》（文化部令第 41 号）；2006 年 12 月 8 日，国家文物局颁布《中国世界文化遗产监测巡视管理办法》和《中国世界文化遗产专家咨询管理办法》。

国家相关部门则颁布了世界遗产工作规范性文件，明确了事业发展的方针和原则。2002 年 4 月，文化部、国家文物局、国家计委、财政部、教育部、建设部、国土资源部、国家环保总局、国家林业局等国家 9 部委局，印发了《关于加强和改进世界遗产保护管理工作的意见》（文物发〔2006〕16 号）；2003 年 3 月，国家文物局下发了《关于采取切实措施加强世界文化遗产地保护管理工作的通知》（文物办发〔2003〕17 号）；2003 年 4 月，文化部、国家文物局、公安部、国土资源部、建设部、国家环保总局、国家旅游局等 7 部局发出《关于进一步加强长城保护管理工作的通知》；2004 年 2 月，国务院办公厅转发了文化部、建设部、国家文物局、国家发展改革委、财政部、国土资源部、国家林业局、国家旅游局、国家宗教事务局 9 部委局《关于加强我国世界文化遗产保护管理工作的意见》；2005 年 12 月，国务院下发了《国务院关于加强文化遗产保护的通知》，这是指导和规范我国新时期包括世界文化遗产在内的文化遗产工作的纲领性文件。

与此同时，地方各级人大常委会和人民政府也结合当地实际，制定了相关保护管理条例或办法，并颁布实施。其中有：1997 年的《苏州园林保护和管理条例》；1998 年的《山西省平遥古城保护条例》；2001 年的安徽省《年黟县西递、宏村世界文化遗产保护管理办法》；2002 年的《四川省世界遗产保护条例》、《甘肃敦煌莫高窟保护条例》；2003 年的《承德避暑山庄及周围寺庙保护管理条例》、《沈阳市故宫、福陵和昭陵保护条例》。还有《北京市周口店猿人遗址保护管理办法》、《布达拉宫保护管理办法》、

《重庆市大足石刻保护管理办法》、《河南省安阳殷墟保护管理条例》、《桓仁满族自治县五女山山城保护管理条例及其实施细则》、《陕西省秦始皇陵保护条例》，等等。

此外，根据社会经济高速发展状况，加大编制和完善世界文化遗产保护管理规划力度。近年，龙门石窟、殷墟、周口店遗址、敦煌莫高窟、秦始皇陵、明显陵、福建土楼等世界文化遗产地的保护规划已经或即将颁布实施。布达拉宫历史建筑群、天坛、颐和园、明十三陵、承德避暑山庄及周围寺庙、曲阜孔府孔庙孔林、云冈石窟等地保护规划以及《长城保护总体规划大纲》正在编制、完善中。在规划编制中，充分考虑遗产区域、缓冲区以及周边景观的保护等重要元素。

2. 不断健全保护管理机构，完善保护管理体制，加强遗产管理机构能力建设

根据国务院确定的部门职责分工，2002 年，国家文物局设立专门处室，负责全国世界文化遗产申报、保护、管理等工作，并会同建设部开展对世界文化与自然混合遗产的业务管理工作。省级文物、建设等部门也加强了对辖区内世界遗产的保护管理工作，遗产所在地人民政府建立专门机构，负责世界遗产的日常保护、管理、展示、监测等工作。

为提高遗产地管理机构的能力建设，国家文物局已连续举办 3 期世界文化遗产管理机构负责人培训班，一些省级文物行政部门和遗产地管理机构也利用自身优势举办各种培训，或与高校、科研院所合作培养世界遗产保护管理的专门人才，各遗产地管理结构也通过建章立制，优化队伍人员、知识结构等方式，加强能力建设，提升保护管理水平。

3. 建立世界文化遗产监测管理体系和世界文化遗产保护管理专业咨询制度，摸索行之有效的管理方法和措施

《世界遗产公约》及其《实施指南》确立了世界遗产监测制度，包括缔约国的日常监测，世界遗产委员设立的 6 年一轮的区域性监测，以及根据各种信息渠道的"举报"所进行的反应性监测。我国则按照国际规则开展世界文化遗产的监测工作，逐步建立起世界文化遗产监测巡视体系，确定了国家、省、世界文化遗产地三级监测和国家、省两级巡视制度，制定了《世界文化遗产监测规程》，规范了监测职责、内容和工作程序。同时，实施专家咨询制度，严格实行遗产地文物本体保护工程方案报审和缓冲区（建设控制地带）新建项目报批制度，对未履行法定程序擅自施工的项目责令整改；涉及重大保护工程项目和重大建设项目及时通报世界遗产中心。近年，国家文物局重点对故宫维修工程、山海关古城建设项目、丽江古城保护等进行反应性监测和巡视，加强业务管理。各遗产地则因地制宜开展日常监测工作，采取实时或定期监测手段，对文物本

体、大气质量、旅游、安全、环境和自然灾害等进行监测，形成了比较丰富的监测报告和相关研究论著。2007 年 11 月，全国世界文化遗产监测工作会议在敦煌召开，29 处世界文化遗产和文化与自然混合遗产管理机构代表出席，总结、交流了我国世界文化遗产监测工作经验，提出加强和改善的措施。

4. 不断提升遗产本体与周边环境保护，提升科技保护水平

我国世界文化遗产种类丰富，主要分为古建筑、古墓葬、古遗址、石窟寺、传统城镇和村落、文化景观等。由于岁月久远，自然侵害，人为破坏，发展压力等因素，遗产面临的本体和周边环境保护任务十分艰巨。"十五"以来，立项并实施了一系列世界文化遗产重大保护项目：中央政府拨款对拉萨布达拉宫、罗布林卡等历史建筑群进行保护修缮，启动了故宫保护修缮工程，开展云冈石窟文物保护工程前期勘查等。进入"十一五"，重点开展了山海关长城维修、平遥古城城墙维修、大足石刻千手观音抢救性保护、敦煌古代壁画保护和环境治沙工程等重大世界文化遗产保护工程。并注重在世界文化遗产的保护上运用科技手段，开展了"遥感技术在秦始皇陵的应用与研究"等课题研究项目。在开展这些重大工程的过程中，注意建立和完善档案资料，注意及时出版研究成果和工程竣工报告。

5. 设立《中国世界文化遗产预备名单》，加强相关动态管理，确保我国世界文化遗产事业的可持续发展

1996 年以来，我国陆续形成了中国世界遗产的《预备名单》，最多时包括 60 多处遗产。2006 年，国家文物局完成了《中国世界文化遗产预备名单》重设工作。2008 年7 月，第 32 届世界遗产委员会会议审议通过的我国世界遗产《预备名单》，包括 32 个文化遗产项目。国家文物局在重设《预备名单》时，严格仿照国际评审世界遗产的程序进行，建立了完整的工作规程，综合考虑遗产的真实性、完整性，突出遗产品类的平衡性。同时，对《预备名单》严格按照世界文化遗产的保护管理要求实施动态管理，参照世界文化遗产监测机制，严密监测列入《预备名单》的遗产项目的保护管理状况，使之成为世界文化遗产事业可持续发展的有效保障。

6. 多方筹集资金，不断加大保护修缮力度，使世界文化遗产整体保护状况得到较大改善

"十五"期间，中央财政对包括故宫、布达拉宫、罗布林卡等重大保护工程项目在内的世界文化遗产保护投入约 6.4 亿元，比"九五"期间有了大幅度增长。2006 年，中央财政安排了 1.49 亿元用于世界文化遗产的保护管理、抢险维修等。并加大了对专项遗产保护经费的投入，仅 2006～2008 年，中央财政就投入 3.523 亿元用于长城保护

工程，地方各级财政也不断加大对辖区内世界文化遗产保护的经费投入。2000～2008 年,北京市地方财政对世界文化遗产保护修缮投入近 3 亿元。同时，探索多渠道资金筹集方式，包括建立世界文化遗产保护基金，吸引国际相关基金参与我国遗产保护等。1988 年至今，20 年来，敦煌莫高窟、龙门石窟、云冈石窟、承德避暑山庄、明清故宫等世界遗产地，开展国际合作保护项目，引进国外资金和技术力量用于我国世界文化遗产的保护和管理。这些做法极大地促进了世界文化遗产的本体保护、基础设施建设及周边环境整治等工作。

　　7. 加强国际合作，积极探讨先进的保护理念，充分发挥在国际上的重要作用

　　2002 年以来，中国政府相关部门与相关国际组织共同主办了一系列国际会议，形成了一些比较重要的、有影响的国际文件，有助于我国了解和引进国际上先进的文化遗产保护管理理念，扩大中国在世界文化遗产领域的影响。

　　2004 年 7 月，我国在苏州成功承办了第 28 届世界遗产委员会会议，在国际上产生了良好影响。2005 年 10 月，我国在西安又成功承办了国际文化遗产领域权威机构——国际古迹遗址理事会（ICOMOS）的第 15 届大会，通过了保护遗产环境的《西安宣言》。这两次重大活动显示出中国的文明程度和开放程度，在国际事务中全方位推进的态势和能力，以及中国的影响和作用。

　　2007 年 5 月，国家文物局与世界最权威、最核心的三大文化遗产国际组织和机构——国际古迹遗址理事会、国际文化财产保护与修复研究中心（ICCROM）、联合国教科文组织世界遗产中心，联合举办了“东亚地区文物建筑保护理念与实践国际研讨会”。会议形成的《北京文件——关于东亚地区文物建筑保护与修复》，就世界文化遗产的保护管理达成了国际共识性理念和准则，“不仅对东亚地区有指导意义，而且在世界范围有参考价值。”这是有史以来第一次由中国政府主管部门和相关国际权威机构和组织共同制定的文化遗产保护的国际文件。

　　中国近年来积极活跃于世界遗产领域，逐渐将东方文化语言带入长期以来以西方文化语境为主的世界文化遗产领域，为世界遗产发展的地区平衡做出应有贡献。中国专家参与了《奈良真实性文件》等世界遗产工作重要国际文化的研讨与制定，参与了国际多项考察评估活动，参与了相关国际组织活动，并在国际世界文化遗产领域获得话语权。通过世界遗产工作，中国正在国际上发挥着文化大国的积极影响和建设性作用。

　　（三）世界遗产保护与申报三大项目影响深远

　　大型文化遗产的保护与申遗，所包括的遗产数量之多、涵盖的遗产面积之大举世罕

见，其在国际文化遗产保护领域的积极影响无可估量。长城保护工程地跨 15 个省市区，丝绸之路申遗涉及我国西部 6 省区，大运河保护与申遗则涉及我国东、中部 8 省市，三大项目涵盖了大半个中国的重要文化遗产，其影响力和推动力超出以往任何一个单独或单组项目。这类大型文化遗产的保护，以线状区域带动相关各点，以整体带动单体，以最少的工作量带动最多的、最大区域的相关遗产保护，有利于遗产资源的整合保护，有利于国家实施宏观战略调控，有利于维护我国外交利益，促进对外交流，推动大范围地区的经济和文化大发展。

长城保护工程　2005 年，国家文物局在征询国家发展改革委、财政部、建设部、国土资源部等相关部门意见的基础上，制定了《长城保护工程（2005～2014 年）总体工作方案》报经国务院批准。2006 年，长城保护工程正式启动。经文物与测绘部门合作，长城资源调查在全国 15 个省、市、自治区全面推进，2008 年底将向社会公布明长城调查成果。2010 年向社会公布所有长城的调查成果。山海关等长城重点点段的保护维修工程，坚持"不改变文物原状"的原则，取得了可喜成绩。

丝绸之路申报　2006 年 8 月，国家文物局与世界遗产中心在我国吐鲁番召开丝绸之路跨国联合申报第一轮国际协商会，拉开了中国与中亚五国联合申报丝绸之路的序幕。中国和中亚国家又分别于 2006 年 10 月、2007 年 4 月和 2008 年 6 月在乌兹别克斯坦撒马尔罕、塔吉克斯坦杜尚别和我国西安举行三轮国际协商会，形成了丝绸之路跨国联合申遗概念文件，更新了正式申报时间表等。

大运河保护与申遗　2006 年 5 月，京杭大运河被国务院公布为第六批全国重点文物保护单位。同年 12 月，大运河进入重新设立的《中国世界文化遗产预备名单》（简称《预备名单》）。2007 年 6 月，大运河保护与申遗工作正式启动。同年 9 月，大运河联合申遗办公室在江苏扬州挂牌成立。2007 年 3 月，大运河保护与申遗工作会议在扬州召开，部署了开展大运河资源调查、编制保护规划等保护与申遗基础工作。目前，大运河分阶段规划编制工作正在稳步推进之中。

三　世界文化遗产事业 30 年发展启示

1. 在中国世界文化遗产 20 多年的发展中，我国不断引进国际先进的申报、保护和管理理念，进一步丰富了我国文化遗产保护管理的内涵，促进了我国世界文化遗产相关理念、准则、方法的全面发展，整体带动了中国文化遗产保护管理水平的提高。越来越多的人已认识到，世界文化遗产保护管理集中体现着人类社会发展进程中，长远利益与眼前利益、整体利益与局部利益之间关系的妥善处理，关系到人类社会可持续发展的战略和大方向。

2. 世界遗产事业在总结全球范围内经验教训的基础上，历经几十年不断公开、平等的争执、妥协、探索和磨合而发展起来，形成系统化、制度化、程序化的理论与实践准则。同时，世界遗产按照现代科学理论、方法归纳的理念、规律、准则，以及由此而制定的普适规则、办法和公正公平的办事途径与程序，对于我国文化遗产事业具有积极的示范和借鉴作用。其中包括维修和保护文物的最基本要素，即千方百计保存和延续遗产真实性的原则，以及因此而尽可能少干预，维修添加部分要可识别、可逆转，文物本体应当有相应的历史环境共存谐调等原则。

3. 世界遗产在"历史、科学、艺术"遗产三大价值的基础上，确立了极具操作性的十条评判标准，并设定了为可持续保存与利用遗产所必需的认证、申报、审议、管理、监测、咨询制度与办法，并对组织机构、规划、人才、科研与档案、防灾等提出规范要求。与国内文化遗产保护管理工作互动互进，呈现出我国包括世界文化遗产事业在内的文化遗产事业快速发展的良好势态。

4. 我国世界文化遗产是在前人经验的基础上，在历史的积淀中发展到今天的规模，留下清晰的发展痕迹。我们从把握每一处遗产的突出普遍价值、真实性和完整性，到不断完善相关法律法规、建立健全保护管理机制，从关注遗产区域的划定、缓冲区的设置，到重视遗产周边环境及其历史传统和无形文化遗产的保护和传承，从单体或单组遗产的申报，到大范围的系列遗产的申报，从一个地区的遗产保护和申遗，到跨地区跨地域甚至跨国境的大型线型文化遗产的保护和申遗，逐渐总结摸索出一整套既符合国际规则和要求又适合我国国情和传统的世界文化遗产保护管理理念和实践经验，为该项事业的未来发展奠定了良好基础。

负责人：童明康

统稿人：顾玉才

执笔人：陆 琼

博物馆事业改革开放 30 年

博物馆担负着征集、保护和研究、展示人类生存及其环境物证的重要文化传播功能，一向被誉为人类文明的宝库、智慧的结晶。我国是历史悠久的文明古国，山河壮丽，文化灿烂，文化和自然遗产极其丰富，发展博物馆事业有着得天独厚的资源条件。新中国成立以来，在党和政府的高度重视和亲切关怀下，博物馆事业由小到大，由弱变强，取得了令人瞩目的发展成就。特别是改革开放以来，随着经济、社会的全面进步，博物馆事业进入全新的发展阶段，为传承中华文明，弘扬优良传统，普及科学知识，发展先进文化，构建和谐社会，作出了积极贡献。

——

1978 年 12 月召开的中共十一届三中全会开辟了中国走向现代化的崭新道路。在改革开放的新国策下，博物馆事业拨乱反正，迅速步入健康发展的轨道。

（一）1978～1990 年：博物馆事业的全面振兴

根据全国工作中心转移到社会主义现代化建设的战略决策，1979 年，国家文物局召开全国省、市、自治区博物馆工作座谈会，颁布《省、市、自治区博物馆工作条例》，明确了新形势下博物馆的性质、方针、任务和工作方法。1981 年，召开革命纪念馆调整工作会议，提出了对革命纪念馆的调整、整顿措施，清除"左"的流毒影响。各地博物馆从各方面拨乱反正，"十年浩劫"造成的严重后果逐步消除，工作机构、业务活动和陈列展览等逐步恢复。全国文物系统博物馆 1978 年底只有 349 个，1982 年稳步增加到 409 个，平均每年增加 15 个。

1982 年，党的十二大制定了开创社会主义现代化建设新局面的纲领，在提出经济建设目标的同时，明确提出了要努力建设高度的社会主义精神文明，并把它作为同物质文明建设紧密相连的根本任务。为此，党和政府对振兴博物馆事业发出了一系列重要指示。五届全国人大通过《中华人民共和国宪法》，明确了国家发展博物馆等文化事业；

《中华人民共和国文物保护法》颁布，奠定了可移动文物保护和博物馆事业的法制基础。《国民经济和社会发展第六个五年计划》提出，要充实、提高现有博物馆，尚无博物馆的市，要逐步建立博物馆。1986 年，中共十二届六中全会《关于社会主义精神文明建设指导方针的决议》指出，要争取使博物馆等文化事业获得一个大的发展。

中宣部和文化部于 1984 年在京召开全国文物工作会议，文化部文物局 1983 年在西安召开全国城市博物馆建设问题座谈会，1984 年在兰州召开全国博物馆整顿改革座谈会，1985 年、1986 年相继颁布《革命纪念馆试行条例》、《博物馆安全保卫工作规定》、《博物馆藏品管理办法》等规章，进一步促进了博物馆的调整、改革、整顿、提高。文物系统博物馆 1983 年为 467 个，1990 年迅速增加到 1013 个，平均每年约增加 80 个；加上其他部门和行业举办的博物馆，全国博物馆达到 1400 多个。文物系统博物馆 1983 年举办陈列展览 1476 个，1990 年达到 4114 个，观众人次 1982 年 4410 万人次，1990 年达到 1 亿人次。1982 年中国博物馆学会成立，次年加入国际博协，标志着我国博物馆事业迈出了与国际接轨的新步伐。

（二）1991～2000 年：博物馆事业的快速发展

进入 20 世纪 90 年代后，随着社会主义市场经济体制改革目标的确立，改革开放和现代化建设进一步加快，社会主义精神文明建设进一步得到重视，为博物馆事业的快速发展创造了有利条件。

1992 年，党中央、国务院在西安召开全国文物工作会议，提出了"保护为主，抢救第一"的文物工作方针，中央和地方各级财政大幅度增加了文物保护和博物馆工作经费。1996 年，中共十四届六中全会《中共中央关于加强社会主义精神文明建设若干重要问题的决议》明确把博物馆、革命纪念馆作为社会主义文化事业的组成部分，确定其为公益性事业单位，由各级政府提供经费保证。1997 年国务院印发《关于加强和改善文物工作的通知》，要求确定并建设好一批重点博物馆，对文物系统以外的部门、企事业单位或个人兴办博物馆，要加强指导和监督。

1997 年，国家文物局在南昌召开全国革命文物会议，会后中央办公厅、国务院办公厅转发《中宣部、国家教委、民政部、文化部、国家文物局、共青团中央关于加强革命文物工作的意见》，对新形势下做好革命文物和革命纪念馆工作提出了具体要求。1998 年，国家民委和国家文物局在南宁召开全国少数民族文物工作会议，随后印发《关于加强少数民族文物工作的意见》，对博物馆抢救、保护民族民俗文物作出部署。2000 年，国家文物局在北京召开全国博物馆工作会议，系统总结了改革开放以来博物馆事业发展历程，规划新世纪博物馆事业发展方向、目标和任务。这一期间还相继颁布

《博物馆建筑设计规范》、《文物系统博物馆安全防范工程设计规范》、《博物馆照明设计规范》、《文物复制暂行管理办法》等规章和《中国文物博物馆事业发展十年规划和"八五"计划纲要》、《中国文物博物馆事业"九五"计划及 2010 年远景目标纲要》、《中国革命文物和革命纪念馆事业"九五"计划纲要》等文件，对博物馆事业快速发展产生了重要的推动作用。

继 1991 年第一个大型现代化博物馆陕西历史博物馆建成开放后，全国开启了新一轮博物馆建设的热潮。上海博物馆、南京博物院、江西省博物馆、河南博物院、西藏博物馆、中国科技馆、广汉三星堆博物馆、平津战役纪念馆、虎门鸦片战争海战馆、中国人民抗日战争纪念馆、延安革命纪念馆等一大批重要博物馆分别完成新建或扩建。与此同时，涌现出中国茶叶博物馆、中国丝绸博物馆、中国第四纪冰川陈列馆、中国钱币博物馆、中国印刷博物馆、云南民族博物馆、上海儿童博物馆、上海公安博物馆、中国印学博物馆、保利艺术博物馆等各行业兴办的专题博物馆，以及炎黄艺术馆、上海四海壶具博物馆、观复古典艺术博物馆、古陶文明博物馆、何扬吴茜现代绘画馆、中国紫檀博物馆等社会力量举办的非国有博物馆。文物系统博物馆 1991 年为 1075 个，2000 年增长为 1397 个；加上其他部门和行业举办的博物馆，全国博物馆达到 2000 多个。

博物馆的藏品保护、利用和管理得到加强。国家文物局 1992 年起组织专家组对全国博物馆等文物收藏单位的一级文物藏品展开巡回鉴定和确认，共对 1417 个单位的一级文物 25775 件（不含书画）进行确认，并完成了 231 个文博单位 21823 件一级文物的登记、备案工作；以此为契机，推动博物馆藏品保护管理工作向科学化和现代化迈进。1994 年，中共中央印发《爱国主义教育实施纲要》，全国文物（文化）系统管理的博物馆、纪念馆有 100 家荣获国家文物局授予的"全国文物系统优秀爱国主义教育基地"称号，其中有五、六十家单位分别被列入 1997 年中宣部命名的首批"100 家爱国主义教育示范基地"，国家教委、文化部等六部委命名的"100 家中小学爱国主义教育基地"名单之中。国家文物局 1997 年起在全国文物博物馆系统组织实施陈列展览"精品战略"，涌现出《红岩魂》、《敦煌艺术展》、《洗雪百年国耻 喜庆香港回归》大型展览、《全国考古新发现精品展》和中国革命博物馆的《近代中国》、中国历史博物馆的《中国通史》、上海博物馆的艺术品文物专题陈列等，吸引了大批观众，引起了社会各界的广泛关注和巨大反响。

（三）2001 年至今：博物馆事业的日趋繁荣

进入新世纪以来，特别是党的十六大以来，我国进入构建和谐社会，全面建设小康社会的战略机遇期。博物馆作为建设社会主义先进文化的中坚力量，日益得到党和政府的高度重视。博物馆的公共文化服务特征日益彰显，社会关注度空前提高。

博物馆事业的依法管理和宏观调控得到有效加强。2002 年和 2007 年，《文物保护法》两次修订，2003 年国务院颁布《文物保护法实施条例》、《公共文化体育设施条例》，使馆藏文物保护和博物馆管理、开放更加科学、规范，更加符合社会主义市场经济新形势。2005 年，国务院印发《关于加强文化遗产保护的通知》，提出要高度重视博物馆建设，提高馆藏文物保护和展示水平。文化部发布《博物馆管理办法》，结束了长期以来没有统一的博物馆管理部门规章的历史，该《办法》首次明确了博物馆的定义、性质和地位，确立了博物馆的设立、年检和终止制度，对藏品管理、展示与服务提出了系统的专业要求。在此基础上，2007 年，国家文物局拟订了《博物馆条例》（草案稿），报送国务院纳入立法计划。2005 年，国家文物局在长沙召开全国博物馆工作座谈会，制定了《博物馆事业十一五发展规划》，重点总结了"十五"以来博物馆事业发展历程，提出了新形势下博物馆改革和发展的总体思路、重点目标和工作任务。2006 年，全国博物馆建设和发展座谈会在太原召开，研究解决博物馆建设新高潮中功能与建筑的关系等可持续发展问题。为加强行业指导，国家文物局于 2008 年启动了博物馆质量认证工作，印发了《全国博物馆评估办法（试行）》、《博物馆评估暂行标准》，评估认定了首批 83 个一级博物馆。评估定级重在分类指导，通过考评博物馆的工作效益和软实力，促进博物馆积极创造条件，在综合管理与基础设施、藏品管理与科学研究、展示教育与社会服务三方面达到相关标准，更好地履行博物馆职能。

博物馆加速融入社会。2003 年，中共中央政治局常委李长春同志视察河南博物院时，指出博物馆要贴近实际、贴近生活、贴近群众。中宣部、文化部、国家文物局印发了《关于进一步加强博物馆宣传展示和社会服务工作的通知》，从改进陈列展览、加强博物馆建设的规划和管理、改善博物馆服务、加强体制机制创新等方面提出了要求。2004 年，浙江省博物馆在省级博物馆中率先向社会免费开放，引起强烈反响。为贯彻落实《中共中央、国务院关于加强和改进未成年人思想道德建设的若干意见》，文化部和国家文物局印发《关于公共文化设施向未成年人等社会群体免费开放的通知》，文化部、发展改革委、教育部、科技部、民政部、财政部、国家文物局、解放军总政部、全国总工会、共青团中央、全国妇联、中国科协印发《关于公益性文化设施向未成年人免费开放的意见》，推动各级各类博物馆纪念馆向未成年人等特殊群体实施免费和优惠开放。2007 年，胡锦涛总书记在党的十七大报告指出，要兴起社会主义文化建设新高潮，推动社会主义文化大发展大繁荣，使人民基本文化权益得到更好保障。国家文物局以中部地区率先免费开放的湖北省博物馆为重点，组织开展博物馆免费开放专题调研，以及博物馆纳入国民教育体系专题调研。2008 年，温家宝总理在第十一届全国人民代表大会第一次会议《政府工作报告》庄严承诺："具有公益性质的博物馆、纪念馆和全国爱国主义教育示范基地，今明两年实现全部向社会免费开放。"经过统筹谋划，中宣部、财政部、文化部、国家文物局印发《关于全国博物馆纪念馆向社会免费开放的通知》，召开全国博物馆纪念馆免费开放工作会议，部署公益性博物馆向社会免费开放，进一步加快了博物馆融入社会的步伐。

藏品保护基础工作进一步夯实。2002 年全国文物工作会议和 2003 年全国馆藏文物保护工作座谈会，对馆藏文物保护、利用和管理工作进行了系统的梳理，部署以馆藏一级文物建档备案为突破口，加强文物资源调查建档工作，同时大幅度改善藏品保存条件、推进科技保护和现代化管理、确保藏品安全。2001 年，文化部颁布《文物藏品定级标准》，2006 年颁布《古人类化石和古脊椎动物化石保护管理办法》；2002 年，公安部颁布《文物系统博物馆风险等级和安全防护级别的规定》；2001 年，国家文物局颁布《博物馆藏品信息指标体系规范（试行）》和《博物馆藏品二维影像技术规范（试行）》、《文物拍摄管理暂行办法》，2003 年印发了《近现代文物征集参考范围》和《近现代一级文物藏品定级标准（试行）》，2005 年颁布《文物出境展览管理规定》，有力地推动了藏品保护、利用及管理和博物馆建设的专业化、规范化和科学化。

革命文物和革命纪念馆工作进一步加强。2004 年，为充分实现革命文物和革命历史文化资源的社会教育和服务作用，中共中央办公厅、国务院办公厅印发《2004～2010 年全国红色旅游发展规划纲要》，明确了依托革命文物和革命纪念馆资源，大力发展红色旅游的总体思路、总体布局和主要措施；为充分发挥各类爱国主义教育基地对广大人民群众特别是青少年的教育作用，中宣部、文明办等 10 部门联合印发《关于加强和改进爱国主义教育基地工作的意见》，组织实施全国爱国主义教育示范基地"533 工程"，重点推动井冈山革命博物馆、韶山毛泽东同志纪念馆和延安革命纪念馆三大爱国主义教育示范基地建设"一号工程"。2008 年，为贯彻落实中央领导同志关于新时期加强革命文物工作的重要指示，中宣部、国家文物局和发展改革委、教育部、民政部、财政部、住房城乡建设部、文化部、国家旅游局、共青团中央联合印发《关于加强革命文物工作的若干意见》，中宣部、国家文物局联合在井冈山召开全国革命文物工作座谈会，对做好革命文物工作进行了研究和部署。这一系列相关政策、措施的出台和实施，以及多部门合作机制的形成，为革命文物工作的有序发展提供了坚实保证。

"十五"以来，仅省级以上博物馆，就新建了中国科技馆、中国地质博物馆、中国铁道博物馆、中国闽台缘博物馆、中国财税博物馆、中国烟草博物馆、中国电影博物馆、首都博物馆、天津博物馆、山西博物院、内蒙古博物馆、辽宁省博物馆、上海科技馆、福建博物院、重庆中国三峡博物馆、甘肃省博物馆、青海省博物馆、宁夏博物馆、新疆维吾尔自治区博物馆等；扩建了中国美术馆、湖南省博物馆、湖北省博物馆等；在建中国国家博物馆、中国妇女儿童博物馆、中国汽车博物馆、中国文字博物馆、中国体育博物馆新馆、河北省博物馆新馆、安徽省博物馆新馆、广东省博物馆新馆、广西民族博物馆、海南省博物馆、四川省博物馆新馆、宁波博物馆、深圳博物馆、厦门博物馆新馆等；筹备新建、扩建中国华侨历史博物馆、中国民航博物馆、吉林省博物馆、黑龙江省博物馆、南京博物院二期工程、山东省博物馆、成都中国皮影博物馆、贵州省博物馆、云南省博物馆等。

文物系统博物馆 2001 年为 1453 个，2007 年达 1722 个，是 1978 年的 5 倍，1949 年的 82 倍；加上其他部门和民间兴办的博物馆，全国博物馆总数已超过 2400 个，是 1978 年的 6.87 倍，1949 年的 114 倍；博物馆的藏品保护、陈列展示、社会教育、科学研究水平也有了大幅度提高。

二

经过 30 年的发展，全国博物馆以完善的体系、丰富的藏品、新颖的陈列展览、多种形式的社会教育活动、活跃的学术气氛、丰硕的研究成果、日益提高的科学管理和现代化水平而为人称道，享誉中外。

以国家级博物馆为龙头、省级博物馆和重点行业博物馆为骨干，国有博物馆为主体、民办博物馆为补充，各行业和各种所有制博物馆各具特色、丰富多彩的新格局形成。2003 年 2 月 28 日，由中国历史博物馆、中国革命博物馆合并组建中国国家博物馆，结束了我国没有国家博物馆的历史。综合类、社会历史类、革命史类、军事类、名人类、艺术类、自然类、地矿类、科技类、产业类、民族民俗类等多种类型博物馆竞相辉映。企业、团体、公民个人等社会力量兴办的博物馆日渐增多，各地经核准设立的民办博物馆已超过 200 个。西部 12 个省区目前拥有博物馆 500 多个，改变了过去博物馆过多集中在东部和中部一些大中城市的不平衡局面。贵州、广西、内蒙古生态博物馆群的出现，为西部地区博物馆的发展探索出了一条新的道路。一批新建、在建的博物馆功能齐全，成为地标性建筑，对我国博物馆整体水平的提高及健康发展起到良好的示范带动作用。上海博物馆、南京博物院、河南博物院、湖南省博物馆、首都博物馆、中国科技馆等一批现代化博物馆在基础设施、研究展示、管理运行与社会服务等方面快速进步，已经赶上或接近国际博物馆的先进水平。

博物馆藏品日益丰富，藏品保管工作的规范化和现代化水平显著提高。文物系统博物馆藏品 2006 年达 1300 多万件（套）；加上其他博物馆的藏品，全国博物馆藏品总量在 2000 万件（套）以上。全国文物系统博物馆等各类文物收藏单位馆藏一级文物46630 件（套）（实际数量 109173 件）完成建档备案，并编制了总目录。部分省、区、市馆藏珍贵文物的建档备案工作也取得了显著的阶段性成果。文物调查及数据库管理系统建设项目将信息技术与馆藏文物基础数据调查有机结合，于 2001 年起，在山西、河南、辽宁、甘肃 4 省试点成功，目前已向全国推广至 11 个省份。绝大部分省级以上博物馆及部分新建的地市、县级博物馆设施齐全，藏品保存、展示环境有了明显改观。全国 100 个一级风险单位的博物馆，全部已达到安全技术防范标准。在馆藏文物腐蚀损失调查课题研究的基础上，2004 年起，国家文物局在湖北武汉市博物馆、四川绵阳市博物馆等 11 个省的 12 个博物馆，开展馆藏文物保存环境达标建设试点，并探索藏品集中保管新机制，取得积极成果。绵阳市博物馆文物中心库房经历 2008 年 5·12 汶川大地震，保管和代管的 5000 余件珍贵文物完好无损。各博物馆在继承我国传统文物保护修复技术的基础上，积极推广和应用现代科技成果，运用多种科学方法和技术手段，对金属、纸张、漆木、丝织类文物和动植物标本等进行有效保护，其中有不少保护修复技术已居国际领先地位。为创新文物保护科技管理体制和运行机制，国家文物局自 2004 年起，批准认定了敦煌研究院、上海博物馆等 12 家重点科研基地，在馆藏文物保护、科学研究、成果推广等方面发挥了重要作用。不少博物馆将信息技术引入藏品保护、研究、展示和服务工作，"数字故宫"方便了海内外公众与中国传统文化的亲密接触，敦煌研究院将信息技术与文物数据有机结合，虚拟展示敦煌石窟的美轮美奂，产生了极大的震撼力。

博物馆陈列展览影响广泛，社会功能日益显著。全国博物馆坚持贴近实际、贴近生活、贴近群众，注重运用最新研究成果和新技术、新工艺、新材料，每年举办陈列展览达 10000 个，陈列展览的主题内容、表现形式、科技含量和艺术感染力都有较大提高。近年涌现出"世界遗产在中国"、"契丹王朝——内蒙古辽代文物精华大展"、"承德避暑山庄 300 年特展"、"中原列国文物珍品展"、"天山·古道·东西风——新疆丝绸之路文物特展"、"世纪伟人邓小平——纪念邓小平同志诞辰 100 周年展"、"周秦汉唐文明大展"、"伟大胜利———纪念中国人民抗日战争暨世界反法西斯战争胜利 60 周年大型主题展览"、"郑和下西洋 600 周年纪念展"、"陈云百年——纪念陈云同志诞辰100 周年展览"、"伟大壮举 光辉历程——纪念中国工农红军长征胜利 70 周年"、"复兴之路"、"五千年记忆"、"奇迹天工"等一大批引起社会广泛关注和反响的展览精品。2002 年末至 2003 年初上海博物馆、故宫博物院、辽宁省博物馆联合举办《晋唐宋元书画国宝展》，2007 年湖南省博物馆、中国国家博物馆合作举办《国家宝藏》大展，观者如潮，取得了巨大的社会效益和良好的经济效益，成为轰动一时的文化事件。

全国博物馆体现以人为本的精神，更新服务理念，强化服务意识，充实服务内容，突出特色服务，逐渐成为公众文化休闲与旅游消费的上佳选择，每年观众量 1 亿 5 千万人次以上。博物馆向社会免费开放的制度逐步完善，仅文物系统博物馆 2004 年以来免费接待未成年人观众已超过 1.5 亿人次，取得了良好的社会效益。2008 年博物馆向社会免费开放试点，截至 7 月底已有 737 个博物馆实现了完全免费开放，观众量比以往同期增长了两倍。各类特色活动亮点纷呈。两年一届的全国博物馆十大陈列展览精品评选、中国博物馆事业百年庆典、5·18 国际博物馆日等富有特色的活动，彰显了博物馆的文化魅力，架设了博物馆与公众沟通的桥梁。全国有 1000 多个博物馆、纪念馆被确定为爱国主义、科普等方面的教育基地。博物馆逐步成为传播先进文化、普及科学知识、树立社会正气、塑造美好心灵的生动课堂。

全国博物馆和有关行业协会积极参与国际博物馆界的交流、合作。每年赴境外的文物展览达七、八十项，近年来还有计划地引进越来越多的国外文物展览，向国内公众推介世界文明。文物展览成为"中法文化年"、"中意文化年"、"中俄文化年"等系列活动中的闪光点。中国博物馆学会与挪威合作开发署于 1997 至 2005 合作，在贵州建成包括苗族、布依族、汉族和侗族 4 个民族的生态博物馆群，使我国博物馆建设与国际文化遗产保护理念进一步接轨。经报国务院同意，2006 年 5 月，中国博物馆学会（ICOM 中国国家委员会）在法国巴黎召开的 ICOM 第 68 次咨询委员会暨第 109 次执行委员会会议无记名投票表决中，促成上海市成功获得 2010 年 ICOM 第 22 届会员代表大会主办资格，标志着我国博物馆事业得到了国际社会的广泛认可和尊重。

博物馆界涌现了一大批高水平的专业人才和研究成果。改革开放初期以前，历史和地方史志博物馆专业人员主要是来自高校考古、历史、美术等专业的毕业生，也有不少岗位自学成才者。进入 1980 年代以来，一些博物馆专业的毕业生，包括部分硕士生和博士生，充实到各级各类博物馆，使博物馆的知识、人才结构趋于合理。国家文物局与北京大学联合兴办的中国文物、博物馆学院自 1998 年起开始招生，已显示出较大的发展潜力。国家文物局与有关高校联合，先后举办多期省级博物馆馆长培训班和各类专业培训班，为提升博物馆专业队伍产生了良好的推动作用。各博物馆以及中国博物馆学会、中国自然科学博物馆协会和其他学术团体，积极组织专业人才培训，开展学术研讨，先后出版数十种学术刊物、博物馆学论著和多学科、多门类的研究成果，使中国博物馆事业在世界文化、学术领域享有很高地位和声望。

<h1 style="text-align:center">三</h1>

博物馆事业 30 年来的巨大变化和显著成绩，根本原因在于这一时期有了一个良好的社会环境，博物馆事业很好地适应了社会发展的需要。全国工作以经济建设为中心，坚持改革开放，坚持四项基本原则，在政治安定、经济发展、社会开放的环境下，博物馆工作及时而迅速地把重点转移到为社会和社会发展服务上来，摆脱传统观念的束缚，拓展博物馆职能，加强科学普及，重视教育作用，强调娱乐和欣赏，不断适应和满足公众日益增长的精神文化需求。博物馆事业 30 年的前进历程，积累了许多宝贵经验和有益启示：

——党和政府的高度重视，为博物馆事业的发展提供了前所未有的发展空间和机遇。

——博物馆事业的兴衰与国家、民族的命运息息相关，没有改革开放，没有经济和社会的繁荣与发展，就不可能有文化事业的进步，不可能有博物馆事业的进步。

——博物馆工作必须始终坚持为人民服务、为社会主义服务的根本方针，坚持中国先进文化的前进方向；必须始终坚持社会效益第一的原则，必须以满足人民群众日益增长的精神文化需求为根本目的。

——建设好博物馆，充分发挥博物馆的社会功能，是保护、弘扬祖国历史文化和自然遗产，展示国家或本地区、本民族优秀文化和文明成果的最佳手段，也是提高全民族科学文化素质的有效途径。

——面对经济发展、社会进步所带来的精神文化需求增长，博物馆必须贯彻科学发展观，打破传统的封闭模式，提高社会化程度，引进文化遗产保护、利用的新理念，体现以人为本的精神，加大科技含量，创新体制、机制和文化传播手段，不断增强对广大公众的吸引力和感染力。

——博物馆应该敞开大门，向社会开放，适应社会发展，洞察昨天、今天和明天的种种问题，任何时候都是人类继承传统和创造未来的文化课堂，都是人类文化环境的重要组成部分。

以收藏、研究、展示和传播人类生存及其环境物证为使命的博物馆，是人类文化记忆与传承、创新的重要阵地，在现代化和全球化的时代，博物馆注定要在人类的文化交流与先进文化的建设中扮演重要的角色。改革开放以来，博物馆事业已经走过了不平凡的 30 年。在新世纪我国全面建设小康社会的重要历史时期，党和政府在牢牢坚持以经济建设为中心的同时，更加重视精神文明建设，更加重视大力推进中国特色社会主义文化建设。全国博物馆要进一步增强改革与发展的责任感和紧迫感，准确把握博物馆事业的发展规律，坚持把发展作为主题，把体制改革和科技创新作为动力，以满足人民群众精神文化需求为根本出发点，充分体现博物馆构建和谐社会的文化责任。博物馆事业将与伟大的时代同步前进，为中国也为人类社会的全面进步和可持续发展作出更大贡献。

负责人：张　柏
统稿人：宋新潮
执笔人：辛泸江

社会文物管理改革开放 30 年

改革开放 30 年来，我国经济社会各领域经历了前所未有的深刻变革。社会文物管理工作适应改革开放新时期、新形势的要求，积极应对出现的新情况、新问题，不断完善管理理念、方法和手段，管理工作的总体水平显著提高。回顾 30 年来社会文物管理工作的发展历程，总结工作成就，对于我们充分认识当前面临的形势和任务，深入探索社会文物管理的客观规律，进一步解放思想，实事求是，以科学发展观指导和引领社会文物管理工作的长远发展，具有十分重要的意义。

一　发展历程

30 年来，我国社会文物管理工作始终坚持以抢救保护文物为前提，以积极引导、规范管理为手段，以满足人民群众日益增长的精神文化需求为目标，在文物市场管理、文物进出境审核和抢救流失文物等方面不断取得新的进展。

（一）文物市场管理

改革开放初期，按照"归口经营、统一收购、统一价格、加强管理"的原则，国有文物商店负责统一收购流散在社会上的传世文物，其中的珍贵文物优先为博物馆提供藏品，一般文物经鉴定后可用于出口外销。1982 年颁布施行的《文物保护法》明确规定："私人收藏的文物可以由文化行政管理部门指定的单位收购，其他任何单位或者个人不得经营文物收购业务。"进一步确立了由文物商店统一负责文物经营的管理体制。

1992 年以后，我国实现了由计划经济向社会主义市场经济的转型。文物监管品市场和文物拍卖的出现，打破了文物商店对文物的独家经营，并在文物市场上逐渐形成了相互竞争的局面。

国家文物局、国家工商行政管理局、公安部、海关总署于 1992 年联合印发了《关于加强文物市场管理的通知》，明确规定 1911 年至 1949 年间制作、生产、出版的文物监管物品经批准后可以在旧货市场销售，形成了北京潘家园、南京朝天宫等一批著名的文物监管品市场。

经国务院同意，国家文物局于 1994 年开展了文物拍卖试点工作，1996 年对文物拍卖实行了直管专营，并建立了文物拍卖标的鉴定许可制度。1997 年颁布施行的《拍卖法》首次以法律的形式规定了经营文物拍卖的资质条件和文物拍卖标的鉴定、许可程序，有力地促进了文物拍卖的发展。

2002 年 10 月、2003 年 7 月，新修订的《文物保护法》及其《实施条例》相继颁布实施，为文物市场的规范管理奠定了重要的法律基础。据此，国家文物局先后出台了《文物拍卖管理暂行规定》、《关于对申领和颁发文物拍卖许可证有关事项的通知》、《关于加强国有文物商店改制管理工作的通知》、《关于加强文物拍卖标的审核的通知》等规范性文件，我国文物市场的发展进入了依法管理的新阶段。

各级文物行政部门依法加强文物市场监督管理，严肃查处经营出土、出水文物等违法行为。2007 年仅北京市就撤拍了出土文物 529 件，山西省一次撤拍了来自境外的海捞瓷 285 件，对规范文物市场秩序，增强企业的守法经营意识，发挥了积极的作用。

文物市场发展势头良好。截至 2006 年，全国已设立文物商店 100 多家，库存文物 200 多万件，当年为博物馆提供文物藏品 36641 件。2007 年，全国文物艺术品拍卖总成交额达到 240 亿元，仅北京地区拍卖企业的拍卖总成交额就突破了 100 亿元。文物拍卖成为社会公众关注的文化产业发展的热点之一。

（二）文物进出境审核

改革开放初期，我国文物出境主要是由外贸部门按照"少出高汇、细水长流"的方针，组织国内存量大、价值一般的部分文物，从北京、天津、上海、广州四大口岸出口外销。各口岸均设有文物出口鉴定机构，对拟出口的文物进行鉴定。经鉴定准许出口的，由海关予以放行；禁止出口的文物移交给文物部门。

1981 年，国务院批转了国家文物事业管理局《关于加强文物市场管理的请示报告》，明确指出将文物对外批发逐步转为在国内市场零售，逐年减少对外批发的数量。1985 年，中央决定停止外贸部门经营文物出口业务。据此，文化部和外经贸部于 1986 年联合发布了《关于外贸、文物部门办理一般文物（旧工艺品）交接事宜的通知》，决定将外贸部门的库存文物全部拨交文物部门。外贸部门停止文物出口是中央为保护文物做出的重要决策，从根本上改变了文物大量批发出口的做法。据统计，外贸部门停止文物出口后，1987 年我国文物出口量仅为 1986 年出口量的 43.17%，有效地限制了文物外流。

随着改革开放的深入，境内外人员往来日趋频繁，私人携运文物出境和文物临时出境复进境、临时进境复出境的情况越来越多，文物进出境管理的任务更加复杂和繁重。

为此，文化部于 1989 年发布了《文物出境鉴定管理办法》，对销售单位申报出境的文物、私人携运出境的文物、暂时进出境文物的鉴定工作都作了具体规定，推动我国文物出境鉴定工作进入了加快发展的阶段。

1994 年，国家文物局先后发出《关于加强文物出境鉴定机构建设的通知》、《关于审定文物出境鉴定机构团体资格的通知》，设立了 17 个国家文物出境鉴定站，承担文物出境鉴定工作。1995 年，国家文物局与海关总署联合发布了《暂时入境文物复出境管理规定》，规定了因修复、展览、销售、拍卖等原因暂时入境的文物复运出境的程序和鉴定机构。

2002 年新修订的《文物保护法》专设了"文物出境进境"一章，明确了文物进出境审核作为政府行政职能的性质，规定了因展览临时出境文物复进境和临时进境文物复出境审核的相关程序。2003 年出台的《文物保护法实施条例》，对文物进出境审核机构、责任鉴定员、审核程序等做了详细规定。此次修订的《文物保护法》及其《实施条例》，基本构建了我国文物进出境审核管理的法律框架，标志着我国文物进出境审核管理进入了全面发展的新阶段。

2007 年，国家文物局和文化部先后颁布实施了《文物出境审核标准》、《文物进出境审核管理办法》，进一步丰富和完善了我国文物进出境审核管理的法规制度体系，推动我国文物进出境审核管理取得了新的突破。其中，《文物出境审核标准》确定了以 1949 年为文物出境的主要标准线，1911 年前生产、制作的文物一律禁止出境。《文物进出境审核管理办法》对文物进出境审核各方面工作做了全面、具体的规定，成为当前文物进出境审核工作的主要依据。

改革开放 30 年来，我国在文物进出境审核工作中抢救了数以万计的珍贵文物，基本扭转了文物大量流失出境的局面。文物出境审核数量大幅下降，2007 年文物出境审核数仅为 1978 年文物出境审核数的 21.44%。文物回流趋势明显。2007 年文物临时进境审核数 19364 件，较 2006 年同比增长 57.97%，其中大部分进境文物留在了境内。以天津为例，2005 年至 2007 年共有 2597 件文物临时进境，其中仅有 620 件文物复出境。留在境内的文物 1977 件，占进境文物的 76.12%。

文物进出境审核队伍有了较大发展。先后有 100 多人通过国家文物局的考核取得了文物进出境责任鉴定员资格，其中大多数都活跃在工作一线，成为文物进出境审核的主力军。文物部门还为海关、公安等有关部门培养了一批具有文物鉴定专业知识的执法人员，取得了很好的效果。

（三）抢救流失文物

近代以来，大量中国文物被劫掠、盗运出境，使中国文化遗产遭受了严重的损失。

改革开放的深入，为我国开展文物追索、征集工作，推动文物返还国际合作，抢救流失海外的中国文物创造了条件。

文物追索是指文物原属国依据国际公约和政府间协议，要求返还非法流失出境的本国文物。1989 年 9 月，国务院批复接受联合国教科文组织 1970 年《关于禁止和防止非法进出口文化财产和非法转让其所有权的方法的公约》。1997 年 3 月，国务院又批复加入了国际统一私法协会 1995 年《关于被盗或非法出口文物公约》。这两个公约成为推动我国文物追索工作重要的法律基础。

1994 年，英国警方在调查一起涉嫌走私的案件中，查扣了一批中国文物。国家文物局经组织专家鉴定，确认了大部分文物是从中国境内盗掘出土，并要求英方将这批文物归还中国。在各有关部门的共同努力下，我国于 1998 年从英国成功索回了中国文物 3000 多件。这是我国首次大规模成功追索非法流失出境的中国文物，在国内外产生了广泛影响。

此后，我国进一步加大了文物追索的工作力度，成功追回了大批具有重要价值的文物。2001 年，从美国索回走私出境的河北曲阳五代王处直墓彩色石雕像。同年，加拿大国家美术馆将龙门石窟石雕佛像 1 件归还中国。2002 年，从美国索回古生物化石 93 箱110 件。2003 年，从美国索回陕西西安被盗掘的 6 件汉代陶俑，从香港索回河北承德被盗的珍贵文物 49 件。2005 年，瑞典东亚博物馆将 1 件汉代陶马俑归还中国。2008 年，从丹麦索回中国文物 156 件。日本美秀博物馆将被盗的山东博兴北朝石刻菩萨造像归还中国。这些成功案例充分表明了我国政府保护本国文化遗产、追索非法流失文物的坚定决心，有力地打击了盗窃、盗掘和走私中国文物的犯罪活动，为国际文物追索积累了宝贵的实践经验，得到了广大人民群众和国际社会的高度肯定。

同时，我国在国际公约的框架下，积极参与有关国际组织和国家促进文物返还的国际合作。我国连续当选为联合国教科文组织促进文化财产归还原属国或返还非法占有文物政府间委员会的成员国。在推动返还第二次世界大战期间流失出境的文物、起草促进流失文物返还宣言等重大活动中，发挥了关键作用。我国与秘鲁、意大利、印度、菲律宾、希腊、智利、塞浦路斯、委内瑞拉等国家签署了防止盗窃、盗掘和非法进出境文物的双边协定，并在信息交流、人员培训、文物返还等方面取得了实质性的合作成果。

文物征集也是抢救流失文物的重要途径。从 2002 年起，财政部、国家文物局设立了国家重点珍贵文物征集专项经费，明确以流失海外的文物为重点，先后成功购回了北宋米芾《研山铭》、陈国琅藏宋元明清善本典籍、商代"子龙"铭青铜大圆鼎等多批特别重要的文物精品。一些国有博物馆通过购买、捐赠等多种征集形式，积极抢救了许多流失文物。如故宫博物院购得隋人书《出师颂》；上海博物馆购买了翁氏藏书、北宋《淳化阁帖》等，并获捐赠清雍正官窑粉彩蝠桃纹橄榄瓶等重器。这些珍贵文物历经坎坷重归祖国，并向社会公众展示，成为一时的文化盛事。

二　主要成就

30 年来，我国社会文物管理工作把握改革开放的历史机遇，解放思想，转变机制，深化改革，加快发展，取得了令人瞩目的成就，主要体现在以下几个方面：

（一）形成了文物市场依法规范管理的有效机制

改革开放的三十年是我国文物市场由国家统管专营向依法管理转变的三十年。改革开放为文物市场的发展注入了活力。各有关部门依法规范文物市场管理，有力地保障了市场的健康发展。文物市场的经营主体、流通范围、销售渠道、运作模式趋向多样化。市场竞争激烈，交易活跃，呈现出繁荣兴盛的局面。

1. 构建法律制度体系

根据文物市场管理实践的发展变化，及时调整、丰富和完善文物市场管理的法律法规，初步构建了以《文物保护法》及其《实施条例》等法律法规为核心的法规制度体系。从文物经营资质、资格和文物审核备案等关键环节入手，形成了严格的市场准入制度，规范了文物流通的审核程序，建立了文物交易信息的登记备案机制，促进了文物市场的有效监管和规范发展。

2. 形成行业管理机制

1992 年，党的十四大做出了由计划经济体制向社会主义市场经济体制转变的战略决策，极大地推动了我国经济社会的快速发展。文物市场作为市场经济的组成部分，必须遵循市场经济管理的客观规律，由政府部门统管专营的计划经济管理模式已经无法适应经济社会发展变革的现实要求。各级文物部门及时更新观念，调整定位，转换角色，从文物市场的直接参与者、指挥者彻底转变为管理者，摆脱了以往大包大揽、行政干预的市场管理方式。文物、工商、公安等各有关部门依据《文物保护法》等法律法规，各司其职，各负其责，对文物市场实施行业管理，形成了多部门、全方位的市场管理机制，保障了市场管理的公正、公平、科学、规范。

3. 营造良好市场环境

各级文物部门在文物市场管理中，加大文物行政执法力度，重点查处无证经营、超范围经营等违法行为，严厉打击买卖和走私出土、出水文物、国有馆藏文物等违法犯罪活动，维护了文物市场的正常秩序。同时，充分尊重市场主体的经营自主权，不干预市场的合法经营活动，为文物市场的发展，创造了依法经营、公平竞争、自主发展、宽松和谐的良好环境。

4. 实现繁荣健康发展

文物市场的繁荣，实现了良好的经济效益和社会效益。市场规模迅速扩大，文物成交价格不断攀升。一些品类文物的价格达到甚至超过国际市场中国文物的价格水平，吸引了大量海外中国文物回流。文物市场已经成为一些地区文化产业发展的主要支柱，对树立区域文化品牌，带动旅游等相关行业发展，增加社会就业，都发挥了重要的作用。文物市场自身的调节作用初步显现。以文物拍卖市场为例，一些经营规范、实力雄厚的拍卖企业占据了市场的主要份额。新申请文物拍卖资质的拍卖企业审批数量逐年下降。近半数的文物拍卖企业没有持续开展相关的经营活动，逐渐退出了文物拍卖行业。激烈的市场竞争和优胜劣汰，实现了文物市场产业布局和资源配置的优化，在一定程度上规范和促进了文物市场的良性发展。

5. 引导和规范民间收藏活动

2002 年修订的《文物保护法》首次以法律的形式明确了民间收藏文物的合法权利，"藏宝于民"逐渐成为社会各界的广泛共识。我国民间文物收藏进入了迅速发展的时期，收藏的规模、范围、品质和社会影响都达到了前所未有的高度。各级文物部门增强服务意识，积极主动地宣传普及文物保护的相关知识，倡导合法、理性的收藏理念，树立正确的舆论导向。保障民间收藏文物的合法权益，鼓励和支持民办博物馆的发展，完善民间收藏文物的鉴定、修复、保护和咨询服务，有力地引导和规范了民间文物收藏活动。对于满足人民群众日益增长的精神文化需求，提高他们研究、传承传统文化的热情和积极性，扩大文物保护工作的社会基础，起到了很好的作用。

（二）建立了严格的文物进出境审核管理体系

改革开放的 30 年是我国文物进出境审核工作全面加强的 30 年。改革开放的深入，对文物进出境审核管理提出了更高的要求，也带来了发展的机遇。文物进出境审核工作建立完善了更加严格的管理体系，有效地防止了珍贵文物流失，实现了从文物批量出口逐步转为以内销为主，文物出境数量逐年下降，进境数量明显上升的历史性转变。

1. 机构建设成果斐然

文物进出境审核机构由改革开放初期的 4 个增加到 17 个，基本覆盖了我国对外交往的主要口岸。在机构性质、人员编制、经费保障等方面都有了较大改善，解决了长期以来困扰发展的自收自支等问题。浙江等鉴定站被列为监督管理类事业单位，进一步明确了其文物行政执法职能，为文物进出境审核机构的改革发展做了积极的探索。

2. 人员素质全面提升

建立完善了文物进出境责任鉴定员的培训、考核和持证上岗制度，形成了一支忠诚于文物事业、业务过硬、素质全面的责任鉴定员队伍。一批中青年专业人员经过培训、考核和文物进出境审核工作实践的磨炼，逐渐成为能够站好岗、把好关的业务骨干。

3. 审核工作更加严格

在文物进出境审核工作实践中建立健全了一整套较为成熟和严密的工作制度，如文物出境审核需3名以上鉴定人员，实行一票否决制等，确保了审核工作的科学、严谨。在审核标准上，2007年出台的《文物出境审核标准》进一步丰富了文物出境审核的内容，提高了文物出境的门槛，加大了对近现代文物和民族民俗文物的保护力度，集中反映了改革开放以来我们对文物内涵认识的深化和保护理念的进步；对于严把文物出境审核关口，具有关键性的作用。

4. 审核水平不断提高

现代科技手段的应用，成为提高文物进出境审核工作水平的重要推动力。广东、陕西等鉴定站引入科技人员或与相关科研机构合作，在文物进出境审核中研究应用科技检测方法，将传统的文物鉴定方法与科技检测手段相结合，提高了审核工作的科学性和准确性。上海、广东等鉴定站开发使用了文物进出境审核信息管理系统，有效地提高了审核工作的信息化管理水平。

5. 文物进境持续增长

文物因展览、拍卖、修复等原因临时进境，是改革开放以来文物进出境审核管理工作中出现的新情况，也是新的发展机遇。文物临时进境复出境制度的建立和完善，从制度上消除了海外文物回流的后顾之忧，有力地吸引和促进了文物回流。近年来文物进境数量逐年攀升，呈现出强劲的发展势头。同时，有关部门对国有文物收藏单位征集、追索或接受境外捐赠、归还的中国文物进境予以免税，为文物回流提供了更加有利的政策条件。

（三）开创了文物追索国际合作的新局面

保护文化遗产，促进文物返还原属国，是人类社会正义和文明发展的必然趋势，是国际社会的高度共识，也是各国政府义不容辞的文化责任。改革开放的深入，推动了我国在文物保护领域国际交流与合作的全面拓展和深化，为文物追索工作的发展提供了宝贵的机遇，奠定了坚实的基础。追索工作从摸索起步到初见成效，在较短的时间内取得了迅速发展。实践证明，在全球化和我国对外开放不断深入的时代背景下，加强文物追索领域的国际合作，对于抢救保护文化遗产，维护国家文化权益，打击文物犯罪活动，促进流失文物返还，都具有十分重要的意义和深远的影响。

1. 多边参与和双边合作的全面突破

利用国际组织的多边舞台，阐述我方关于文物追索的观点、做法和合理要求，维护了我方的正当权益，扩大了我国在这一领域的国际影响力。通过签署双边协议，加强与有关国家在防止盗窃、盗掘和非法进出境文物方面的合作，在国际公约的框架下，进一步拓展了双边合作的范围和深度，建立了实质性合作的长效机制。

2. 争取了国际社会的广泛支持

我外交、公安、海关和文物等有关部门通过多种渠道，与国际组织和有关国家的政府、相关部门联系沟通，使其充分理解我方的原则立场，在多次追索案件中给予了关键性的支持。在我方的积极争取下，国际社会的友好人士、公众、新闻媒体和海外华人华侨等都关注和认同我追索非法流失文物的正义行动，形成了有利于我的强大社会压力。国际社会的广泛支持，成为我国文物追索工作屡获成功的一项制胜法宝。

3. 兼顾原则性和灵活性的工作方式

文物追索工作往往涉及十分复杂的法律和利益关系，因此国际公约主要是确定追索的基本原则，具体实践还需要对公约精神的深入理解和必要的工作技巧。我国在文物追索工作中始终坚持对非法流失文物的所有权并使文物回归祖国的原则，在此前提下对于文物返还的细节处理则体现出相当的灵活性。如近年来回归的流失文物中既有我国政府通过法律手段追索的，也有海外华人购买并捐赠回国的，还有国外机构主动或经协商无偿归还的。针对不同情况灵活地运用多种工作方式，为促进流失文物返还开辟了更加广阔的前景。

三　经验与启示

回首 30 年，社会文物管理工作取得了巨大的成绩，但也仍然存在着法律制度体系有待完善、管理力量薄弱、投入不足、手段滞后等一些实际问题，在一定程度上制约了社会文物管理工作的发展。

为此，我们应当在深入分析和认真总结改革开放 30 年来实践经验的基础上，在全面认识和准确把握当前社会文物管理面临的新形势、新情况的前提下，坚持以改革促发展，不断创新社会文物管理的工作机制；坚持以开放求合作，全面深化流失文物返还的国际合作，推动我国社会文物管理工作加快发展。

进一步贯彻落实以人为本的执政理念，始终将服务社会、服务人民作为社会文物管理工作的宗旨和依归，着力解决关系群众切身利益、群众反映强烈的民间收藏文物鉴定、咨询等热点问题。

进一步贯彻落实科学发展观，始终将服务发展、促进发展作为社会文物管理工作的根本目标，以科学发展的思路、观点和方法，促进文物市场、文物进出境审核和抢救流失文物等各项工作的全面协调可持续发展，成为社会主义文化大发展大繁荣的重要推动力。

适应我国社会主义市场经济发展的内在要求和客观规律，重点加强法律制度建设，保障各方的合法权益，落实文物拍卖的国家优先购买权。加大文物行政执法力度，维护文物市场发展的良好环境。按照建设服务型政府的要求，树立服务企业和市场发展的管理理念，加快转变以行政审批为核心的管理模式，简化程序，规范要求，提高效率，充分发挥市场自身的调节力量，促进文物市场的繁荣、健康发展。

坚持可持续发展的要求，严把文物出境关口。大力加强文物进出境审核机构建设和人才培养，加大经费投入，为文物进出境审核工作提供有力保障。推广科技检测手段在文物进出境审核工作中的应用，提高审核工作的科技含量。建立完善文物进出境审核信息管理系统，实现审核工作全流程、全方位的实时监控和标准化、信息化管理。

积极参与国际组织促进文物返还的国际合作，重点推进与我国文物主要流向的美国等有关国家签署打击文物走私双边协定。建立完善国内各有关部门共同参与、快速反应的文物追索工作机制，加强流失文物和相关的国际公约、法律、案例研究，为文物追索、征集奠定重要的工作基础。

社会文物管理在文物工作中与人民群众接触最广泛，联系最紧密，也是人民群众认识、了解文物工作最直观的窗口。我们衷心地期望，透过社会文物管理的窗口，所有人都将见证文物工作更加辉煌的未来！

负责人：张　柏

统稿人：宋新潮

执笔人：唐　炜

文物保护科技改革开放 30 周年

文物保护是指针对文物价值的调查、认定、研究、展示、利用和传承，对文物本体的保存、保全和修复，以及对相关环境的控制与整治等。文物保护科技包括人文社会科学、自然科学、工程与技术科学等一切与文物保护相关的科学和技术。改革开放 30 年来，在党和国家的高度重视下，文物保护科技工作取得了长足进步，取得了辉煌的成绩，有效地支撑和引领了文物和博物馆事业的发展。

一 回 顾 篇

(一) 1978～1994 年：学习贯彻"科学技术是第一生产力"的重要论断，迎来文物保护科技工作的春天

改革开放迎来了科技工作的春天。1978 年，邓小平同志重新强调了马克思、恩格斯关于"科学技术是生产力"的观点。1988 年，小平同志再次以政治家的勇气和高瞻远瞩，进一步发展了马克思和恩格斯的唯物主义观点，明确提出"科学技术是第一生产力"，这一放之四海而皆准的真理为文物保护科技工作指明了方向。随着解放思想和"实践是检验真理的唯一标准"的逐步深入人心，科学思想、科学精神、科学理念、科学方法、科学态度得以恢复，文物保护科技工作由衰到兴。

1978 年，碳 14 测定文物年代的技术革新、石窟围岩的灌浆加固等 13 项科研成果获得全国科技大会奖。1979 年，国家文物事业管理局在北京召开部分省、市、自治区文物保护科学研究座谈会，讨论《1978～2000 年文物保护科学技术发展规划》（草案）。1980 年，中国文物保护技术协会第一次代表大会在北京召开。1989 年，国家文物局文物科技专家组正式成立。1990 年，文物保护科学技术研究所和古文献研究室合并，正式成立中国文物研究所。1991 年，国家文物局印发《国家文物局科研项目开题及经费管理办法（试行）》、《国家文物局文物科学技术进步奖励办法（试行）》及《国家文物局科学技术成果鉴定办法（试行)》。

1978～1994年期间，新增文物保护科研机构20个，一大批优秀的科研成果得以涌现，其中国家级科技奖励17项，省部级科技奖励74项，重大科技成果近百项。

（二）1995～2005年：落实"科教兴国"的发展战略，文物保护科技工作实现快速发展

1995年，党中央确立了"科教兴国"战略。这是继1956年号召"向科学进军"、1978年全国科学大会之后，中国科技事业发展进程中第三个重要里程碑，1996年，联合国提出的"知识经济"概念，表明人类对科学技术重要性的认识达到了一个相当的高度，促进了文物保护科技工作思想的进一步解放。国家加强了宏观管理，加大经费投入，文物保护科技工作得到进一步加强和快速发展。

1996年，国家文物局专门设立了科技教育处（为进一步适应文物保护科技发展和信息时代的需要，2003年更名为科技信息处，2005年更名为科技与信息处），发布了科技成果应用指南，编制了文物保护科技"十五"规划。2000年，印发了《全国文物、博物馆系统人文社会科学重点课题暂行管理办法》。2001年，国家科技攻关计划项目"文物保护技术研究与中华文明探源预研究"立项实施。2002年，新修订的《中华人民共和国文物保护法》及其实施条例，对文物保护科技工作做出明确规定。国家文物局依法颁布了《文物保护科学和技术研究课题管理办法》等5项部门规范性文件，设立了国家文物局科研课题管理办公室，发布了《历史文化遗产保护领域科学和技术研究课题指南（2004～2005年）》。2003年，响应国家号召，遵照整体部署，启动了行业中长期科技发展规划战略研究工作，完成了《历史文化遗产保护领域中长期科学和技术发展规划战略研究报告》。2004年，胡锦涛同志指出，"要注意保护历史文化遗产和古都风貌。关键在于狠抓落实，各有关方面都要大力支持"；国家文物局成功组织召开全国文物保护科技工作会议，全面总结成就，分析问题，对当前和今后一个时期的工作进行了部署。2005年12月《国务院关于加强文化遗产保护的通知》，对新时期文物保护科技工作提出了更高的要求，要"加强文化遗产保护科技的研究、运用和推广工作，努力提高文化遗产保护工作水平"。在进一步明确行业科技中长期发展的重点领域和优先主题的同时，国家文物局组织开展了"指南针计划－中国古代发明创造的价值挖掘与展示"（以下简称"指南针计划"）、大运河保护综合研究等一批重大科技专项的顶层设计和预研究工作，研究成果得到了党中央、国务院领导和科技界、文物博物馆界专家学者的高度重视。

1995～2005年期间，国家文物局加大了对科研课题的支持力度，支持范围也进一步得到了拓展。共支持了涵盖基础类、应用类和软科学类课题290项，214项课题顺利结项。其中，6项科研成果获得国家级奖励，47项获得省部级奖励。

（三）2006 年至今：科技创新上升为国家意志，文物保护科技工作进入跨越式发展阶段

2006 年 1 月，胡锦涛同志在全国科学技术大会上关于《坚持走中国特色自主创新道路 为建设创新型国家而努力奋斗》的报告和 2007 年 10 月召开的党的十七次代表大会再一次为文化遗产保护科技工作指明了方向，"全面落实科学发展观"和"促进社会主义文化大发展、大繁荣"，带来了文物保护科技工作的又一次思想解放，"加强原始创新、集成创新和引进消化吸收再创新"成为文化遗产保护科技工作的主旋律。在党中央、国务院领导的高度重视和有关部门的大力支持下，文化遗产保护科技工作进入跨越式发展阶段。

2006 年，国家文物局出台《文化遗产保护科学和技术发展十一五规划（2006～2010 年）》，行业科技管理工作的部门规范性文件增至 12 项；文化遗产保护领域首次有 4 个项目 15 项课题纳入国家科技支撑计划；文物保护标准化技术委员会正式成立。2007 年，国家文物局首批颁布了 9 项行业技术标准，"指南针计划"的各分专项规划的编制和试点工作正式启动实施；中国文物研究所正式更名为中国文化遗产研究院，国家文物局重点科研基地增至 12 家。2008 年，为展示"指南针计划"阶段性成果，配合"人文奥运、科技奥运、绿色奥运"主题，"奇迹天工——中国古代发明创造文物展"成功举办，引起社会各界广泛关注；文化遗产保护领域国家科技支撑计划重点项目取得阶段性成果，共研发新技术、新产品、新装置 36 项，申请专利 6 项，制定技术标准 14 项，培养博士、硕士研究生 40 名、发表文章 62 篇，出版专著 6 本，部分研究成果已成功转化，为大运河保护、大遗址保护工程、奥运展览等项目提供了强有力的科技支撑；信息技术在文化遗产保护领域中的应用得到进一步加强，土遗址保护基础数据库、古代木结构建筑保护知识库等一批基础数据库的建立，大遗址保护规划辅助支撑系统、京杭大运河遗产保护地理信息系统等一批应用系统的研发，重塑了文物保护的工作流和业务流，极大地提高了工作效率。

二　成就篇

改革开放给文物保护科技工作带来无限的生机与活力。每一次思想解放，都是文物保护科技发展与改革的重要契机，为文物保护科技的发展提供了巨大推动力。通过继承传统、积极引进、消化吸收、不断壮大，实现了我国文物保护工作科技含量的大幅提升，文物保护科技工作取得了辉煌的成就。

（一）科技管理体系初步确立

改革开放 30 年来，在学习借鉴的基础上，文物保护科技管理工作，逐步形成了依靠"法规强化管理"、依靠"规划引导管理"、依靠"标准规范管理"和依靠"技术手段辅助管理"的科技管理思想,初步形成了适应文物保护科技发展的科学管理体系,并能够及时针对新时期出现的新问题,积极开展管理创新的探索与实践。

1. 科技管理法规得以初步完善

《中华人民共和国文物保护法》及其实施条例,以及《国务院关于加强文化遗产保护的通知》,对文化遗产保护科技工作做出明确规定。国家文物局依法制定了涵盖人文社会科学、自然科学、工程与技术科学的《文物保护科学和技术研究课题管理办法》、《文物保护科学和技术研究课题招标评标暂行办法》、《文物保护科学和技术研究课题评审程序暂行规定》、《文物保护科学和技术创新奖励办法(试行)》、《国家文物局重点科研基地管理办法(试行)》、《文物保护行业标准管理办法(试行)》、《文物保护科学和技术评审与咨询专家管理办法(试行)》、《文化遗产保护领域国家科技支撑计划课题管理暂行办法》、《文化遗产保护领域国家科技支撑计划课题第三方机构评估咨询管理办法》(本文以下简称《第三方评估咨询管理办法》)《可移动文物修复资质管理办法(试行)》、《可移动文物技术保护设计资质管理办法(试行)》和《国家文物局重点科研基地运行评估规则》、《国家文物局二级域名管理办法》等 13 个部门规范性文件。制度建设的不断加强与完善,有效遏制了科研课题重复立项、不按时结项或草率结项的现象,科研课题质量明显提高,如期结项率由原有的 31% 上升到 87% 。

《第三方评估咨询管理办法》的出台,为国家文物局率先在国家科技计划项目的组织管理中,建立第三方评估咨询制度提供政策依据,探索和实践了文化遗产保护科技评估咨询活动由"个人行为"向"法人行为"的转变。

2. 制定行业科技发展规划,明确了各时期行业科技的发展方向

"九五"、"十五"、"十一五"期间,为明确行业科技发展方向,国家文物局先后制定了行业科技发展规划,有效地指导了各时期行业科技工作的发展。

特别是在"十五"末期,国家文物局积极响应国家号召,遵照整体部署,组织开展了行业中长期科技发展规划战略研究工作,编制完成《历史文化遗产保护领域中长期科学和技术发展规划战略研究报告》。通过战略规划的研究,系统总结了文物保护科技工作的成绩与不足,分析了文物保护科技的国际发展趋势,并针对新时期文物保护领域的重点、难点和瓶颈问题,提出今后一个时期文物保护科技工作的 10 个重点领域和 33 项优先主题。

在此基础上,研究制定了《文化遗产保护科学和技术发展"十一五"规划》,明确了"十一五"期间,文物保护科技工作的指导思想、基本原则和发展目标,重点布置

了"6 项计划、5 大专项、1 个平台"及大力支持面上项目的主要任务，并据此编制了《文化遗产保护科学和技术研究课题指南（2007～2010 年)》。规划得到了科技部，以及中国科学院、中国社会科学院、中国工程院的高度重视和大力支持，文化遗产保护科技工作纳入国家《"十一五"社会发展科技工作要点（2006～2010 年)》。

3．组建全国文物保护标准化技术委员会，文物保护的标准化时代正式到来

全国文物保护标准化技术委员会的成立，标志着文物保护标准化工作正式纳入国家标准系列，文物保护的标准化时代正式到来。

通过文物保护标准化的战略研究，明确了今后一个时期，文物保护标准化工作将重点开展"建立标准化体系、加强行业标准的创新性、构建检测及准入体系、探索行业标准发展战略模式和实施标准化人才培养战略"等方面的工作。

文物保护标准化制度建设从无到有，先后制定颁布了《全国文物保护标准化技术委员会章程》、《全国文物保护标准化技术委员会秘书处工作细则》。

截至 2007 年底，已有《中国文化遗产标志》等 10 项标准制修订项目列入国家标准制修订计划，《文物术语研究》列入国家标准化公益性行业科研专项，28 项标准制修订项目列入行业标准制修订计划，《古代壁画病害与图示》、《石质文物病害分类与图示》、《馆藏出土竹木漆器类文物病害分类与图示》、《馆藏青铜器病害与图示》、《馆藏铁质文物病害与图示》、《古代壁画现状调查规范》、《石质文物保护修复方案编写规范》、《馆藏出土竹木漆器类文物保护修复方案编写规范》和《馆藏金属文物保护修复方案编写规范》等 9 项行业标准正式颁布实施。

4．技术手段辅助于管理，提高了管理的效率和透明度

以数字化、网络化为特征的信息革命迅猛发展，为文物保护科技的管理工作提供了有效的技术保障。《文化遗产保护科学和技术研究课题管理系统》、《文化遗产保护领域创新项目备选项目库》、《馆藏文物腐蚀损失调查综合管理系统》等管理系统的研发和使用，以及正在研发的《指南针计划 ERP 管理系统》、《可移动文物保护修复综合管理信息平台》、《灾后文化遗产抢救保护综合信息平台》等，有效地提高了工作效率和管理的透明度。

（二）科技创新体系逐步完备

1．文物保护科技专门性机构陆续成立，壮大了文物保护科技队伍

随着国家科技体制改革的不断深入，文物科技体制改革业已启动。中国文物研究所作为文化体制改革试点单位，适应文化遗产事业发展的需要，正式更名为中国文化遗产研究院，并向着国家级文物保护科技中心平台的方向迈进。

中国科学院、中国社会科学院、中国工程院、中国建筑设计研究院、中国城市规划研究院、中国文化遗产研究院、故宫博物院、中国国家博物馆、敦煌研究院、西安文物保护修复中心、上海博物馆、南京博物院、湖北省博物馆等研究机构分别成立了一批区域性、专题性的科技中心，有效地发挥着科技支撑和辐射、带动作用。

北京大学、清华大学、复旦大学、兰州大学、吉林大学、东南大学、中山大学、四川大学、西北大学、南开大学、同济大学、天津大学、中国科学技术大学、北京科技大学、西安交通大学等高等院校专门设立了文物保护科技专业，培养了一大批文物保护科技专业人才。

2. 积极开展体制机制创新，成立 12 家行业重点科研基地

为解决文物保护领域科学和技术研究面临的基础设施建设薄弱、运行机制和管理体制落后、地域发展不均衡、科技成果推广不力等基础性问题，促进文物保护科技工作健康发展，国家文物局从全局性、战略性和前瞻性的角度出发，积极开展科技体制创新，推动"开放、流动、联合、竞争"的运行机制的建立，依托相关科研实体分 3 批建立了古代壁画保护、陶质彩绘保护、出土木漆器保护、砖石质文物保护、馆藏文物保存环境、文化遗产保护规划、空间信息技术在文化遗产保护中的应用、文物建筑测绘、古陶瓷科学研究、金属与矿冶文化遗产研究、博物馆数字展示、古陶瓷保护等 12 家国家文物局重点科研基地。

从第二批科研基地的遴选工作开始，国家文物局有意识地在系统外科研机构和高等院校中，选择有实力的单位作为科研基地的培育对象。其目的就是为了从政策导向上，更好地促进跨学科、跨领域、跨部门、跨行业的联合攻关，实施"走出去、引进来"的战略。

通过几年的实践，我们欣喜地看到，通过这些系统外机构的积极参与，文物保护和博物馆行业的创新能力和承担重大项目的能力得到了极大地提高，国家文物局重点科研基地在文化遗产保护领域国家科技支撑计划、大遗址保护，以及"汶川地震灾后文物抢救保护修复专项规划"的编制等工作中，发挥了重要作用。

3. 开展科研联合体（创新联盟）构建研究，推动基层文博单位与高等院校、科研单位的合作

为进一步构架和完善文物保护领域的科技创新体系，加强基层文博单位与高等院校、科研单位的合作，促进人才、技术和信息资源的共享，推动科技成果的推广应用，国家文物局又提出"将技术研发、装备升级、体制机制创新和机构建设统筹考虑，打破条块界限、集中国内优势资源，建立共享平台，协同解决文化遗产保护的关键技术问题"的工作思路，组织开展了文物保护领域科研联合体（创新联盟）的研究，通过区

域内文博单位、高等院校和科研机构建立长期稳定的合作关系，打造文物保护科技的区域化集团优势和联盟优势。

通过 30 年的努力，文物保护科技创新体系不断发展完善，形式不断丰富，以国家力量为主导、社会各界积极参与的文物保护科技发展新格局正在形成。

（三）科技基础条件得到有效改善

改革开放 30 年，文物保护科技的基础条件得到了有效改善，在人才的培养与引进、科研经费投入、实验室建设和科技仪器设备升级与改造、科技图书和期刊购置等方面都取得了长足的进步。

1．多种途径建立和完善人才培养机制和模式

科技人才队伍建设是文物保护科技工作的根本。为加快人才的培养，国家文物局努力寻求多种途径建立和完善人才培养机制和模式。通过科技项目引进人才，培养人才；与高等院校紧密合作，争取开设更多的文物保护科技专业，通过学历教育造就人才；与相关国家级科研院所以及国际知名文化遗产保护机构建立交流互访制度，提升高层次人才的培养档次等方式，积极推进人才的培养和创新团队建设。

据 2006 年国家文物局组织开展的文物保护科技基础条件资源调查显示，目前，文物、博物馆系统省级以上（含）的科研机构已发展到 84 家，专职技术人员增至 6057 人。其中女性为 2987 人、男性为 3070 人，分别占总数的 49.31% 和 50.69%；获得学士学位的 1726 人、硕士学位的 460 人、博士学位的 42 人，分别占总数的 27.59%、7.6% 和 2.3%；取得初级技术职称的 1639 人、中级技术职称的 2057 人、高级技术职称的 1691 人，分别占总数的 27.06%、33.96% 和 27.92%；35 岁以下、35—50 岁、50 岁以上的专业人员比例分别为 26.1%、53.82% 和 20.08%；近 2/3 的专业人员的工作年限在 15 年以上，在行业工作 5 年以下的专业人员占 13.9%、5—15 年的占 26.18%、15 年以上的达到 60%。

2．国家用于文物保护科技的投入迅速增长

财政经费的可持续投入是文物保护科技工作的重要保障。国家财政用于文物保护科技的经费大幅提高，并呈逐年快速增长趋势。

"九五"期间，国家用于文物保护科研的经费投入由"八五"期间的每年 30 万元增加到 2000 年的 450 万元；"十五"期间继续增加到 2004 年的 900 万元；"十一五"期间，国家科技经费实现跨越式增长。在科技基础条件建设方面，国家财政投资 4075 万元，实施了中国文化遗产研究院科技基础条件修缮购置计划（一期）；投资 1360 万元，建立了故宫博物院古陶瓷研究中心实验室；在科学研究经费投入方面（含国家科技支撑计划项目经

费），2006 年为 4459 万元、2007 年 6104 万元、2008 年 5773 万元。部分省级文物主管部门也专门设立了科研专项经费用于支持科技基础条件的建设和科技攻关。

3. 实验室和科研仪器设备条件得到有效改善

实验室和科研仪器设备是文物保护科技最主要的基础条件资源之一。通过 30 年的努力，84 家科研单位共建成 499 个实验室，其中，常规实验室 153 个、专门仪器室 139 个、修复室 142 个、其他类 65 个，总面积达 28074 平方米。

这 84 家科研单位共拥有 0.2 万元以上的科研仪器设备总价值为 9924.62 万元；0.2 万～5 万元小型科研仪器设备 1296 台，总价值 1097.26 万；5 万元以上的大型科研仪器设备 285 台，总价值 8827.36 万元，其中，价值 5 万～50 万元的 227 台，50 万～200 万的 50 台，200 万元以上的 8 台。在加强自身建设的同时，部分科研机构积极参与了本区域的大型科学仪器协作共用网，与其他行业的科技机构共享大型仪器设备，提高了科研仪器设备的使用效率。

4. 科技图书、期刊的购置迅速增加

科技图书、科技期刊等出版物是科技基础条件的重要组成部分。增加出版物收藏数量，提高出版物收藏质量和共享能力是发展文化遗产保护科技的一项战略性举措。调查表明，84 家科研单位收藏的科技书籍，包括文物保护专业书籍、正式出版的会议论文集及与文物保护相关的化学、物理、地质、生物、建筑等书籍，共计 53.51 万册，其中，中文科技书籍 50.79 万册，外文科技书籍 2.72 万册。科技期刊总计 594 种，其中中文科技期刊 546 种，外文科技期刊 48 种。

（四）研究成果日益显著

广大文物保护科技工作者勇于实践，刻苦攻关，取得了一系列令人瞩目的科研成果，产生了显著的社会效益和经济效益。30 年来，在大批文物保护科技成果中，25 项获得国家科技奖励，129 项获得文化部、国家文物局科技进步奖及文物保护科学和技术创新奖。科学和技术在文物保护领域的支撑和引领作用日益凸现。

1. 现代科技的引进和应用，拓展了文物科学研究内容

元素成分分析技术，碳十四、热释光等测年技术，电阻率法、电磁法和卫星定位等现代勘测技术，为文物本体保护、考古勘探调查等研究提供了新理论、新手段。与此同时，现代科技和传统工艺的结合得到进一步的重视，青铜文物保护传统工艺科学化研究、木结构建筑保护传统工艺科学研究取得阶段性进展。

2. 馆藏文物保存、修复技术取得了重要进步

在秦始皇陵铜车马修复、秦俑彩绘保护、法门寺出土丝织品保护、饱水简牍和漆木

器脱水保护、旧纸张保护、出土铁器脱盐保护等方面，现代科技都发挥了突出的作用；馆藏文物保护环境应用技术研究为预防性保护理念的实现提供了技术支撑。

3. 不可移动文物保护科技水平不断提高

西藏布达拉宫保护工程、敦煌石窟保护和壁画修复、土遗址保护、蓟县独乐寺维修工程、三峡工程文物保护规划研究与实施等取得重要成果。特别是近年来，在大型遗址的保护中进一步探索将考古、规划、环境、地质、化学、物理等多种科学和技术综合运用获得重大突破。《中国文物古迹保护准则》、《西安宣言》、《北京文件》等指导性文件的出台，标志着中国文物保护理念开始走向成熟。

4. 博物馆发展注重引进和合理运用现代科学技术

博物馆建设与各项业务活动的科技含量不断增加，越来越多的新技术、新方法、新产品得以广泛应用，有效提升了藏品保护、陈列展示、信息传播、社会服务和运营管理的整体水平。"九五"以来，新建的上海博物馆、中国科技馆、南京博物院艺术陈列馆、首都博物馆、重庆三峡博物馆等，设施先进，管理科学，功能完善，成果丰硕，备受社会关注。博物馆技术与相关产品博览会的成功举办，为博物馆、科研单位和企业间搭建了信息交流平台。"指南针计划"的实施，加强了对文物价值的挖掘，丰富了展览的内容与形式，文物保护的最新研究成果更好、更快地惠及了广大人民群众。

5. 科技手段在文物安全防范工作中发挥了重要作用

博物馆、文物保护单位利用科学技术加强安全防范，收到了明显的效果。1994 年以来，秦始皇兵马俑博物馆、沈阳故宫等 30 多个单位，在技术防范设施的帮助下，抓获了盗窃犯罪分子，保护了文物。

6. 各地文博单位的数字化、信息化工作相继开展，信息化建设初见成效

藏品信息管理系统逐步推广应用；国家科技专项"中国珍贵文物数据库"顺利完成；文物调查及数据库管理系统建设项目的试点目标基本实现；一批文博网站先后开通；中国数字博物馆立项工作业已启动；依托国家科技支撑计划项目，实施了古代琉璃构件基础数据库、木结构油饰彩画基础数据库、土遗址保护基础数据库、古代木结构建筑保护知识库、大遗址保护规划辅助支撑系统、京杭大运河遗产保护地理信息系统等一批信息系统的建设。

（五）国际合作进一步扩大

迄今为止，我国已经与联合国教科文组织，以及欧美、日本、柬埔寨等 30 余个国家和地区开展了文物保护科技交流与合作。我国正式加入联合国教科文组织国际文化遗产保护修复中心，并成为理事国；与美国、德国、意大利、日本等国的合作与交流取得

新进展，如中国文物古迹保护准则研究、文物保护修复人员培训、区域考古调查、敦煌石窟壁画保护、西安唐大明宫遗址保护、丝绸之路古迹保护、洛阳龙门石窟保护、东亚纸质文物保护等，提高了我国文化遗产保护科技水平；继续参加国际拯救柬埔寨吴哥古迹行动，援助完成周萨神庙的修复工程，茶胶寺保护的前期勘查和测绘工作业已启动；援助蒙古开展的博格汗达宫博物馆门前区修缮工程顺利竣工。通过国际交流与合作，有效地利用了国际优质科技资源，提高了我国文物保护科技工作水平，同时也向世界展示了我国文物保护的科技成就，还促进了不同国家、不同民族、不同文化背景下形成的文物保护理念的相互理解与认同。

三　启　示　篇

　　改革开放30年，文物保护科技工作走过了辉煌的发展历程，积累了丰富的经验，也为我们留下了诸多有益的启示。这些经验和启示弥足珍贵，值得借鉴和汲取。

　　第一，解放思想，是文物保护科技快速发展的原动力；

　　第二，落实科学发展观，坚持文物工作方针和科技发展指导方针，是文物保护科技又好又快发展的基本原则；

　　第三，不断建设和完善中国特色的文物保护理论体系，是文物保护科技发展的必然要求；

　　第四，坚持现代科技与传统技艺相结合，是文物保护科技工作的重要方法。

　　第五，以开放和务实的姿态组织跨学科、跨领域、跨部门、跨行业的联合攻关，是解决文物保护领域重点、难点和瓶颈问题的重要手段；

　　第六，加强科技基础条件建设和人才培养，加大对科技工作的可持续投入，是文物保护科技获得较快进步的重要条件；

　　第七，积极开展国际科技合作，是文物保护科技实现跨越式发展的有效途径。

　　第八，充分发挥科技对文物保护的支撑和引领作用，加强行业的自主创新能力，是实现从文化遗产大国向文化遗产保护强国转变的强大助力。

四　结　语

　　30年沧海一粟，30年意义非凡。从1978年迎来"科学的春天"，到1995年实施"科教兴国"战略，再到今天的全面贯彻落实"科学发展观"，"坚持自主创新，建设创新型国家"，理论的创新和思想的解放，为文物保护科技工作带来了更新、更强大的活力。回顾文物和博物馆事业的发展历程，科技筑就的是基石，是希望。在广大文物保护科技工作者的共同努力下，一个个重点、难点和瓶颈问题得以解决，科学和技术在文物保护领域的支撑和引领作用日益凸现，科技的色彩愈加鲜艳和醒目。科技兴则文物和博物馆事业兴，科技强则文物和博物馆事业强。我们坚信，在党中央、国务院的正确领导下，文物保护科技的明天将更加灿烂辉煌、文物保护科技的发展道路将越走越宽。

负责人：张　柏

统稿人：宋新潮

执笔人：罗　静

文物对外交流与合作改革开放 30 年

十一届三中全会以来，中国文物对外交流与合作，从初登国际舞台到全方位参与文物领域国际事务，逐步成长为国际文物领域的一支重要力量。纵观 30 年发展历程，中国文物对外交流与合作在维护我国国家利益、满足人民精神文化需求、宣传中华优秀文化、推进对外文化交流、推动文物事业发展等方面发挥了独特而重要的作用。

一　文物对外交流与合作的发展历程

（一）1978 年～1983 年：起步阶段

新中国的文物对外交流与合作肇始于对外文物展览。小到 1954 年日内瓦会议中国代表团会议室 12 件文物精品，大到 70 年代初中国赴亚洲、欧洲、非洲和大洋洲的 16 个国家举办文物展览，都为实现中国外交的突破、为实现文物事业的恢复发展作出了历史性的贡献，被赞誉为"文物外交"。

改革开放以来，对外文物展览秉承优良传统，开文物事业对外开放风气之先，为推动中国文物事业的发展做出特殊的贡献。出境文物展览数量从初期的每年二、三项发展到 1983 年赴境外举办文物展览近二十项；经费投入形式也演变为外方出资，从客观上突破了出境文物展览发展的经费瓶颈。1980 年在美国纽约、芝加哥、得克萨斯、洛杉矶、波士顿展出的《伟大的中国青铜器时代展》，1980 年开始在丹麦、瑞士、德意志联邦共和国和比利时举办的《中国古代艺术珍宝展》等展览影响之大，至今仍为人津津乐道。据不完全统计，这一时期，赴境外举办的中国文物展览总计达 48 项，观众近 1000 万人次，中方派出专业人员约 400 人次，为国家创汇近 200 万美元。文物展览为改革开放初期的中国文物对外交流与合作构建了宝贵的人员交往和学术交流的平台，也为中国文物事业提供了弥足珍贵的经费补充。尤为重要的是，通过文物展览，在文物领域，中国开始认识世界，世界也开始了解中国。

这一时期，随着国家对外文化交流事业的发展，作为政府间文化交流的一个组成部分，文物领域的政府间交流与合作逐步开展。土耳其、苏丹、印度、缅甸等发展中国家和德意志联邦共和国、罗马尼亚、南斯拉夫等社会主义国家是这一时期政府间文物交流的主体。

为规范管理而制定专门的规章制度，是这一时期文物对外交流与合作的重要内容。1978 年至 1982 年国家文物局先后发布了《关于外国人拍摄一级品文物需经国家文物局批准的通知》、《博物馆涉外工作的通知》、《关于文物事业涉外工作的几点意见》、《关于加强文物出口监管公告》等涉外法规性文件，为文物对外交流与合作工作提供了法律依据，有效地解决了各有关方面的职责问题，弥补了在管理和监督方面的职能缺位和法规缺失。特别是在 1982 年颁布的《文物保护法》中，对文物出境进境、尤其是文物出境展览作出详细规定，奠定了文物对外交流与合作的坚实基础。

（二）1983 年～2002 年：发展阶段

1983 年 7 月 25 日，应国际博物馆协会邀请，以文化部文物局局长孙轶青为团长的中国博物馆代表团赴英国伦敦出席国际博物馆协会第十三届大会。在本届大会上，中国博物馆学会作为中国国家委员会加入联合国教科文组织属下的国际博物馆协会。此后，中国先后于 1985 年加入联合国教科文组织《保护世界文化和自然遗产公约》，1989 年加入联合国教科文组织《关于禁止和防止非法进出口文化财产和非法转让其所有权的方法的公约》，1993 年加入国际古迹遗址理事会 ICOMOS，1997 年加入国际统一私法协会《关于被盗或者非法出口文物的公约》，2000 年加入联合国教科文组织《武装冲突情况下保护文化财产的公约》，2001 年加入国际文化财产保护与修复研究中心 ICCROM。中国加入与文化遗产有关的全部 3 个国际组织和 4 个国际公约，开辟中国文物事业的国际舞台，是改革开放以来文物对外交流与合作最显著的发展成果，有力地维护了国家利益，并引领中国文物对外交流与合作进入全新的发展阶段。其特点是：

一是有中国特色的中国文物对外交流与合作体系初步形成。除了文物对外展览和人员交换之外，我国还明显加强了与西方在考古领域的合作。1991 年国务院颁布《中华人民共和国考古涉外工作管理办法》，大大促进了合作考古的发展。我国的考古研究机构先后与美、加、法、英、德、日、澳等国的大学和考古研究机构合作开展了不同形式的合作考古调查和发掘。中国文博机构与世界银行、美国盖蒂研究所、美国梅隆基金会等国外民间机构和非政府组织的合作也开始启动。

二是法规、制度建设得到加强和完善。除了上文提到的《中华人民共和国考古涉外工作管理办法》之外，1993 年国家文物局颁布《关于加强文物对外交流与合作的意见》、《文物出国（境）展览暂行管理办法》及《文物出国（境）展览细则》；

1999 年,国家文物局对《文物出国（境）展览暂行管理办法》进行修订；2001 年颁布《出国（境）文物展品包装工作规范》、《出国（境）文物展览展品运输规定》和《文物、博物馆单位接受国外及港澳台地区捐赠管理暂行规定》。文物对外交流与合作的法规和制度建设与时俱进。

（三）2002 年至今：全面发展阶段

进入 21 世纪,国家外交、对外文化交流空前活跃,文物对外交流与合作进入全面发展阶段：

——政府间交流与合作成为工作重点和主渠道,在文物国际舞台表现活跃,交流与合作形式和内容不断丰富,规章、制度逐步完善。2006 年 12 月 7 日胡锦涛主席会见塞浦路斯总统帕帕佐普洛斯以及 2006 年 9 月 18 日温家宝总理会见意大利总理普罗迪时,都谈及发展文物领域的双边合作；2002 年以来,先后有中柬、中意、中蒙、中阿（阿富汗）、中印（印度）、中委（委内瑞拉）等 7 个文物领域的合作协定在国家元首的见证下签署,成为双边关系发展的重要成果。

——2004 年第 28 届世界遗产大会、2005 年国际古迹遗址理事会第 15 届大会等一系列文物领域国际会议在中国成功举办,为中国文物事业争取了更多的话语权,中国正在努力成为国际有关文物保护法规、管理措施和保护技术准则的主要制定者之一。

——对外文物展览在数量增长的基础上精品选出,高潮迭起,引起轰动。无论是 2003～2005 年中法两国互办文化年、2006～2007 年中俄"国家年"期间,还是 21 世纪初中日关系低谷时期,对外文物展览活动都促进了世界各国人民对中国人民的友好感情。仅 2002 年至 2007 年,中国即赴境外举办文物展览 346 项,观众达上千万之众。

——文物对外交流与合作形成体系,有序开展。涉外馆际交流规模逐步扩大,除出国（境）文物展览数量持续增长外,来华文物展览也不断增多。涉外考古稳步发展,中国考古界不仅积极引进来,而且"走出去"积极参与境外的考古学研究,柬埔寨、肯尼亚、俄罗斯、蒙古等国都留下了中国考古学家的足迹。中国与国外民间机构和非政府组织的合作初显规模效应,与美国盖蒂保护所和梅隆基金会等机构开展的合作已经成为长期项目。

——规章制度的完善和规范不仅是文物对外交流与合作工作的需要,也是依法行政、建设法治国家的必然要求。近年来,《世界遗产保护管理办法》、《文物出国（境）展览管理规定》等许多涉外法规性文件相继出台；2002 年修订的《文物保护法》对出国（境）文物展览、文物出境进境等涉外工作做出了详细的规定。完善的法规和健全的制度成为中国文物对外交流与合作工作健康发展的有力保障。

二 在历史性转变时期，文物对外交流与合作取得重要成果

改革开放 30 年来，在党中央、国务院的领导和关心下，在外交部和文化部的具体指导下，全国文物外事工作者在配合我国整体外交、弘扬我国优秀传统文化、促进文物事业发展等方面努力工作，文物对外交流与合作取得令人瞩目的成绩，呈现蓬勃发展的大好局面，取得突破性进展。

（一）文物对外交流与合作成为国家重大外事活动的亮点和特色，得到党中央、国务院的高度重视

党和国家领导人多次亲自参与文物对外交流与合作的有关活动。

2004 年 6 月 28 日至 7 月 7 日，联合国教科文组织第 28 届世界遗产委员会会议在苏州召开，这是世界遗产委员会会议第一次在中国举办。胡锦涛同志向大会发来贺词，表明中国政府对文物工作的高度重视，极大地激发了全社会的文物保护意识。

2004 年 1 月胡锦涛主席访法时，在法国总统希拉克的陪同下专程参观了在巴黎吉美博物馆举办的《孔子文物展》，原定 40 分钟的参观时间延长到 2 小时，至今被传为佳语。2005 年 12 月出访英国期间，胡锦涛主席与英国女王伊丽莎白二世共同为《盛世华章——故宫博物院藏文物精品展》剪彩。胡锦涛主席在剪彩后指出："一个好的文物外展能够起到外交家无法起到的作用。"对文物展览在国家外交工作中的作用给予高度评价。

2004 年 10 月法国文化年开幕，温家宝总理与来访的法国总理拉法兰共同出席在故宫博物院举办的《路易十四时期艺术展》开幕式并参观展览。2004 年 5 月 18 日国际博物馆日，李长春同志会见来访参加有关活动的国际博物馆协会主席雅克·佩罗特一行。

参观历史文化遗址或博物馆，已经成为正式国事访问的必选项目。故宫博物院是最早开放接待外国国家元首的博物馆，改革开放以来，故宫博物院接待的外国国家元首不胜枚举。1978 年，时任法国总理的希拉克参观陕西秦兵马俑发掘工地后题词："世界上曾有七大奇迹，秦俑的发现可以说是第八奇迹了。不看金字塔，不算真正到过埃及；不看秦俑，不算真正到过中国。"2007 年法国总统萨科齐上任后首次访华，将参观秦兵马俑作为访华第一站。

（二）文物对外交流与合作的工作与时俱进，重心调整取得明显成效

2002 年以来，政府间交流与合作成为文物对外交流与合作的工作重点。贯彻"周边是重点，大国是关键，发展中国家是基础"的外交工作方针，我与发达国家、发展

中国家和周边国家在文物领域的交流与合作也愈加密切，成为我国与许多国家发展双边关系的重点领域，成为我国外交工作总体战略的有机环节。

一方面，积极执行政府间文化交流计划，先后对 40 余个国家进行正式访问，并接待了多个国家政府代表团。通过政府互访和人员培训，中国与这些国家加深了相互了解，为双方在文物领域进一步合作创造了条件。

另一方面，政府间交流与合作的范围和领域不断拓展。自 1988 年意大利第一个文物领域政府代表团访华以来，中意两国在文物领域的交流与合作发展顺利，成果丰硕。2006 年，中意两国在 20 年长期合作的基础上签署了政府间《关于防止盗窃、盗掘和非法进出境文物的协定》、《中国国家文物局与意大利文物部关于文物保护合作的谅解备忘录》以及《中国国家文物局与意大利文物部关于合作建立中意文物保护中心的谅解备忘录》等。

与肯尼亚签署《中华人民共和国国家文物局与肯尼亚共和国国家遗产部关于在拉穆岛进行合作考古的协议》。根据这个协定，中国从 2006 年起组织专业人员赴肯尼亚开展"肯尼亚出土的中国古代瓷器调查与研究"和中肯合作水下考古项目。这是中国首次与非洲国家合作开展考古发掘项目。中非在文物领域的实质性合作走出第一步。

与柬埔寨、巴基斯坦、越南、蒙古、阿富汗等周边国家签署文物保护领域的合作协定，中国承诺在文物领域向上述周边国家提供包括文物修复和联合考古在内的援助。与印度政府签署了《关于防止盗窃、盗掘和非法进出境文物的协定》和《关于保护文物的谅解备忘录》、与韩国文化财厅签署文物保护合作协定，中国与周边国家在文物领域已经进入全面合作阶段。

（三）针对国际公约和国际组织的工作水平有明显提高，参与程度和影响力显著增强

中国加入并积极履行国际公约、参与国际组织工作既拓展了我国的对外开放领域，有利于发挥我国在国际文物领域的作用，也促进了国际文物保护先进理念在我国的传播。

2002 年以来，中国先后成功举办、申办和参加多个重要的国际公约及国际组织会议。除上文提及的 2004 年联合国教科文组织第 28 届世界遗产委员会苏州会议之外，2005 年 10 月，国际古迹遗址理事会第十五届大会在西安召开，来自 80 多个国家近千名代表出席了大会。这是中国首次承办该组织大会。2006 年 10 月，国际古迹遗址理事会国际保护中心在陕西西安成立。这是继国际古迹遗址理事会大会后，中国与该组织的进一步合作。2006 年 5 月，在国际博物馆协会巴黎大会上，我国上海市取终以得票超过莫斯科而胜出，获得了 2010 年国际博物馆协会第 22 届大会的主办权。这是继世界遗

产大会和国际古迹遗址理事会大会在我国成功举办后，中国将举办的又一个重要的国际组织大会，对于推动中国博物馆事业的发展，全面展示中国博物馆的发展水平，意义重大。

中国积极参与国际公约和国际组织会议，表明我国政府对文物保护领域国际事务的基本立场，以及履行有关责任和义务的积极态度，得到国际组织的充分肯定，在国际文博界产生良好反响。

中国专家进入三大国际组织领导层，在国际组织有关办事机构担任重要职务：2002 年，中国文物保护规划专家吕舟当选国际文化财产保护与修复研究中心理事会理事；2004 年，中国科技博物馆馆长李象益当选国际博物馆协会执委会委员，中国博物馆学会理事长张文彬当选国际博物馆协会亚太地区委员会副主席，另有多人担任国际博物馆协会多项分委员会理事；2005 年，国际古迹遗址理事会第十五届会议上，中国世界遗产专家郭旃当选国际古迹遗址理事会副主席，2008 年又获连任。中国在国际组织中维护人类文物保护的普遍原则，不仅得到广大发展中国家的拥护，也得到文物保护先进国家的理解和支持，在国际组织中的重要作用日益凸显。

中国还积极参与国际组织发起的国际行动。近年来，响应有关国际组织的提议，我国先后参与了联合国教科文组织发起的援助柬埔寨吴哥古迹修复国际行动和联合国教科文组织世界遗产中心发起的丝绸之路联合申报世界遗产项目。经过 10 年努力，中国援柬周萨神庙修复工程于 2007 年初完工并通过验收。中国专家和工程技术人员的出色工作不仅得到柬埔寨文物部门、联合国教科文组织以及国际古迹遗址理事会的高度评价，也得到参与国际行动的法国、德国、日本等国家专家的一致赞誉。在吴哥古迹维修国际行动中，众多国家同场竞技，周萨神庙修复工程向世界展示了中国文物保护的水平，为中国文物事业赢得了国际社会的尊重。在联合国教科文组织世界遗产中心的倡议下，中国联合丝绸之路沿线国家积极开展丝绸之路文化线路申报世界遗产的探索。2006 年，中国、哈萨克斯坦、吉尔吉斯斯坦、塔吉克斯坦、乌兹别克斯坦等五国先后在中国吐鲁番和乌兹别克斯坦撒马尔罕召开丝绸之路申报世界文化遗产会议，达成《丝绸之路跨国联合申报世界遗产吐鲁番初步行动计划》。中国的积极行动有力地推动了联合申报工作的进程，得到世界遗产中心和丝绸之路沿线国家的充分肯定。

打击文物走私国际合作在有关国际公约框架下也取得重要进展。依据公约规定，我国争取与更多国家政府签署关于防止盗窃、盗掘和非法进出境文物的双边协定。经过努力，目前中国已经与秘鲁、意大利、印度、菲律宾、希腊、智利、塞浦路斯、委内瑞拉等 8 个国家签署了此类双边协定，并正在与美国、西班牙、波兰、俄罗斯、阿尔及利亚、墨西哥等国家开展有关工作，积极推动协定尽早签署。同时，中国积极履行相关国际公约及双边协定的责任和义务。2002 年以来，中国多次将秘鲁丢失文物的有关信息通报相关单位。

（四）对外文物展览在机遇与挑战中再创辉煌

对外文物展览不仅向世界人民介绍了博大精深的中国古代文化，也展现了改革开放给中国带来的深刻变化。中国通过文物展览所表现的悠久文明和现代活力，对于世界有着巨大而永恒的魅力。因此，长期以来，对外文物展览一直是中外文化交流中最有影响、最受欢迎、最具特色、最有实效的活动。

对外文物展览策划和筹办质量进一步提高，展览精品相继涌现。其中最突出的是由国家文物局与纽约大都会博物馆共同举办的《走向盛唐展》：历时 7 年筹备，2 年内先后在美国、香港、日本等 3 个国家和地区 6 个博物馆展出，观众总计达 110 万人，展费总收入近千万元人民币，中方派出交流人员 78 人，出版展览图录 3 种。《走向盛唐展》不仅是近年来我国赴境外举办的规模最大、规格最高、展品最丰富的展览，也是近年来学术影响较大、社会影响较大、中方收获最大的展览，是对外文物展览精雕细琢的成功范例，也成为中美两国共同举办的具有里程碑意义的重大文化交流项目。

对外文物展览成为双边外交活动的亮点，在国外引起热烈反响。2003 年 10 月至 2004 年 7 月中国文化年期间，国家文物局组织了《四川省出土文物展》、《孔子文化展》、《康熙时期艺术展》以及《神圣的山峰展》赴法国展出，在中外文化交流史上写下流光溢彩的一章。塞纳河畔的中国文物展览不仅点燃了法国乃至整个欧洲对中国文化积蓄已久的向往、惊叹和热情，而且激发了法国社会对中国和中国人民的友好感情。正如希拉克总统指出："中国文物展览是对中法两国友谊的重大贡献。"虽然中国文物展览接踵而至，但法国观众似乎永远都不会对中国文物展览产生审美疲劳。他们排起购票的长龙，等待参观；他们在每一件展品前驻足，感叹中国古老而悠久的文明；他们甚至一而再、再而三地参观同一个展览，只因为热爱。正如希拉克总统在参观中国文物展览时说："法国人对中国文化有着浓厚的兴趣。"因此，每一个中国文物展览都有为确保文物安全而限制参观人数的记录；每一个中国文物展览都有厚厚几大本的观众留言簿，写满了观众的惊叹、赞美和感谢。喜爱展览的绝不仅仅是法国公众。参观展览的人流中，不乏来自欧洲及北美的观众。展览留言簿上频频出现他们对没有英文展品说明的抗议。中国文物展览的吸引力和号召力由此可见一斑。据不完全统计，中国文化年文物展览的观众总人数近 80 万人次。特别是《孔子文化展》还创造了法国国家吉美博物馆自 1882 年作为博物馆对公众开放以来展览参观人数的最高纪录。中国文化年期间，包括

《费家罗报》、《世界报》、《巴黎人报》、法国电视 1 台、2 台、3 台在内的法国乃至欧洲的主流媒体都对文物展览进行了点面结合的综合报道和评论。《纽约时报》也发表评介文章，对展览进行报道评论，实属罕见。

文物展览在国家外交工作中担负特殊使命。本世纪初中日关系处于低潮，在外交部、文化部和我驻日使馆的大力支持下，2004 年我国西安发现遣唐使井真成墓志一事曾在中日两国引起极大轰动。2005 年 5 月井真成墓志赴日展出，数十万观众慕名前往参观，场面极其热烈。不少有识之士纷纷发表缅怀文章，呼唤要"以史为鉴，面对未来"；日本媒体也期待通过此展唤起日本政治、经济界对两国历史的全面回顾与反思；日本民众也开始思考如何改善与中国及邻国的关系。国务院新闻办、人民日报社和日本朝日新闻社又在东京召开了题为"围绕遣唐使井真成墓志—思考东亚文化交流"的大型研讨会。2005 年 8 月《遣唐使与唐代美术展》在东京国立博物馆展出，日本天皇夫妇参观该展。日中友好协会会长平山郁夫先生为展览发表致辞："21 世纪的今天，日中两国关系出现了一些坎坷，不少有识之士为之担忧，遣唐使墓志的发现，仿佛让我听到了超越 1200 年前的声音，它呼唤日中两国人民要友好相处"。《走向盛唐展》也于此时在东京开幕，3 位前首相中曾根康弘、桥本龙太郎和森喜朗出席展览开幕式，盛况空前。中曾根康弘在开幕致辞中号召人们珍惜日中关系，共同开拓亚洲的未来。他的致辞在日本引起了极大反响。日本的社会舆论和媒体呈现出有利于改善两国关系的气氛。这些文物展览为改善中日两国关系发挥了独特的作用，有评论说，（中国文物展览）为处于低潮中的中日关系吹进了一缕春风。

以文物展览为契机，激活中外学术交流。中外学术界积极参与展览的组织、筹备，展览期间还共同组织讲座、研讨会等学术交流活动。"展览搭台，学术唱戏"，以学术促展览，以展览助学术交流，不仅拓展了文物展览的广度和深度，也为专业领域的合作与交流创造了条件。

（五）文物领域对口业务交流与合作呈现多层次、多渠道、多形式的全方位发展态势

涉外馆际交流规模逐步扩大，除出国（境）文物展览数量持续增长外，来华文物展览也不断增多。2004 年全国共举办出国（境）文物展览 64 项，来华文物展览 12 项，2005 年为 74 项和 13 项；2006 年为 74 项和 19 项。同比持续增长。

涉外馆际交流的内容愈加丰富。故宫博物院先后与法国卢浮宫博物馆、英国大英博物馆、美国大都会博物馆和俄罗斯艾尔米塔什博物馆等世界级博物馆签署了全面合作协议，2005 年成功举办了题为"紫禁城对话"的博物馆馆长高峰论坛。通过这些活动，

中国博物馆及时引进了国际博物馆的最新理念，并且树立了中国博物馆的崭新形象，为中国博物馆赢得了赞誉和尊重。

中国文博单位与外国民间机构和非政府组织的合作为中国文物保护事业争取了更多的资金、技术和人才支持。国家文物局与盖蒂研究所的合作已经进入第六阶段，其中盖蒂研究所与敦煌研究院合作开展的敦煌壁画保护项目已经进行了17年，得到国际社会的广泛好评。由于该项目成果显著，盖蒂研究所该项目负责人内维尔·阿格纽先生被我国政府授予2006年度国际科技合作奖。近年来，盖蒂研究所还参与了《中国文物保护准则》的制定和中国文物保护人员培训项目，先后组织中方人员赴盖蒂研究所和澳大利亚亚瑟港文物古迹保护与规划高级研讨班学习。美国梅隆基金会长期致力于支持中国文物保护和博物馆事业的发展，正在进行的敦煌壁画数字化保护项目旨在通过数字化技术的应用提高敦煌壁画的信息采集水平以及敦煌学的研究水平；2001年梅隆基金会启动了中国博物馆馆长培训项目，先后为中国培训了5期15位博物馆馆长，并于2006年与国家文物局合作在北京召开了中美博物馆论坛，推动现代博物馆理念和实践在中国的传播以及中国博物馆向现代博物馆的转变。2005年，国家文物局与美国规划师协会签署了交流合作谅解备忘录。根据备忘录，美国规划师协会将在文物保护规划方面给予中国技术支持。同年，单霁翔局长获得美国规划师协会授予的杰出人物奖。

涉外考古及研究、科技保护、人员培训合作水平稳步提高。中德合作保护秦俑彩绘项目及中英、中美合作保护敦煌莫高窟项目取得突破性进展。中国与德国、瑞士、美国、英国、加拿大、日本等国进行的合作考古发掘与合作研究项目不断深入，合作形式和内容更加多样化，包括勘探、调查、发掘和研究等各个方面；合作更加注重提高科技含量和学术水平，重在通过合作把握世界考古学的研究方向。这些合作为中国考古界了解世界考古学的前沿理论，丰富研究内容，提高研究层次，扩大中国考古学在世界的影响和国际地位产生了积极作用。

涉外培训工作多元发展。中意合作文物保护修复人员培训项目一、二期合作顺利实施。中日合作丝绸之路沿线文物保护修复技术人员培训进展顺利。"亚非国家文物保护管理研修班"，为亚洲和非洲的15个国家培训了23名文物管理官员。故宫博物院自2005年起，每年接收美国耶鲁大学学生在该院实习，这是中国博物馆界第一次批量接受国外学生实习，不仅有助于扩大中国博物馆在国际社会的影响，而且有助于传播和弘扬中华历史文化，增进中美两国人民的友谊。2006年4月21日晚，正在美国访问的国家主席胡锦涛应邀在耶鲁大学发表重要演讲时，还专门提及此事。

（六）在加强与港澳台同胞的血肉联系方面卓有成效

与澳门文化局紧密合作，澳门历史城区申报世界遗产获得成功。澳门历史城区成为澳门的新名片，向世界展示了澳门的文化内涵和历史积淀以及澳门回归祖国后的崭新面貌，极大地增强了澳门社会的凝聚力。

为配合国家对香港和澳门特区的工作，增强两地公众对中国传统文化的认知和认同，加强两地与内地的联系和交流，积极促成内地文物展览赴香港和澳门展出，内地与香港和澳门地区的展览交流更加频繁。应香港特区政府康乐与文化事务署的请求，国家文物局促成《走向盛唐展》于 2005 年赴港展出。在 3 个月展期内，参观人数高达 29.6 万人次，高峰时一天观众竟有 1.3 万人，不得不采取措施控制流量，成为近年来香港特区最成功的展览。

在国务院台办的指导下，在对台工作中积极发挥作用。文物展览超越政治色彩，不仅能够维系两岸人民感情，密切两岸人民关系，而且通过传播中国传统文化，能够增强台湾公众，特别是年轻一代对中国文化的认同感。自 2004 年以来，祖国大陆先后赴台湾举办《敦煌艺术大展》等 20 余项文物展览，受到台湾民众的广泛欢迎，有力地宣传了两岸同祖同宗、血脉相连的亲情，有力地反击了台独企图，取得了积极的政治成果。

三　文物对外交流与合作取得的基本经验

文物对外交流与合作 30 年来成绩斐然，究其根本原因，在于改革开放为中国社会创造的良好发展环境。回首文物对外交流与合作 30 年发展历程，可以得出以下一些重要经验和有益启示：

坚持改革开放，坚持"解放思想、实事求是"，坚持以马列主义、毛泽东思想、邓小平理论、"三个代表"重要思想和科学发展观为指导，坚持贯彻执行党的外交工作和文物工作方针，为文物对外交流与合作始终沿着正确的方向健康发展提供了思想基础。

国家繁荣稳定、民族兴旺发达、人民安居乐业，国家的国际地位迅速提升、文物事业蓬勃发展以及党和国家高度重视为文物对外交流与合作提供了前所未有的发展机遇，注入勃勃生机。

文物对外交流与合作必须以服务外交大局，服务对外文化交流，服务文物事业，确保国家利益和广大人民群众最根本的利益为根本目标。

文物对外交流与合作必须加强法制建设，不断健全和完善相关法规体系，依法加强管理，保证文物对外交流与合作沿着法制化、科学化、规范化的轨道运转。

文物对外交流与合作必须牢固树立大局意识、主权意识、文物安全意识和知识产权意识，时刻把国家利益、文物安全放在首位，警钟长鸣，严防死守，使文物对外交流与合作后顾无忧，有所作为。

文物对外交流与合作必须坚持改革开放，紧跟时代发展，开拓创新，锐意进取，使文物对外交流与合作始终保持生机与活力，不断开创文物对外交流与合作的新局面。

党的十七大报告指出："加强对外文化交流，吸收各国优秀文明成果，增强中华文化国际影响力。"这是党中央对包括文物对外交流与合作在内的对外文化交流的要求和工作部署。党的十七大为文物事业、文物对外交流与合作带来前所未有的发展机遇，同时也赋予文物对外交流与合作工作更加艰巨的任务。文物对外交流与合作应抓住机遇，乘势而上，坚持改革开放，坚定不移践行科学发展观，立足文物事业，服务国家外交工作大局，加快推进历史性转变，作出更大的贡献。

负责人：董保华

统稿人：刘曙光

执笔人：朱　晔

文物保护经费保障改革开放 30 年

党的十一届三中全会以来，我国现代化建设突飞猛进，国民经济和社会事业不断取得辉煌成就，综合国力日渐增强，从而为我国文化遗产事业的长足发展与进步提供了强大而可靠的支撑和保障。改革开放 30 年，伴随着国家对文物保护经费投入的持续大幅度增加，我国文物、博物馆事业的面貌发生了根本改变。

1978～2008 年中央政府文物保护专项经费投入一览表

（单位：万元）

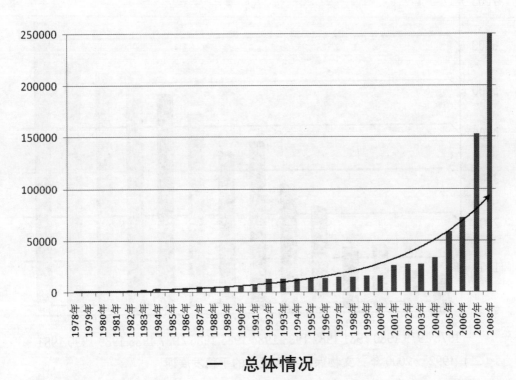

一　总体情况

改革开放以来的 30 年，是我国文物保护经费投入迅猛增长的 30 年。仅从国家文物局掌握的数据看，中央文物保护专项转移支付资金从 1978 年的 0.07 亿元增加到 2008

年的 25.20 亿元，30 年间增长了 363 倍，较 1973 年设立之初翻了 10 番。改革开放 30 年，中央政府对文物保护经费的专项资金投入大体经历了三个发展阶段：

（一）1978 年—1991 年：中央文物保护经费投入主渠道的构建期

"国家重点文物保护专项补助经费"设立于 1973 年，但开始规模很小，前 5 年累计安排经费仅为 990 万元。1978 年，党的十一届三中全会召开，当年专项补助经费投入达到了 693 万元，比上年增加 521 万元，增幅达 303%。1982 年，《中华人民共和国文物保护法》颁布实施，此后中央政府每年安排的国家重点文物保护专项助经费逐步增长，至 1991 年已增加到 6474 万，初步建立了中央政府文物保护经费投入的主渠道。从 1978 年至 1991 年，中央政府共投入文物保护专项补助经费 49,119 万元，年均 3508.9 万元，基本呈现出逐年增长的态势。

1978～1991 年中央政府文物保护专项经费投入变化

（单位：万元）

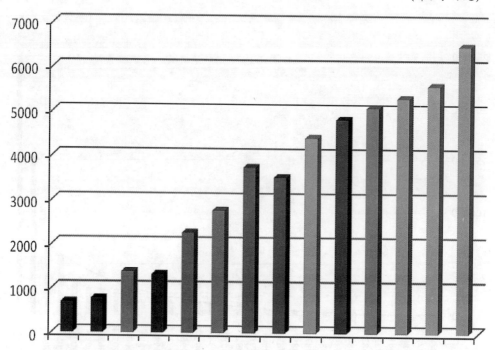

（二）1992～2000 年：文物保护经费投入的平稳发展期

1992 年，小平同志南巡，带来了改革开放的又一个春天；同年，国务院批准施行了《中华人民共和国文物保护法实施细则》，召开了全国文物工作会议，中央政府对文物保护工作日益重视，文物保护经费投入也进入了一个新的阶段，呈现出两个显著的特点：

一是国家重点文物保护专项补助经费得到了大幅度增加。1992 年，经费年投入规模历史性的越过亿元大关，达到 1.34 亿元，比上年增加近 7000 万元。而为了加强对专项资金的管理，提高资金使用效益，1993 年，财政部和国家文物局共同制定了《国家重点文物保护专项补助经费管理办法》，规范了经费使用范围和程序。

二是自 1992 年起，中央政府对文物保护经费投入的范围从文物本体保护拓展到了文物保护设施建设。原国家计委设立了"中央抢救性文物保护设施建设专项资金"，每年投入 2500 万元，连续投入十多年。

从 1992 年至 2000 年，中央财政共安排文物保护专项转移支付资金 12.61 亿元，年均 1.4 亿元，文物保护经费年投入稳定在亿元水平，并基本保持一定的增长规模。

1992～2000 年中央政府文物保护专项经费投入变化

（单位：万元）

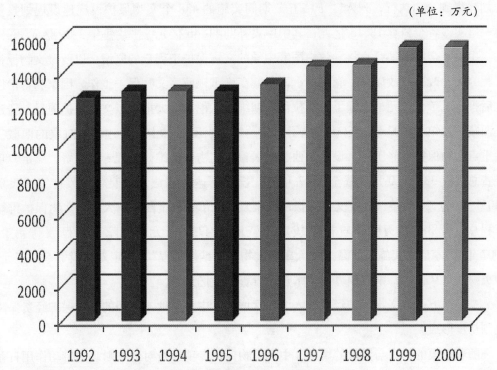

（三）2001～2008 年：文物保护经费投入的快速增长期

2002 年，全国人大常委会颁布了新修订的《中华人民共和国文物保护法》，明确规定"国家用于文物保护的财政拨款随着财政收入增长而增长"；2005 年，国务院印发了《关于加强文化遗产保护的通知》。党和政府对文物保护事业空前的重视，带来了文物保护经费投入形势的显著变化，主要表现在两个方面：

　　一是中央专项经费在资金总量上实现了"井喷"式增长。

　　首先是"国家重点文物保护专项补助经费"逐年大幅度提高。中央财政在短时间内新设了 3 个专项经费，使国家财政投入总量再创新高。2005 年，中央财政设立"大遗址保护专项经费"，核定"十一五"期间大遗址保护专项经费投入总量为 20 亿元，设立当年便投入 2.5 亿元，2006 年增至 3.8 亿元，2007 年增至 4.2 亿元；2007 年 4 月，国务院印发了《国务院关于开展第三次全国文物普查的通知》，中央财政设立了第三次全国文物普查专项经费，核定专项经费总规模为 2.06 亿元；2008 年，为配合全国博物馆、纪念馆的免费开放，中央财政及时设立了博物馆免费开放专项资金，2008 年 12 亿元，2009 年 12 亿元。

　　其次，"中央抢救性文物保护设施建设专项资金"总量也得到显著增长。2006 年，国家文物局与国家发改委联合编制的《国家"十一五"抢救性文物保护设施建设专项规划》得到全面执行，列入"十一五"期间实施的 438 个文物保护设施建设规划投资逐一落实，资金概算 18.13 亿元，其中中央补助 11.46 亿元，平均每年 2.29 亿元。

　　中央资金的增加，直接导致由国家主导的文物保护工程量的剧增。以西藏文物保护工程为例，改革开放以来，党中央、国务院高度重视西藏文物保护工作，国家和自治区先后投入了 7 亿多元，实施了布达拉宫一期维修工程等一大批重点文物保护项目，新建了西藏博物馆。2002 年，启动实施了以布达拉宫、罗布林卡、萨迦寺为对象的西藏三大重点文物保护维修工程，设立了西藏三大重点文物保护维修工程专项经费，核定专项经费总规模 33330 万元。截至 2007 年底，投资下达和完成情况良好，累计完成投资 24051 万元。2008 年，国家文物局报请国家发展改革委核定西藏三大重点文物保护维修工程总投资 38059 万元，较初期核定投资增加 4729 万元，保障了工程顺利完工。2007 年，国家启动实施了西藏"十大重点文物保护维修工程"，核定专项投资 5.7 亿元，中央财政 2.9 亿元，中央预算内基本建设投资 2.8 亿元。

　　二是地方政府文物保护经费投入大幅度增加，中央与地方共担的文物保护经费保障机制初步形成。

　　随着规模的扩大与数量的增加，中央文物保护专项经费对地方财政的带动作用日益显现，地方各级财政对文物保护的经费投入也迅速增加。以陕西省、河南省、北京市和第三次全国文物普查工作为例：

　　"十五"以来，陕西省省级财政资金设立的文物保护专项经费年度"基数"不断增长，1994～2005 年间年度"基数"为 400 万～660 万元；2006 年提高到 1097 万元，当年另追加 5000 万元；2007 年、2008 年在维持 1097 万元"基数"不变的同

时，另追加年度经费各 4000 万元。河南省各级财政在 2003～2007 年间累计投入
71454 万元，其中，省级财政投入 6690 万元，市级财政投入 60579 万元（含隋唐洛阳
城征地、拆迁 18060 万元，殷墟遗址环境整治 13600 万元。），县级财政投入 4185 万
元。北京市市级财政 1992 年以来安排的每度文物保护经费迅速增加，1992 年增至
400 万元，2000～2002 年间每年快速增至 11000 万元，2003～2007 年每年达到 12000
万元，2008～2015 年间每年将达到 15000 万元。第三次全国文物普查工作也得到地
方各级财政的经费投入，2007 年中央财政拨付各省普查经费 6000 万元，地方各级财
政安排经费 12700 万元；2008 年，中央财政拨付经费 5882 万元，截至 5 月底，地方
各级财政经费投入已达 35818 万元。

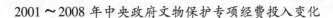

2001～2008 年中央政府文物保护专项经费投入变化

（单位：万元）

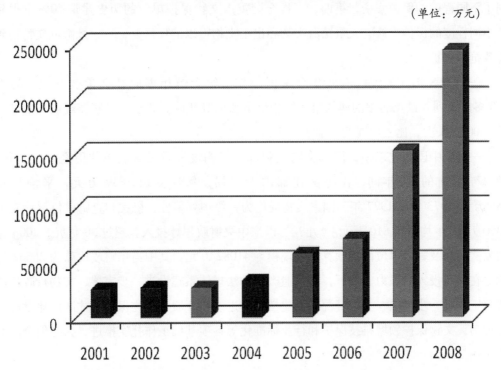

2001 年开始，中央财政安排文物保护专项转移支付资金跃上了 2 亿元的新台阶，并呈现
出加速增长的态势，2005 年达到 5.87 亿元，2007 年超过 15 亿元，2008 年超过 25 亿元。

30 年文物保护经费投入的持续增长，带来了文物事业的可喜进步，成就了文物事
业的健康发展。

——从 1978 年到 2007 年，文博行业从业人员由不足 1.2 万增加到超过 8.68 人，文物
系统博物馆数量从 349 座增加到 1722 座，文物保护管理机构从 295 个增加到 2229 个。

——从 1978 年到 2007 年，我国组织开展了第二次全国文物普查和三次馆藏一级文物鉴定确认工作；启动了全国国有馆藏文物调查与数据库管理系统建设，以及长城资源调查、大运河资源调查等文物资源调查工作；完成了全国重点文物保护单位和馆藏一级文物建档工作；文物保护基础工作不断加强。2007 年，第三次全国文物普查全面启动。

——从 1978 年到 2007 年，国务院先后公布了第二到第六批全国重点文物保护单位，已公布的全国重点文物保护单位 2351 处，省级文物保护单位 8831 处；市县级文物保护单位 58371 处；公布国家历史文化名城 109 座；公布三批国家历史文化名镇 85 处、名村 72 处；我国世界遗产地总数达到 37 处。目前，全国已经初步形成单体文物、历史地段、历史性城市的多层次保护体系。

——从 1978 年到 2007 年，第二、第三批全国重点文物保护单位的历史建筑 90% 得到了不同程度的保护修缮，第四、五批全国重点文物保护单位的历史建筑 50% 也得到了不同程度的保护维修；大量馆藏文物和出土文物得以清理修复；一大批濒危文物得到有效抢救保护。

——2008 年，全国已有 450 余家博物馆、纪念馆相继向社会免费开放，另有 200 多家未列入试点名单的博物馆、纪念馆主动免费开放。截至 5 月底，观众人数已突破 2300 万人次，比去年同期增加了 1.5 倍。

——新中国成立以来，国家文物主管部门机构设置及其直属单位历经多次变化。1972 年以前的 15 年间，作为文化部内设司局，累计支出 3839 万元，平均每年 255 万元；1973 年至 1977 年，国家文物局作为一级预算单位，机关和直属单位累计支出 4050 万元，平均每年 810 万元。"九五"以来中央财政累计投入就超过 30 亿元，2008 年国家文物局及直属单位部门预算支出规模为 41082 万元，其中当年财政拨款为 26662 万元。在财政投入的强力支撑下，文化遗产保护法规体系建设进一步完善，文物行政执法督察工作进一步加强，文物资源调查建档工作进一步开展，文物保护人才队伍建设进一步推动，文物保护领域科技保护和行业标准化等各项基础工作扎实推进，为开创全国文物工作新局面奠定了坚实的基础。

二　经验和启示

（一）文物保护经费投入增加是党中央、国务院高度重视文化遗产工作的结果，"五纳入"政策推动各级政府加大文物保护投入效果明显

新中国成立以来，特别是改革开放以来，中央政府一直十分重视文物行政管理体制

的建立，不断根据社会发展和文物工作的需要，调整和完善文物管理体制，规范和明确其职责，为文物事业的深入健康发展创造了条件。1987 年，国家文物主管部门从文化部分离出来，独立行使职权，计划、财政、物资分配等单列户头。是年，国家文物事业管理局即报经国务院发布了《关于进一步加强文物工作的通知》，明确提出"在财政计划中，落实文物经费，并争取逐年有所增加。"

1992 年在西安召开的具有里程碑意义的全国文物工作会上，当年国家文物保护专项补助经费从上年的 6474 万元增加到 12650 万元，当年全国文物事业支出规模达到 7.2 亿元，较 1991 年净增加 1.9 亿元，较 1978 年的 7800 万元翻了三番多，创 1978 年以来的最大增长额。

1997 年，国务院颁发了对文物、博物馆事业产生重大积极影响的《关于加强和改善文物工作的通知》，通知的主要内容就是要求各级政府贯彻落实"五纳入"，即将文物保护纳入当地经济和社会发展计划，纳入城乡建设规划，纳入财政预算，纳入体制改革，纳入各级领导责任制。2002 年，国务院召开全国文物工作会议，再次强调对文物工作要切实做到"五纳入"，要求继续加大文物保护的投入。

2003 年，国家文物局、中央编办、国家发展改革委、财政部、建设部、文化部、国家税务总局等部门联合向各省、直辖市、自治区政府和省级相关部门发出《关于进一步做好文物保护"五纳入"的通知》，明确要求各级政府具体落实文物保护的责任，从而把"五纳入"进一步具体化。

2007 年，胡锦涛总书记在党的十七大报告中强调指出，要"加强中华优秀文化传统教育，运用现代科技手段开发利用民族文化丰厚资源。加强对各民族文化的挖掘和保护，重视文物和非物质文化遗产保护"。总书记的这一重要指示，不仅为我国文物事业的发展注入更为强劲的动力，同时也充分表明，保护好我国的文化遗产、弘扬优秀民族传统已经成为全国人民的共同愿望，成为党和政府不可动摇的坚强意志。

在党中央、国务院的高度重视下，文物保护"五纳入"工作在全国逐步落实，极大地提升了文物工作的社会地位和全国文化遗产事业的整体水平。由于"五纳入"对各级地方政府落实文物保护经费投入责任提出了明确规定，各级地方政府普遍设立了文物保护专项资金，用于文物事业的经费逐年增加。

从行业面看，根据文物业统计数据，我们整理了 1996 年以来的文物部门四类机构财政拨款情况（见下图），通过对 1996 年和 2007 年单个机构平均获得财政投入情况进行比较，可以清楚看到其增长幅度分别为：以文管所为代表的文物保护机构 2.25 倍，博物馆 2.72 倍，以考古所为代表的文物科研机构 3.25 倍，其他文物机构（杂志社、鉴定站、信息中心等）3.28 倍。

文物部门四类机构历年机构平均财政补助收入

（单位：千元）

年度	文物保护机构		博物馆		文物科研机构		其他文物机构	
	财补收入	机构平均	财补收入	机构平均	财补收入	机构平均	财补收入	机构平均
1996	141773	75.86	408962	337.99	26121	653.03	13758	191.08
1997	162053	85.92	484283	380.13	35526	696.59	11203	143.63
1998	172744	90.82	521777	392.02	39622	747.58	15980	221.94
1999	183277	94.62	632421	466.39	45844	818.64	10731	157.81
2000	202359	102.41	661190	477.74	54067	948.54	22927	327.53
2001	247012	123.08	968994	666.43	70394	1050.66	8157	116.53
2002	274162	130.86	1121947	745.98	77590	1077.64	23134	379.25
2003	348974	164.84	1250019	828.38	92492	1233.23	27792	391.44
2004	412146	192.32	1468797	958.12	122975	1518.21	25560	323.54
2005	495392	226.62	1667313	1054.59	128930	1465.11	800611	10264.24
2006	544854	247.21	2037403	1259.99	204793	2275.48	69529	817.99
2007	544854	247.21	2037403	1259.99	204793	2275.48	972295	817.99

（二）改革开放以来国民经济高速发展，财政收入大幅增长，为文物保护经费投入提供了坚实的物质基础

改革开放以来，我国国民经济一直处于高速发展状态，财政收入连年大幅增长，其中 1990～2006 年我国财政收入平均增长速度为 17.15%，近 3 年增长幅度较大，增长速度在 20% 左右。同时，认真分析我国近十年财政支出结构变化，我们就会发现国家财政投资重点的三个转变，即：由城市转向农村，重点支持农村基础设施建设；由一般基础设施建设转向社会公共事业发展、环境保护和生态建设；由经济建设转向促进科学发展，重点支持促进城乡、区域协调发展以及涉及广大人民群众生命财产安全和切身利益的项目，促进经济社会全面协调可持续发展。因此改革开放以来，文物保护事业投入的大幅增加既得益于经济的高速发展，又与部门预算、转移支付等财政体制改革密不可分。

（三）《中华人民共和国文物保护法》的颁布奠定了文物保护经费投入的根本机制

随着我国"依法治国"基本方略的推进和法制建设的深入开展，文物法制化进程日益加快。通过法律的形式把文物管理体制及其职责规定下来，把在实践中证明是成熟和正确的政策、措施上升为国家法律的规定，使得文物保护各项工作有法可依，这是我国文物事业可持续发展的重要途径。而文物保护经费投入的变化与增长，事实上也与文物事业的法制建设密切相关。

1982年，《中华人民共和国文物保护法》颁布实施。在这部新中国成立以来我国文物领域的第一部大法中，对"文物保护管理经费分别列入中央和地方的财政预算"作出了刚性的法律规定，明确了中央和地方各级政府文物保护的责任。此后，全国文物保护经费现了较大幅度增长。当年中央财政补助各地的文物维修费、考古发掘费、文物征集费较上年的1320万元增加到2254万元，全国文物事业费从上年的8100万元增加到9500万元，当年新增职工2000人、增加文管所66个。

"十五"以来，根据社会发展的需要，九届全国人大常委会对《中华人民共和国文物保护法》进行了修订，修订后的《文物保护法》在文物保护的经费来源和保障上与旧法相比又增加了若干规定。其一，明确规定国家发展文物保护事业。县级以上人民政府应当将文物保护事业所需经费列入本级财政预算。其二，为了进一步保障经费来源，除了规定列入本级财政预算外，文物保护的财政经费不应当停留在原有水平，而应当随着财政收入的增长同步增长。这些新增加的法律条款，为我国文物保护经费的持续稳定增长提供了强有力的法律保障。

新《文物保护法》颁布实施以后，我国文物保护经费投入进入到一个崭新的快速增长时期。从整个"十五"期间看，全国文物业总收入累计为279.74亿元，比"九五"增加143亿元，增幅为104%，年均递增16.7%。其中，全国文物事业财政拨款125.45亿元，占文物业总收入的比重为45%，比"九五"增加75.52亿元，增幅151%，年均递增20.64%。事业收入105.16亿元，比"九五"增加50亿元，增幅为90.6%，年均递增23%。

（四）求真务实，开拓创新，不断加强文物基础工作，科学编制文物事业发展规划和文物保护经费需求计划是争取国家财政资金支持的关键环节

国家财政改革实践及公共财政框架的建立，使得文物保护经费投入的快速增长具备了财力可能。多年来，国家文物局和全国各省市文物主管部门不断开拓创新，积极开展富有成效的工作，特别是加强文物的基础性工作，确保了国家财政投入的"水到渠成"。

1973年，国家重点文物保护专项补助经费设立，当年经费为202万元，此后每年逐渐增加。"七五"期间累计投入2.62亿元，平均每年5200万元。"八五"开局之年，国家文物局于当年4月完成了《文物事业"八五"期间抢救性维修保护计划》编制工作，提出了 10.21 亿元经费总需求，规划内容既涉及文物普查、专项调查、文物保护单位"四有"工作、文物库房建设等在内的基础工作，也涉及全国重点文物保护单位抢救维修项目。由于诉求明确，依据充分，又适逢 1992 年在西安召开的全国文物工作会议的"东风"，得到了国务院领导的重视，遂决定将国家重点文物保护专项补助经费基数每年提高 5000 万元。"九五"期间，中央财政累计投入 5.81 亿元，平均每年 1.16 亿元，较"七五"期间翻了一番。

"九五"末，我国大遗址保护问题开始提到议事日程。自 1998 年开始，国家文物局争取原国家计委支持，对 1992 年设立的抢救性文物保护设施建设专项资金投资方向进行适当调整，将遗址保护设施建设纳入其补助范围。但是每年从总额只有 2500 万元的专项资金中拿出的少量资金用于保护，无异于杯水车薪，使得大规模抢救保护陷入严重的"资金瓶颈"。而与此同时，大规模城乡建设、基础设施建设和屡禁不止的盗掘文物的犯罪活动，更加剧了大遗址保护和管理的难度，使大遗址的安全遭受到极大的威胁。

有鉴于此，1999 年，国家文物局向原国家计委报送了《"十五"期间大遗址保护专项规划思路》，2000 年 11 月，编制了《"大遗址"保护"十五"计划》，提出了 50 个大遗址保护项目，资金需求 8.78 亿元，其中中央财政 5.27 亿元，地方投入 3.15 亿元。"十五"前四年，在国家文物局的争取下，国家重点文物保护专项补助经费中安排用于大遗址保护的经费逐年增加，主要用于前期考古调查和发掘、"四有"档案建设、保护规划编制等基础工作和安防设施建设及重点保护工程等项目。2003 年，高句丽遗址文物保护和环境整治项目的顺利实施以及申报世界文化遗产的成功，为大遗址的大规模抢救保护和合理利用提供了积极的范例，也为大遗址保护工作营造出良好的社会氛围和舆论环境。国家文物局抓住有利时机，联合财政部编制了《大遗址"十一五"保护专项规划》，财政部于 2005 年设立了大遗址等重大文物保护专项，当年即为 2.5 亿元，核定"十一五"期间大遗址保护专项经费投入总规模为 20 亿元，平均每年 4 亿元，主要用于 36 处中央政府主导的大遗址保护示范工程，64 处中央政府引导的大遗址保护工程以及大遗址保护管理体系建设。

回顾国家重点文物保护专项经费的设立过程，可以看出，从 1973 年开始设立国家重点文物保护专项补助经费，到 1992 年原国家计委设立抢救性设施保护专项经费，一项新的专项经费的设立，大体经历了近 20 年较为漫长的时期，而"十五"以来专项经费的设立则呈现出前所未有的"井喷"之势。2005 年设立了大遗址保护专项经费，2007 年设立第三次全国文物普查专项经费，2008 年又设立了博物馆免费开放专项经费。这些专项经费的成功设立，不仅意味着经费数量的迅猛增加，也为解决文物保护经费投入的长效机制奠定了基础，这固然与改革开放以来我国综合国力不断增强有着直接关系，是社会主义市场经济建立完善过程中，我国财政政策由服务于供给管理为主开始走向保障公共服务需求为主这一重大变化的必然趋势，但文物管理部门当仁不让，积极主动、扎实有效的工作，使得文物保护经费管理工作顺势应变，适应了财政管理体制变革的客观需求，无疑也是争取国家财政资金大力支持的关键因素。

（五）贯彻科学发展观，积极探索文物保护经费投入机制，加强经费使用制度建设，推进文物保护项目"阳光工程"，着力提高文物经费管理的真实性、科学性和规范性，确保资金使用效益，是保持文物保护经费投入持续增长的内在要求

我国文化遗产保护事业任重道远，文物管理部门责任重大。多年来，国家文物局审时度势，自觉将文物保护经费的争取和管理工作置于改革开放和经济建设的大局中去认识和把握。一方面，不断推进文物立法和文物工作"五纳入"政策的全面落实；另一方面，为全面提高文物保护经费使用效率，不懈致力于建立符合国家财政支出管理法律法规及相关制度规定的办法，以确保文物保护经费使用规范性、安全性、高效性。1993 年以来，已经先后协助或联合国家财政部门制定和完善了《国家重点文物保护专项补助经费管理办法》、《文物事业单位财务制度》、《国家重点文物保护专项补助经费管理办法》、《大遗址保护专项经费管理办法》以及《第三次全国文物普查经费管理办法》等各类专项经费管理办法。上述办法对各类文物保护经费的使用范围、支出内容、审批程序、财务管理与监督作了全面而细致的规定。同时，为进一步规范局内工作程序，提高局机关工作的透明度和办事效率，促进依法行政，按照国务院《全面推进依法行政实施纲要》及《关于进一步推行政务公开的意见》的精神，国家文物局还先后制定和发布了《国家文物保护专项经费"阳光工程"实施方案》、《大遗址保护管理体系建设经费管理办法（暂行）》、《国家文物局部门预算编制程序（试行）》、《国家文物局关于经费审批权限的规定》等部门规章，涵盖了项目的立项审批、资金安排、项目实施、工程竣工及考核评估等各个环节的全过程。通过建章立制，全面推行政务公开，保障社会和群众的知情权、参与权和监督权等民主权利，逐步做到将涉及文物保护经费管理的规章制度和标准公开、项目审批和经费分配程序公开、项目及经费安排结果公开、经费到位及使用情况公开、工程验收及决算审计结果公开、典型案例检查及绩效考评结果公开等，用制度安排来规范和约束资金的分配和使用，大大减少了随意性和盲目性。可以说，经过多年努力，文物保护经费使用监督管理体系已经基本形成，项目需求的真实性、预算编制的科学性和经费使用的规范性得到明显提高，初步做到了从注重以项目库建设、立项审批、方案及预算论证和批复为主要环节的事前控制，到以工程质量检查、现场会、联合执法检查为主要手段的事中控制，再到以年度经费到位和使用情况的年报制度、竣工验收、决算审计、项目绩效评估为途径的事后控制的深化和转变。这些做法，既是一种成功的经验，无疑也是需要今后持之以恒继续坚持的工作方法。

当今我国的文物、博物馆事业，作为社会主义文化事业的重要组成部分，已经和正在成为推动我国文化大发展大繁荣的积极力量，在实现中华民族伟大复兴的进程中发挥着不可替代的重要作用。随着全面建设小康社会，保障人民基本文化权益战略的实施，文物保护事业作为文化大发展、大繁荣的重要组成部分，文物、博物馆事业必将得到更多的财政资金投入，得到更好更快的发展。新的起点，新的辉煌，我们必须准确把握文化遗产事业发展新趋势，密切关注财政改革新动向，积极应用管理科学新成果，将争取文物保护经费加大投入作为今后和长期的重要工作任务，进一步完善经费投入体制机制，努力构建文物保护经费持续稳定增长的保障制度。

负责人：董保华

统稿人：刘曙光

执笔人：谭　平

文博人才培养改革开放 30 年

改革开放的 30 年，是我国文物博物馆事业取得长足进步的 30 年。在这 30 年中，文博人才培养工作适应不同历史时期的形势和工作需要，逐步得到恢复、发展和提高，为事业发展提供了坚实的人才保障。

一　历史回顾

旧中国留下的文博专业干部是极少的。新中国成立后 17 年，我们通过自己的大学，培养了一大批文博人才，许多考古、美术史、中国史、中共党史、古文献、古建筑等专业的毕业生，充实了文博队伍。各级文博单位和大专院校、科研单位还联合举办了一系列各种各样的短期专业训练班，训练了数以千计的考古、古建筑等专业的文博工作者。这些同志形成了一支文博战线的骨干力量，保证了这一时期文博事业的发展。17 年文博人才培养工作是卓有成效的。

"文化大革命"十年浩劫，文博干部队伍受到了十分严重的破坏，文博干部培训工作中断了。虽然"文化大革命"后期干部归队较好，恢复较早，但是一部分业务骨干因年事已高已经退出一线，接班人没有跟上；文博队伍尽管在人员数量上有较大增长，但新补充的同志大都缺乏专业知识，许多是属于"安置"性质调入的。相当一部分的领导干部对文物博物馆工作并不熟悉。文博工作人才队伍面临着青黄不接、后继乏人的困难局面。

（一）1978～1982 年

党的十二大要求干部队伍实现革命化、年轻化、知识化、专业化。针对文博工作队伍青黄不接的状况，当时的国家文物事业管理局认识到必须将干部培训工作列入重要议事日程，迅速提高干部业务水平，确立的目标是："力争在三、四年内把全国文博干部基本轮训一遍，使各级领导骨干具有一定的业务基础知识，把各方面专家的学识和技能继承下来，使一般干部能比较胜任本职工作。"1981 年 1 月召开的全国文物博物馆干部培训工作座谈会对文博干部培训工作提出了"全面安排，重点掌握；统一规划，分级负责"的要求。

这一时期对文博管理干部培训的重点是"由外行转为内行"。国家文物事业管理局于 1980 年 11 月至 1981 年 12 月在承德先后举办了 6 期干部读书班，学员共 308 人。读书班每期有一个主题，分别为中国古代史、博物馆馆长工作、博物馆学、中国通史、中国革命史、文物基础知识等。其中读书班第三期学员编写完成《中国博物馆学概论》，1985 年由文物出版社出版。

这一时期，文博短期业务培训的重点是解决业务工作最基础、最急需的业务内容，基本原则是"干什么学什么、缺什么补什么"。1978 年至 1982 年，国家文物事业管理局先后委托山东省文化局、故宫博物院、上海博物馆、安徽省博物馆、四川省文化局、南京博物院等单位先后举办碑刻拓片、糊囊匣、青铜器修复、书画装裱训练班，为全国各地文博部门培训技术人员。其中 1980 年委托故宫博物院举办的"糊囊匣技术训练班"，就是适应博物馆藏品管理急需囊匣制作人员的实际情况举办的。国家文物事业管理局这一时期举办的其他重要培训还有：1978 年 5 月与北京大学共同举办的古籍整理训练班、1979 年在三峡举办的考古领队培训班、1980 年 3 月与吉林大学联合举办的田野考古进修班、1980 年 9 月委托文物保护科学技术研究所在湖北当阳玉泉寺举办古建筑测绘训练班、1981 年 5 月委托山西省文物局在运城解州关帝庙举办古建维修培训班等等。上述培训的共同特点是满足文博业务工作恢复、开展的紧急需要。

在国家文物事业管理局的部署下，各地文物管理部门也加大了干部培训工作力度。1979 年 8 月，甘肃省文化局举办考古训练班。1980 年夏，内蒙古自治区举办文物考古干部训练班。1980 年 8 月，广西文化局在自治区党校举办全区地、市、县博物馆馆长、文管所所长训练班。1981 年 2 月 16 日，甘肃省文化厅在兰州市举办文博干部业务培训班。特别是 1981 年 5 月，安徽、内蒙古、陕西、广东、北京、河南等省市区举办文博工作领导干部和专业人员读书班、训练班，学员共 300 多人。这一时期全国绝大部分省市自治区都恢复了文博干部培训工作。

高等教育一直是文博人才培养的一项重要内容。80 年代，国家文物事业管理局在综合研究高校相关专业的规模、分布后，提出关于文博高等教育的设想：国家文物事业管理局办一所文物博物馆专科学校（大专），开设博物馆系及各类传统文物修复、复制技术专业。每一个行政大区选定一所学校开设博物馆专业，争取北京师范大学尽早开设博物馆专业，清华大学、南京大学建筑系举办古建专业，中国人民大学开设革命文物专业，北京大学考古专业扩大为考古系，在各地美术院校开办博物馆形式设计专业。当时还提出了对考古领队、文物保管所所长（主任）和博物馆馆长进行轮训的设想。这些想法部分得到了实现。但发挥作用的还是与相关高校进行的合作，如 1980 年 7 月委托南京工学院（现东南大学）举办古建专业进修班，学制一年。1981 年 7 月，委托吉林大学举办考古进修班，学员 10 人，学制 1 年。1982 年，委托南京大学举办考古进修班，学员 40 人；委托清华大学举办古建进修班，学员 10 人，学制均为一年。这些人才培养合作项目经实践证明对事业发展起了重要作用。1980 年，复旦大学、杭州大学历史系分别开设博物馆专业和考古博物馆专业。

这一时期，发展文博职业技术学校也是文博人才培养的一项内容。国家文物事业管理局与北京市东城区鼓楼中学、二〇五中学联合创办文博职业高中班，专业课程设有青铜器、古建筑、书画、陶瓷、传拓等，学制 3 年，6 个班共培训 240 人。天津市文化局举办博物馆中专班，招收高中毕业生和有关单位学员，学制两年。

1980 年 12 月，国家文物事业管理局成立宣教处，次年改为教育处，当时规定了九项基本职责：做好调查研究工作，根据文物战线干部培训的情况，向局党组提出培训干部的方针、政策性意见；根据局党组的意图，制订年度和长远的培训干部计划，督促各省、市及直属单位贯彻执行；了解掌握面上干部培训的情况，发现典型，总结经验，组织交流，推动工作等。

据统计，这一时期文物系统累计轮训干部 14939 人次，占干部职工总数的 56.9%。

（二）1983～1991 年

1982 年 11 月，中央、国务院印发了《关于加强职工、干部教育工作的决定》。1983 年 11 月，文化部文物事业管理局在杭州召开文博干部培训中心工作会议，通过了《关于加强文博干部培训教育工作的意见》。1984 年 1 月召开的全国文物工作会议讨论通过了《文博干部培训工作规划》。这一时期文博干部培训工作的指导思想是结合文博战线的实际情况，多出人才、快出人才、出好人才。基本思路是以文博系统自办为主，与教育系统联合办学为辅；多层次多渠道长期办班；讲求实效，不务虚名，急需先学，学以致用；以在职中青年为主要培训对象，统一规划，分级培训，加强领导。

随着《文物保护法》的颁布实施，开展相关的培训工作也提上了日程，有些培训还扩展到了文物系统以外。1984 年 10 月，天津市举办文物司法鉴定培训班，学员为海关、公安、工商等执法部门及文物部门的业务人员。1987 年 10 月，陕西省文博干部培训中心举办文物鉴定培训班，省公安、海关、工商、铁路、文博系统的 43 名干部参加学习。1991 年 11 月，国家文物局受海关总署委托，在北京海关培训基地举办文物鉴定培训班，学员 30 人，为期 1 个月。1992 年 9 月，国家文物局与海关总署在九龙和广州两地分两阶段联合举办"文物鉴定知识培训班"。

这一时期，国家文物局建立的8个文物干部培训中心在文博人才培养中发挥了很大作用。这些培训中心由国家文物局委托相关省的文物管理部门承办区域性文物干部培训基地，培训计划和经费预算由相关省文物管理部门提出报国家文物局审批，教学组织和行政工作都由被委托省承担。培训对象主要是省和地市级文博机构的领导和业务骨干。其中1984年设立的泰安培训中心至1997年共举办培训班42期，培训文博干部2600余人。1982年3月设立的扬州华东文物干部培训中心至1992年，10年间先后举办培训班22期，培训学员900多人。在国家文物局的带动下，陕西、浙江、江西等省也建立了本省的文物干部培训中心。1985年10月，文化部文物局按照中共中央、国务院关于干部培训要经常化、制度化、正规化的要求，决定将设在承德、太原、郑州、咸阳、成都、长沙的培训中心交由所在省文化部门自办，经费也由地方承担，文物局保留使用权。泰安和扬州培训中心予以保留。

与高等院校合作开办文博干部进修班，解决文博干部队伍的学历问题，是这一时期文博人才培养工作的一项重要内容。从1984年至1989年，文化部文物局以及地方20多个省市自治区文化文物部门委托中国人民大学等几十所高校举办文博干部专修班，招收在职文博干部系统学习文物、博物馆、考古等专业知识。这些干部专修班学制一般为2年，合格者获得大学专科学历。据统计，这一时期有将近3000名文博干部参加了这些专修班，提高了一大批文博干部的基本素质，同时也解决了他们的学历问题。

这一时期还加强了对高层次文博人才的培养，与高等院校合作开展了一些面向高层次人才的培养项目，甚至是研究生教育。1983年9月，国家文物事业管理局委托吉林大学举办古文字、古文献进修班，学员15人，学制1年。1986年9月，文化部文物局委托北京大学举办考古研究生班、石窟考古研究生班，学员共24人；委托南开大学举办博物馆学研究生班，学员2人，学制3年。1987年9月，国家文物局委托吉林大学举办考古研究生班，学员5人，学制2年。1988年9月，复旦大学文物保护研究生班招收学员7人。1989年9月，国家文物局与北京大学合作举办中国考古学理论研究班，学员11人。

高等教育的相关学科建设也取得了新进展。1983年，北京大学考古系成立。1987年，复旦大学招收文物保护科技专业本科生15人，学制4年。1988年，陕西省文物局与西北大学共同建立西北大学文博学院。1989年3月，国家文物局和复旦大学共同筹建的复旦大学文物博物馆学院正式成立。

这一时期，文博干部培训的教材工作取得了突破。1983年1月，中国社会科学院考古研究所编《考古工作手册》由文物出版社出版，这本手册对提高考古工作队伍的业务素质发挥了重要作用。1984 年 7 月 26 日，文化部文物局在山东长岛召开文博干部培训教材编辑及制定教学大纲研究会，会议决定出版 8 种文博教材。自 1988 年 7 月起，马承源主编的《中国青铜器》、王宏钧主编的《中国博物馆学基础》、杨仁恺主编的《中国书画》、罗哲文主编的《中国古代建筑》、安金槐主编的《中国考古》、冯先铭主编的《中国陶瓷》相继由上海古籍出版社出版发行。

这一时期的业务培训也出现了新的特色。1984 年 9 月 10 日，文化部文物事业管理局在山东兖州举办田野考古领队培训班。至 1991 年底共举办 6 期，学员 143 人。这些学员，至今仍是考古工作的骨干力量。1986 年 11 月，江苏省文化厅在南京博物院举办旧纸张保护技术培训班。这是"文化大革命"较早开展的文物修复技术人员培训。1988 年 5 月，贵州省文化厅举办抢救民族文物调查班。1988 年 8 月，国家文物局委托辽宁省文化厅在大连市举办外国文物鉴定研讨班。1989 年 9 月，面对古遗址、古墓葬遭到日益严重的盗掘的情况，山西省文物局在永乐宫举办为期 9 天的文物安全防盗培训班，全省 12 个地市重点文博单位的 38 名学员参加培训。1989 年至 1991 年，为配合刚刚开展的历史文化名城保护工作，国家文物局委托同济大学举办了三期历史文化名城培训班。

随着改革开放的不断深入，文博人才培养工作开始以"走出去、请进来"的方式提高培训水平。1987 年 6 月，文化部文物局开始派干部到荷兰、日本、意大利、英国、德国等国家学习水下考古和文物保护等专业。1988 年 10 月 24 日，应国家文物局邀请，日本东京文化财保护专家城敏子来华讲授文物保护技术。1989 年 9 月 1 日，中国历史博物馆与澳大利亚阿德莱德大学东南亚陶瓷研究中心合作在青岛举办"水下考古专业人员培训班"；次年 2 月在福建连江县定海进行了古代沉船调查与试掘。同月，国家文物局派专业人员分别赴意大利和英国进修文物保护专业。1991 年 5 月，国家文物局派出留学生 3 人，分赴英国、荷兰、德国进修博物馆管理和文物保护专业。

1987 年，国务院批转《国家教育委员会关于改革和发展成人教育的决定》，成人教育开始向以岗位培训为重点的方向发展。随着文博干部培训工作的全面展开，在全国文物系统开展岗位培训的条件日渐成熟。1990 年 11 月召开的全国文物系统培训工作会议讨论、修改了国家文物局草拟的文博系统第一批岗位规范。1991 年 8 月 31 日，国家文物局印发《关于制定文物系统岗位规范、开展岗位培训实施意见的通知》和文物系统第一批岗位规范（试行）共 11 种。这是文物系统人事制度改革的一项重要措施。

（三）1992～2001 年

1992 年，我国改革开放和社会主义现代化建设事业进入了一个新的历史时期。同年召开的全国文物工作会议提出了"保护为主、抢救第一"的文物工作方针。这次会议还通过了《关于加强文博教育培训工作的意见》。该文件提出，开展文博教育培训工作，应以马克思主义为指导，贯彻理论联系实际的原则。要将干部的培训与考核、评定职称、选拔任用紧密结合起来，按照《关于制定文物系统岗位规范、开展岗位培训实施意见》的要求，逐步建立比较完善的文博队伍培训制度。

这一时期，开展岗位培训是文博干部培训工作的重点。总的要求是文博干部按照岗位职务规范标准，学习国家的文物法规、政策、文物管理理论以及国内外文物保护新技术成果等专业内容。1993 年 5 月 15～30 日，陕西省文物局举办古建抢救、维修管理人员培训班，省内第一批古建抢救文博单位负责人 30 余名参加学习。1994 年，中国革命博物馆举办了 3 期全国讲解员岗位培训班。1997 年 9 月，黑龙江省文物局举办文物保管员岗位培训班，对全省 50 名博物馆业务人员进行为期 14 天的集中培训。

这一时期的岗位培训，突出强调了文物执法方面的内容。1993 年 11 月，国家文物局在长沙市举办文物行政执法培训班。1994 年 3 月，安徽省举办文物行政执法人员培训班，全省文物行政执法队伍正式建立，近百名文物行政执法干部上岗执法。1994 年 4 月 19 日，广西举办全区文博馆（所）长法规研讨班。1994 年 5 月，黑龙江省举办第一期文物行政执法干部培训班。1997 年 8 月，河南省文物局举办全省文物系统行政执法骨干政策培训班。在此基础上，河南省 903 名文物行政执法人员于 10 月 16 日参加了文物行政执法资格考试，其中 900 人获得上岗资格。1998 年 11 月，湖北省文物局举办第一期全省文物系统负责人法制培训班。

1998 年 4 月 8 日，国家文物局和北京大学联合办学签字仪式，共同成立北京大学考古文博学院（暨中国文物博物馆学院）。之后，国家文物局对学院在经费、项目、基础设施建设方面给予了很大支持，使学院办学条件有了很大改善，也使国家文物局的人才培养基地建设迈上了一个新台阶。1999 年 9 月 10 日，国家文物局举办的全国文物、博物馆高级研讨班在北京大学开学，来自 24 个省市区的 30 人参加学习。

为解决文物鉴定等专业老专家年事已高、后继乏人的问题，1992 年底，国家文物局决定委托北京大学、复旦大学、中山大学、中央美术学院等高等院校，采取"馆校结合"的形式招收文物保护修复技术、文物鉴定、古建维修等专业的硕士研究生。1993 年正式招生。耿保昌等一批文物系统的老专家与相关高校的老师共同培养了四批硕士研究生。其中很多人已经成为骨干。

这一时期的业务培训与文博业务工作结合更加紧密，更有针对性，更具有时代特色。1995 年 7 月，故宫博物院组织古书画赝品研究讲习班，参加者有本院及全国各博物馆业务人员。1995 年 10 月，贵州省文化厅举办全省文物"四有"培训班。1997 年

10 月，湖南省举办少数民族地区文物干部培训班。1998 年 10 月，故宫博物院举办了 4 期古陶瓷鉴定高级研讨班，其中一期是专门为台湾地区开办的。1998 年 10 月和次年 5 月，国家文物局主办的两期全国古建筑培训班分别在福建漳州和清西陵举行，这个培训项目以管理严格著称，培训效果显著。1999 年，国家文物局在云分别西南地区和西北地区的少数民族文物业务干部培训班。

这一时期涉外培训继续得到加强，开始了国际合作培训项目。1992 年 10 月，国家文物局和美国盖蒂保护研究所联合在山西大同云冈举办中国石窟遗址管理培训班，由中国文物研究所协办，学员 22 人。1994 年 1 月，中国联合国教科文组织全国委员会和国家文物局在清西陵举办中国古建筑保护规划与管理国际研讨班，来自国内外 40 余名古建筑保护维修业务人员参加培训。翌年 10 月又举办了木结构建筑保护技术培训班。1994 年 5 月，国家文物局、国际博物馆协会人员培训委员会、中国博物馆学会、荷兰莱茵瓦尔德学院联合举办的中国博物馆中高级管理人员国际研讨班，全国 47 名学员较系统地学习了科学管理知识，了解到当前国际博物馆管理发展概况。1996 年 1 月，国家文物局派员参加联合国教科文组织举办的历史文化遗产城市保护管理监测培训班。1999 年 9 月，国家文物局在敦煌研究院举办由联合国教科文组织资助的中国石窟文物保护培训班。来自印度、斯里兰卡及国内的 30 名学员参加了培训，为期一个月。

1990 年，国家重新启动职称评审工作，并将职称评审工作转入正常化轨道。1992 年初，国家文物局相继成立职称改革工作领导小组和高级职称评审委员会。之后的几年里，国家文物局系统以及地方省市和外系统的大批专业人员获得了文博系列高级职务任职资格。职称评审工作落实了党的知识分子政策，广大文博专业人员的工作条件和生活待遇得到了改善，激发了他们献身文博事业的积极性。

1997 年春，国家文物局印发《中国文物博物馆工作人员职业道德准则》。准则全文十条，要求全国文博工作者认真执行，提高素养，规范行为。《准则》成为文博专业队伍建设的一个重要文献。

（四）2002～2008 年

在 2002 年召开的全国文物工作会议上，国家文物局把加强文博干部培训列为文物工作的四项基础工作之一，提出大力开展教育培训，逐步实施资格认定、持证上岗制度，造就一支思想好、作风硬、业务精、管理强的文博干部队伍目标和任务。2003 年 1 月，国家文物局在上海召开了文博教育培训工作座谈会，提出落实干部教育培训工作的具体措施。2004 年 10 月，国家文物局又在江西召开了全国文物宣传教育工作会议，进一步统一思想，明确任务，推动文博干部教育培训工作的深入开展。

这一时期，针对文博管理干部的培训明显得到加强。2003～2007年，国家文物局与北京大学、清华大学、复旦大学、南开大学、四川大学、西北大学和中国文物研究所密切合作，连续五年举办了全国省级文物局局长、博物馆馆长、考古研究所所长、古建所所长专业管理干部培训班。共培训省级文博管理干部440名，达到应参加培训人员的80%。通过培训，提高了省级文博管理干部文化遗产理论政策水平，提高了业务能力和管理能力，增强了依法保护文化遗产和履行岗位职责的能力，促进了干部队伍整体素质的提高；搭建了各省市之间的学习交流平台和创新平台；带动了各地文博干部培训工作的开展；基本摸清了文博管理干部培训的基本需求、知识结构和培训工作模式，为下一步大规模培训工作奠定了基础。

在此基础上，国家文物局推动文博管理干部教育培训向基层深入。2008年7月，国家文物局印发了《关于推进地市文博管理干部培训和全国重点文物保护管理机构负责人培训的意见》，积极指导各省、自治区、直辖市文物部门开展相关培训。

各类专业技术培训收到明显实效。2002年以来，国家文物局结合文化遗产保护工作实际，陆续举办了古建筑维修、考古发掘、文物保护规划、文物出境鉴定、文物安全保卫、博物馆藏品定级以及馆藏书画、纺织品、古家具、青铜器、石质文物等保护修复专业技术培训班，培训专业技术人员1600多名。一批专业技术人员业务水平得到迅速提高，正在成为各个机构的业务骨干。

中外合作人才培养项目不断取得新进展。国家文物局与相关国际组织和意大利、法国、日本、美国、澳大利亚等国家进行了富有成效的合作培训。从2001年开始，国家文物局与美国梅隆基金会合作，陆续选派19人赴美参加博物馆高级管理人员培训。2003年至2008年，国家文物局与法国国家遗产学院合作，举办了8期中国博物馆高级管理人员培训班，邀请法国专家授课，274人参加了培训。2003年至2007年，中国、意大利两国文化遗产管理部门在中国文物研究所合作开展了两期文物保护修复培训项目，培养文物保护技术人员140余名。中日韩合作丝绸之路沿线文物保护修复人员培养计划正在顺利实施，将用5年时间培养各类专业人员100名。我国面向亚非国家的教育培训工作也取得良好效果。近年来，受商务部委托，中国文物研究所承办了非洲国家文物保护技术与管理培训班、亚非国家文物保护人员培训班、阿拉伯地区文物保护人员培训班等援外项目，培训各国文化遗产官员和技术人员130人，展示了中国作为负责任文化遗产大国的新形象。

二 取得的成就

经过 30 年的努力，文博人才培养工作取得了显著的成就。

（一）培育了一支具有较高政治和业务素质、结构比较合理的高素质人才队伍

长期以来，文化遗产人才队伍建设，坚持围绕文化遗产事业的中心工作，服务大局，注重做好人员的引进、使用、管理和培养工作。人才队伍规模不断扩大，整体素质明显提高，优秀人才脱颖而出和人尽其才的有效机制基本形成，人才成长的环境进一步优化，为事业的发展提供了智力支持和人才保证。

目前，全国文博工作队伍已经从改革开放之初的 2.6 万人发展到目前的 8.7 万人。30 年来，这支队伍的学历结构、知识结构和职称结构都得到了很大改善。根据最近对全国 25 个省市自治区文物博物馆队伍 41523 人的统计，专业技术人员所占比例已经达到 51.6%，其中具有高级职称的人员占 7.6%，具有中级职称的人员占 17.2%，具有初级职称的人员占 24.8%；具有博士学位的人员占 0.26%，具有硕士学位的人员占 1.8%，具有大学本科学历的人员占 25.8%，具有大学专科学历的人员占 40.9%，具有专科以下学历的人员占 31.2%。所学专业也呈现多元化的趋势。应该说，这个变化是令人鼓舞的。

（二）文化遗产保护专业技术人员的管理体制日臻完整

各级文化遗产保护管理单位在发掘，引进，培养和使用人才方面都制定了专门的管理办法，在岗位设置、专业技术职务晋升、评审与聘任等各环节进行合理规划，既严格各项标准和要求，又不拘一格，为从业人员设计合理的、可期望的职业发展生涯。自职称改革工作开展以来，国家文物局一直在文物博物馆、古建工程、文物编辑出版三个系列的专业技术评审在全国范围内进行指导和规范，评选出一大批优秀的高级专业技术人员，作为文化遗产事业的骨干和中坚力量活跃在各相关领域。在国家文物局的指导和帮助下，大部分省、自治区、直辖市文物局成立了独立的文博系列高级职称评审委员会，在促进专业领域学术发展，理论研究，技术进步，促进青年专家成长等方面发挥了重要的作用。

（三）加强行业准入管理，对从业人员资格进行规范，提高了行业管理水平

对从业人员实行资格认定，持证上岗制度。按照《行政许可法》、《文物保护法》和《文物保护法实施条例》的相关要求，我局积极开展资质、资格认证工作。先后颁布《考古发掘资格审定办法》和《古建工程勘测维修资质资格管理办法》，规定了各项

资质资格的审定管理程序。在文物保护工程、考古发掘、馆藏文物修复、复制、拓印、文物商店经营、文物拍卖、文物鉴定等活动的单位资质和人员资格作出要求，对从业人员队伍进行了规范，极大地提高了从业人员整体素质和水平，有效地保护了祖国的文化遗产。

（四）探索出了有效的人才培训模式，为事业发展培养和输送大批合格人才

国家文物局从事业发展的战略高度重视文博干部教育培训工作，列入文物事业"十一五"发展规划，在经费预算给予保障，在工作中大力支持；教育培训的办班模式有所创新，在总结经验教训的基础上，国家文物局不再沿用自办培训中心模式，转为依托高等院校、科研机构的教学平台开展干部教育培训工作，有效地发挥了高校教师、设施等教学资源的优势，学习环境也更加优越，教育培训质量有所提高；教育培训的教学思路逐步清晰，围绕文化遗产事业每个时期每个阶段中心工作开展培训工作，使干部教育培训与事业发展紧密相连；教育培训的作用得到体现，据统计，近6年来全国有1万名以上的文博干部接受了各级各类培训，有效地提高了素质和能力，促进了人才队伍的建设，改善了队伍的结构。文博干部教育培训工作在推进文化遗产事业科学发展中发挥出重要作用。

三　基本经验

总结30年来文博人才培养工作，我们取得了以下几方面的有益经验。

第一，必须坚持以邓小平理论和"三个代表"重要思想为指导，贯彻落实科学发展观，树立"人才资源是第一资源"的观念，保证干部教育培训工作的正确方向。

第二，必须坚决贯彻党和国家的文物工作方针，紧紧围绕文化遗产事业科学发展，研究探讨新时期新任务下文物工作遇到的新情况新问题，使干部教育培训工作更具有针对性、实效性。

第三，必须坚持与时俱进、开拓创新，不断探索新体制和新机制，开辟多渠道、多形式，统筹利用各种资源，充分调动各方面的积极性，使干部教育培训工作充满生机和活力。

第四，必须坚持开阔视野，加强与各国政府及国际组织在文化遗产教育培训工作的交往和联系，拓展文博教育培训工作的中外合作途径，使我们的工作逐步与国际先进水平接轨。

第五，必须坚持学以致用的原则，发扬求真务实精神，立足于提高文博干部队伍的整体素质和能力，为文物事业的改革和发展提供智力支持和人才保证。

　　展望未来，伴随着对文化遗产事业科学发展，文博干部教育培训体系将不断得到完善，国家文物局和地方文物行政部门将形成统一领导、分级负责、通力合作、运转高效的有效机制；文博干部教育培训机构将继续得到健全，师资队伍将更加稳定，工作将更加规范化、科学化；互联网和现代远程教育等先进手段将在文博干部培训中得到更充分利用；文博人才的培养将更加国际化、与世界接轨。文博人才培养工作也必将会为祖国文化遗产保护事业的跨越式发展作出更大的贡献。

负责人：张　柏
统稿人：侯菊坤
　　　　黄　元
执笔人：王大民

机关党建工作改革开放 30 年

1978 年 12 月，中国共产党召开具有重大历史意义的十一届三中全会，重新确立了马克思主义的思想路线、政治路线和组织路线，开启了改革开放历史新时期，也开启了党的建设的历史新时期。30 年来，党领导全国各族人民取得社会主义现代化建设的伟大成就；同时积极推进党的建设新的伟大工程，成为中国特色社会主义的坚强领导核心。30 年来，中共国家文物局党组在推进文化遗产事业改革与发展的同时，以党的执政能力建设和先进性建设为主线，坚持党要管党、从严治党，贯彻为民、务实、清廉的要求，以改革创新的精神加强和改进机关党的建设，充分发挥党组的领导核心作用和基层党组织的政治核心作用，为文化遗产事业的发展提供了坚强的政治和组织保证，党的自身建设也得到了改进和加强。

一 30 年机关党的建设的回顾

30 年来，我们坚定不移地以中国特色社会主义理论体系为指导，深入贯彻党的十一届三中全会以来历次大会精神，贯彻执行《文物保护法》和"保护为主、抢救第一、合理利用、加强管理"的文物工作方针，紧密围绕文物事业改革与发展的大局，推进党的思想建设、组织建设、作风建设、制度建设和反腐倡廉建设，提高基层党组织的创造力、凝聚力和战斗力。

从 1978 年 12 月党的十一届三中全会到 1989 年 6 月党的十三届四中全会这 11 年，以邓小平同志为核心的第二代中央领导集体把马克思主义、列宁主义、毛泽东思想创造性地运用于当代中国，创立邓小平理论，在开辟中国特色社会主义新道路的历程中开创了党的建设新的伟大工程。局党组在党的十一届三中全会的路线、方针、政策的指引下，坚持解放思想、实事求是，破除"文化大革命"及"左"的思想的影响，坚决拨乱反正，落实了党的知识分子政策，妥善地处理了历史上遗留的问题，有效地调动党员干部职工的工作积极性。1984 年开展了为期一年的整党工作，进行彻底否定"文化大革命"的教育，落实了中央提出的"统一思想、整顿作风、加强纪律、纯洁组织"的任务。1988 年针对思想政治工作薄弱的情况，举办了文博单位思想政治工作研讨会，分析了形势，提出了措施。鉴于当时情况，直属事业单位逐步恢复了党委（总支、支部）领导下的行政领导负责制，加强了党对文博事业的领导，使党的基层组织发挥出领导核心作用。党的各级领导班子逐步健全，党的队伍也不断壮大，党员干部队伍素质明显提高。回顾党的十一届三中全会以后 11 年的历程可以清楚地看到，正是因为党的第二代中央领导集体开创了党的建设新的伟大工程，取得了新时期党的建设的新进步，才从根本上保证了改革开放的起步和不断推进，也保证了文化遗产事业新局面的开创和不断发展。

从 1989 年 6 月党的十三届四中全会到 2002 年 11 月党的十六大这 13 年，以江泽民同志为核心的党的第三代中央领导集体高举邓小平理论伟大旗帜，创立"三个代表"重要思想，把党的建设新的伟大工程推进 21 世纪。局党组坚决贯彻党的基本路线，总结了思想政治工作的经验教训，认真贯彻中央关于加强党的建设一系列重要文件精神，认真解决基层党组织和党员队伍中存在的思想混乱、组织涣散等问题。1992 年邓小平南巡讲话后，直属机关党委举办学习班，组织广大党员干部认真学习讲话精神，结合文物工作的实际，提高对建设有中国特色社会主义的认识，增强执行党的基本路线的自觉性。自 1998 年至 2001 年，国家文物局三次召开邓小平理论与文物工作研讨会，推动了思想解放，增强了改革开放意识。直属机关党委针对新时期新形势机关党的建设遇到的新情况新问题，加强党员干部队伍思想政治建设。按照党中央的部署，自 1999 年 7 月至 2000 年 5 月，局机关和直属单位相继开展了以"讲学习、讲政治、讲正气"为主要内容的党性党风教育，使各级领导班子和领导干部普遍受到了一次深刻的马克思主义教育，经历了一次党内政治生活的严格锻炼，在思想、政治、作风、纪律等方面取得进步，实现"思想上有明显提高、政治上有明显进步、纪律上有明显增强"的目标。党的十三届四中全会以后的 13 年，党和国家确立新时期文物工作方针和原则，提出文物工作的"五纳入"，启动《文物保护法》的修订工作，文物事业的各项工作取得重大发展。文物事业所以能够在不断探索和实践上开拓了改革和发展的新局面，根本的一条就在于不断加强和改进党的建设。

从 2002 年 11 月党的十六大到现在的 6 年，以胡锦涛同志为总书记的党中央，坚持邓小平理论和"三个代表"重要思想为指导，继往开来、与时俱进，提出科学发展观重大战略思想，把党的建设的新的伟大工程推向前进。局党组坚持理论联系实际，组织党员干部深入学习邓小平理论和"三个代表"重要思想和科学发展观，不断加强领导班子思想政治建设。2003 年 9 月，国家文物局在河北省西柏坡召开"三个代表"重要思想与文物工作研讨会，在全国文物系统兴起学习贯彻"三个代表"重要思想的新高潮。按照党中央的部署，2005 年上半年开展了以实践"三个代表"重要思想为主要内容的保持共产党员先进性教育活动。在这次活动中，全体党员普遍受到一次"三个代表"重要思想的教育，进一步增强了学习实践"三个代表"重要思想的自觉性和坚定性；明确了保持共产党员先进性具体要求，进一步发挥出党员的先锋模范作用；强化了文物事业改革与发展的意识，进一步促进了各项工作的开展；涉及直属单位发展和干部群众切身利益的问题初步得到解决，进一步树立了立党为公、执政为民的观念；加大了党建工作力度，进一步增强了基层党组织的凝聚力和战斗力；实现了"提高党员素质、加强基层组织、服务人民群众、促进各项工作"的目标。党的十七大召开后，局党组深入学习贯彻大会精神，提出文化遗产事业要努力成为促进国民经济又好又快发展的积极力量，成为推动社会主义文化大发展大繁荣的积极力量，成为让人民共享发展成果的积极力量，成为建设创新型国家的积极力量，成为增强中华文化国际影响力的积极力量。要高举中国特色社会主义伟大旗帜，从理论和实践上探索中国特色文化遗产事业的道路，研究中国特色文化遗产保护理论体系，推进文化遗产事业科学发展，为全面建设小康社会做出积极贡献。按照中央部署，开展深入学习实践科学发展观活动。值得一提的是，党的十六大以来，我们党对发展社会主义先进文化重要性的认识达到了新高度，对社会主义市场经济条件下文化建设规律的认识有了新提高。党的十六大提出了发展先进文化的重大任务，党的十七提出了推动社会主义文化大发展大繁荣，兴起社会主义文化建设新高潮的战略部署。文物事业作为文化建设的重要组织部分，受到党和国家的高度重视。我们认真落实党中央的战略部署，采取一系列措施加强和改进党的建设，有力地推动和保证了文物事业各项工作的顺利进行。

30 年来，机关党建工作围绕中心，服务大局，贯彻落实党中央的重大部署，紧密与文化遗产事业的改革与发展相结合，不断改革创新，不断总结和运用经验，为文化遗产事业提供坚强的思想保证、组织保证，机关党的建设也在推动文化遗产事业的实践中得到改进和加强。

二　30 年机关党的建设取得的成绩

30 年来，机关党的建设在开拓创新、求真务实中与时俱进，取得了明显的成绩。

（一）思想政治建设得到加强

30 年来，局党组认真学习邓小平理论、"三个代表"重要思想和科学发展观，深入贯彻党的十一届三中全会以来的历次党的全国代表大会精神，坚持中心组学习制度，举办理论讲座报告会、学习研讨座谈会，用马克思主义中国化最新成果武装党员干部。1998 年 12 月，国家文物局在浙江省宁波市召开的"邓小平理论与文物工作研讨会"，要求全国文物系统深入学习邓小平理论，把握文物工作的特点和规律，探索和解决当前文物工作的难点和热点问题。会议提出要认真贯彻落实 1997 年 3 月国务院颁发的《关于加强和改善文物工作的通知》，科学分析文物工作的形势和任务，努力建立适应社会主义市场经济体制要求、遵循文物工作自身规律、国家保护为主并动员全社会参与的文物保护体制。2000 年 6 月，国家文物局在贵州省贵阳市召开第二次邓小平理论与文物工作研讨会。会议提出要坚持用邓小平理论指导文物工作；要解放思想，敢于从实践中提出新的观点和看法；要将理论研究与实际工作结合起来，与各方面的改革结合起来。2001 年 7 月，国家文物局在青岛市召开第三次邓小平理论与文物工作研讨会。会议高举邓小平理论伟大旗帜，认真学习贯彻"三个代表"重要思想，研究新时期文物、博物馆事业遇到的新情况、新问题，探讨在建立社会主义市场经济体制下文物、博物馆事业改革发展的重大问题。2003 年 9 月，国家文物局在河北省西柏坡召开"三个代表"重要思想与文物工作研讨会。会议要求全国文物系统迅速兴起学习贯彻"三个代表"重要思想新高潮，在认真贯彻"三个代表"重要思想的根本要求、始终做到"三个代表"上取得新的成效，解放思想、实事求是、与时俱进，同心同德地推进文物事业的改革和发展。2004 年，局党组中心组在中国文物报发表《科学发展观与文物工作》一文，带头学习科学发展观理论，指导文物事业发展。在深入学习实践科学发展观过程中，局党组引导党员干部认真分析研究社会主义初级阶段文化遗产事业发展面临的阶段性特征，加深对党和国家的文物工作方针的认识和理解，教育党员坚持以人为本，在文化遗产保护工作中始终代表广大人民的根本利益，深入调查研究，着力思考文化遗产事业发展的重大问题，增强贯彻落实科学发展观的自觉性和坚定性。

局党组坚持把开展理想信念和思想道德教育作为思想政治建设的重要内容。在党员干部中开展向孔繁森、任长霞、牛玉儒等先进典型人物学习活动；鼓励文物工作者深入基层、深入实际，了解国情、体察民情，先后组织青年干部 3 批 52 人次深入我局在甘肃省的扶贫县体验生活，陆续选派 8 名干部到基层挂职锻炼；要求文物工作者贴近实际、贴近生活、贴近群众，在各个岗位上多出精品，多出成果，为群众提供更多更好的精神食粮；倡导高尚的职业道德，制定和完善《中国文物、博物馆工作者职业道德准则》和《国家文物局机关工作人员守则》，推动全行业职业道德建设；在机关开展"创建和谐机关、争作人民满意的公务员"活动，在直属单位开展建设文明单位活动，努力树立良好的党风、政风、行业风气和单位风气。

机关党建宣传工作不断加强。2005 年开设国家文物局网站"党建工作"栏目，及时报道学习贯彻党的方针、政策，展示基层党组织开展的各项活动，发布党建信息 740 篇，向"文化部党建在线"报送信息 226 篇，向中央国家机关工委"紫光阁"网站报送信息 127 篇。

（二）基层党的组织进一步巩固

着力抓好各级领导班子建设。坚持党管干部的原则，按照《党政领导干部选拔任用工作条例》做好干部的选拔、培养、考核和监督工作。特别是近几年来，积极推行公开选拔、竞争上岗，以民主、公开、竞争、择优为导向，努力创造优秀人才脱颖而出、充分施展才能的干部选拔任用科学机制。坚持民主集中制的组织制度和领导制度，建立健全科学、民主的决策机制，创造相互尊重、团结协作的氛围，不断增强领导班子整体合力，把各级领导班子建设成为坚定贯彻党的理论和方针政策、善于领导科学发展的坚强领导集体。

着力加强基层党组织建设。局党组不断合理调整基层党组织设置，选拔配备好各单位党组织负责人。加强对各直属单位党委（总支、支部）换届改选的指导，使党的基层组织得到进一步健全。按照党章的规定，1991 年、1998 年、2005 年，中共国家文物局直属机关第二次、第三次、第四次代表大会相继召开，直属机关党委书记向代表大会报告工作，大会选举产生新一届直属机关党委和纪委。2002 年故宫博物院、中国历史博物馆、中国革命博物馆整建制划归文化部管理。目前，局机关和直属单位共设有 4 个基层党委、3 个党总支、36 个党支部，共有 524 名党员。机关党委重视对入党积极分子的培养和教育，先后举办入党积极分子培训班 27 期，按照"坚持标准、保证质量、改善结构、慎重发展"的方针，认真做好党员发展工作。

着力加强党内规章制度建设，先后制定了《中共国家文物局党组工作规则》、《中国共产党国家文物局直属机关委员会工作规则》、《中国共产党国家文物局直属机关纪律检查委员会工作规则》、《中国共产党国家文物局机关和直属单位基层党支部工作细则》等规章制度，使机关党建工作不断规范化、制度化。

着力抓好党的组织生活的落实，坚持党员领导干部民主生活会和党支部组织生活会制度，增强各级领导班子的整体合力，提高党员队伍整体素质。30 年来，直属机关党委大力开展表彰先进的活动，先后 12 次共表彰 115 个先进党支部、353 名优秀共产党员、52 名优秀党务工作者，受中央国家机关工委表彰的先进党组织 18 个，优秀党员 21 名，优秀党务工作者 12 名，受文化部表彰的先进党支部 22 个，优秀党员 38 名，优秀党务工作者 18 名。

着力抓好党务干部培训。30 年来，举办了 18 期党务干部培训班，坚持每年举办党务干部培训班，累计 980 余人次参加了学习培训，使党务干部队伍整体素质和工作水平得到提高。

（三）事业单位改革不断深化

局党组坚持把党的建设与文化遗产事业改革与发展紧密结合。直属机关党委在每年召开的全委会议上，把改革与发展作为主题，邀请试点单位交流开展改革的措施和经验，推动各单位深化改革。在改革过程中加强思想政治工作，正确处理各种矛盾，调整好各方面利益关系，积极引导干部职工树立大局意识，正确处理国家、集体和个人三者利益关系，支持和投身于改革，致力事业的发展。

各基层党组织贯彻中央关于深化文化体制改革的精神，牢牢把握先进文化的前进方向，站在改革的前列，解放思想，与时俱进，以改革促进发展。目前，各直属单位的改革取得阶段性的成果：一是进一步明确了本单位发展的指导思想和战略规划，增强了党员干部的政治意识、大局意识和责任意识；二是以人事制度、分配制度改革为切入点，推动管理体制和工作机制的创新，初步形成公开、平等、竞争、择优的选人用人机制，科学的绩效激励机制，有效地调动了干部职工的创造性和积极性，促进了人才队伍的建设；三是坚持党和国家的文物工作方针，遵循文物工作自身规律，结合各自业务工作实际，通过扩大服务渠道、加强经营管理、搭建科研平台等措施；四是推出一批文物保护、博物馆建设、科学研究、新闻出版信息、对外文物交流活动的新成果，为满足人民群众日益增长的文化需求作出了贡献。在深化改革的过程中，各级党组织在思想政治建设、领导水平和执政能力方面都得到锻炼和提高，充分发挥出政治核心作用。

（四）党风廉政建设取得收效

局党组认真贯彻党中央关于加强党风廉政建设的一系列重要指示精神，加强对党风廉政建设的领导，思想上高度重视，工作上常抓不懈，努力强化监督机制。

深入开展党风廉政教育。在党内开展党风廉政教育，认真学习中央文件、观看反腐倡廉专题电视片，用正反两个方面典型事例教育党员。组织学习贯彻《中国共产党党内监督条例（试行）》和《中国共产党纪律处分条例》，举办学习两个《条例》专题报告会、辅导报告，开展学习党章、遵守党章、贯彻党章、维护党章教育活动，举办党务、纪检干部专题学习培训。

加强党风廉政制度建设。制定《国家文物局关于实行党风廉政建设责任制的规定》、《党风廉政建设和反腐败工作任务分工》、《关于贯彻〈建立健全教育、制度、监督并重的惩治和预防腐败体系实施纲要〉的实施意见》等一系列文件，使党风廉政建设和反腐败工作规范化、制度化。

促进改革的深化，从源头上预防腐败现象发生。在人事制度改革方面，全面推行干部公开选拔、竞争上岗，落实群众对干部选拔任用工作的知情权、参与权、选择权和监督权，有效地克服了用人方面的不正之风。在行政审批制度改革方面，对行政审批项目进行了严格清理，取消合并了80多个行政审批项目，把不应该由局机关审批的项目移交给有关单位或中介机构去做，对保留的行政许可项目简化审批环节，规范审批程序，加强监督制约，提高审批工作的透明度。在财务制度改革方面，加强预算管理，强化财务纪律，坚持审批程序；严格执行政府采购制度和重大工程公开招标制度；严格做好审计工作，形成财政资金规范、安全、有效运行的机制。

加强领导干部廉洁自律工作。认真执行《党员领导干部廉洁从政若干准则（试行)》，认真落实中央办公厅《关于党员领导干部报告个人有关事项的规定》和中央办公厅、国务院办公厅《关于党政机关县（处）级以上领导干部收入申报的规定》，规范廉洁从政行为，严格执行廉洁自律有关制度，推行领导干部任前谈话和诫勉谈话制度，做好信访工作，把监督工作落到实处。同时对党员违纪行为进行严肃查处。

（五）和谐氛围逐步形成

认真做好统战工作。坚持召开党外人士、侨胞台属座谈会，广泛听取意见，密切与他们的联系，鼓励他们在文化遗产事业发展中充分发挥智慧和才干。

重视发挥机关工会、妇女组织的作用。开展"送温暖、献爱心"、"慰问特困职工"和走访离退休老干部活动；开展争做"时代新女性"活动，表彰优秀妇女干部，开展"和谐家庭"评选活动；举办六次局系统职工运动会，四届全国文博系统部分省、市乒乓球友谊赛，三次歌咏比赛，两次组队参加中央国家机关职工运动会，并取得了较好的成绩。每年开展植树活动，在建设良好的生态环境实践中，培育高尚的情操。

共青团围绕青年锻炼成长积极开展工作，培养了一批优秀青年干部。2006年5月以来，组织团员青年分三批，开展"重走长征路"活动，踏着当年红军长征的足迹，锻炼坚强意志，学习弘扬党的光荣传统；这个活动被中央国家机关团工委评为2007年"中央国家机关十大优秀青年文化活动"。

党群组织在各种突发事件中挺身而出，无私奉献。在2003年春夏之交抗击"非典"斗争中，局党组带领局系统干部职工，认真落实疫病防范措施，取得没有出现"非典"感染病例和疑似病例的优异成果。每逢遇到自然灾害时刻，机关党委都组织党员干部积极向蒙受自然灾害地区捐款捐物，奉献爱心。2008 年 5 月 12 日四川汶川发生特大地震，国家文物局坚决贯彻党中央、国务院对抗震救灾工作的统一部署，迅速启动应急预案，组织全国文物系统深入灾区一线，支援灾区文化遗产保护抢救修复工作。直属机关党委组织党员干部职工向受灾地区捐款 50 万元，交纳"特殊党费" 35 万多元。

三　30 年来机关党建工作的经验

30 年来，文化遗产事业发展取得累累硕果。这些成果的取得，离不开各级党组织政治核心和战斗堡垒作用的发挥，离不开全体共产党员先锋模范作用的发挥。回顾机关党建工作历程，我们深体会到：

——必须深入学习贯彻中国特色社会主义理论体系，着力用马克思主义中国化最新成果武装党员干部头脑，坚定不移地走中国特色社会主义道路。加强党员干部理想信念教育和思想道德建设，使广大党员干部成为实践社会主义核心价值体系的模范，做共产主义远大理想和中国特色社会主义共同理想的坚定信仰者、科学发展观的忠实执行者、社会主义荣辱观的自觉实践者、社会和谐的积极促进者。

——必须坚持围绕中心、立足大局开展党的建设工作。牢固树立围绕中心抓党建，抓好党建促发展的意识，把党的建设与文物事业的改革与发展紧密结合，充分发挥基层党组织的政治核心作用，以文物事业改革与发展的成果体现党建工作的成效。

——必须坚持以人为本，强化服务观念。牢记全心全意为人民服务的宗旨，在工作中坚持走群众路线，着眼于人的全面发展，提高党员队伍整体素质，使全体党员永葆共产党人的蓬勃朝气、昂扬锐气和浩然正气。

——必须坚持建立一支高素质的党务工作队伍。要通过改善结构、提高素质、加强培训、扩大交流等方式，加强党务干部队伍建设，充分发挥他们的积极性和创造性，把党建工作落到实处。

——必须坚持科学发展观，在创新中加强和改进党的建设。发扬党的优良传统作风，积极适应加强党的执政能力建设和先进性建设的要求，适应文化遗产事业改革与发展的需要，不断创新党建工作的内容、机制和方法，提高党建工作水平和实效。

当前，全党正在开展深入学习实践科学发展观活动。这是党的十七大作出的战略决策，是用中国特色社会主义理论体系武装全党的重大举措，是深入推进改革开放、推动经济社会又好又快发展、促进社会和谐稳定的迫切需要，是提高党的执政能力、保持和发展党的先进性的必然要求。文化遗产事业正处在改革发展的关键阶段，我们肩负的历史使命任重而道远。我们要进一步加强和改进机关党建工作，把党的政治优势和组织优势转化为推进文化遗产事业科学发展的强大力量，为全面建设小康社会作出更大的贡献。

负责人：张　柏
统稿人：侯菊坤
　　　　黄　元
执笔人：梁立刚

中国文物事业改革开放 30 年大事记

编写说明

一、时间范围：本大事记是"中国文物事业改革开放三十年"系列文章的附录，仅收录自 1978 年 1 月至 2008 年 8 月全国文物、博物馆事业中重大事件。

二、编撰原则：

（一）尊重历史，实事求是；

（二）大事要事，只记不评；

（三）一事一条，言简意赅；

（四）收录重要活动或会议出席人员名单为党和国家领导人，不出现部门领导人（包括文化部和国家文物局）。

三、编撰体例：编年体，收录条目按时间顺序排列。

四、收录内容：

（一）党和国家领导人视察工作、重要批示、出席重要活动（收录经公开报道的；其中全国人大、政协领导只收录专程视察文物工作的活动）；

（二）国家文物局机构建立、变更和主要领导人任职（含国家文物局直属单位组织机构沿革）；

（三）法律、行政法规、部门规章、重要的规范性文件、有代表性的地方性法规、我国参加的国际公约；

（四）年度重点工作（列入局工作计划并实施完成）；年度重要会议（国务院召开会议、局召开的全国性会议及主办的各类会议）；年度重要外事活动（政府间合作及签署双边协议、国际组织重要活动、重要外展、合作培训）；

（五）全国范围文物、博物馆领域经公开报道的重大事件。

五、参考资料：

主要包括《文物工作》、《中国文物报》、《中国文物年鉴》、《中华人民共和国文物博物馆事业纪事》、《中国文化遗产保护成就通览》、《文物法规及规章制度选编》、《国家文物局暨直属单位组织机构沿革及领导人名录》、《国家文物局预算、财务制度汇编》、《博物馆工作手册》、《国家文物局四川汶川特大地震抗震救灾工作文件汇编》、《"学习贯彻十七大精神 推进文化遗产事业发展"专题调研报告》等。

国家文物局办公室
2008 年 10 月 17 日

1979 年

2 月 6 日　国家文物事业管理局和河北省革命委员会在河北承德召开承德市 1976 ~ 1985 年建设规划审议会议，讨论避暑山庄、外八庙古建筑维修计划的 1979 ~ 1985 年部分。

2 月 19 日　中共中央、国务院颁布《关于外国人在中国拍摄问题的规定》，其中第二项对外国人拍摄文物保护单位和博物馆藏品作了规定。

3 月 15 日　中共中央组织部任命姚仲康（未到任）、华应申、齐光为国家文物事业管理局副局长。

3 月 19 日　《中华人民共和国古代文物展览——丝绸之路上（陕西、甘肃、新疆）出土的汉唐文物展》在日本东京开幕。

4 月 3 日　中国考古学成立大会及第一次年会在陕西西安召开。

同日　全国重点文物保护单位山东曲阜鲁国故城和孔庙、孔府、孔林正式对外开放。

4 月 16 日　根据谷牧副总理指示，国家建委、建筑研究院邀请国家文物事业管理局、北京市文物局、北京市规划局等单位座谈北京市德胜门箭楼保留与否问题。到会同志一致要求保留（会后经批准德胜门得以保留）。

同日　国家文物事业管理局在北京召开 1978 年文物事业统计年报汇审汇编工作会。这是建局以来召开的第一次文物事业统计年表工作会。

5 月 16 日　国家文物事业管理局委托上海博物馆举办的陶瓷修复训练班开学。

5 月 29 日~6 月 4 日　国家文物事业管理局在安徽合肥召开省、市、自治区博物馆工作座谈会。

5 月　国家文物事业管理局创办文物工作期刊《文物通讯》。

6 月 20 日　根据中宣部召开的关于敦煌文化保护工作座谈会的意见，国家文物事业管理局提出关于加强敦煌莫高窟保护和研究工作的报告，并经中宣部批转甘肃省委宣传部，请省革命委员会提出落实方案。

6 月 29 日　国家文物事业管理局颁布《省、市、自治区博物馆工作条例》。

7 月 1 日　中华人民共和国第五届全国人民代表大会第二次会议通过《中华人民共和国刑法》。《刑法》第一百七十三条和第一百七十四条，对盗运珍贵文物出口、故意破坏国有保护珍贵文物、名胜古迹行为作出规定。

7 月 9 日　国家文物事业管理局印发《关于博物馆外宾服务部不准出售文物的通知》。

7 月 12 日　国家文物事业管理局印发《关于外国人拍摄一级文物需经国家文物事业管理局批准的通知》。

7 月 30 日　轻工业部、国家文物事业管理局联合印发《关于搞好古代文物复制、仿制工作有关问题的通知》。

7 月 31 日　国务院批转国家文物事业管理局《文物特许出口管理试行办法》，规定文物特许出口由文物商店统筹办理。

8 月 3 日　国家文物事业管理局印发《关于对博物馆涉外工作的通知》。

8 月 15～21 日　国家文物事业管理局和冶金部在湖北黄石联合召开大冶铜绿山古矿冶遗址保护座谈会，商定成立领导小组主持该遗址保护和发掘工作。

8 月 24～30 日　国家文物事业管理局在京召开部分省、市、自治区文物保护科学研究座谈会，讨论《1978 年～2000 年文物保护科学技术发展规划（草案）》。

9 月 4 日　国家文物事业管理局印发《关于试行〈拓印古代石刻的暂行规定〉的通知》。

10 月 1 日　中国革命博物馆基本陈列"中国共产党历史陈列"（民主革命时期部分）重新开放。

11 月 7 日　国务院批准国家文物事业管理局出国文物展览工作室改称"中国对外文物展览公司"。

11 月 19 日　国家文物事业管理局颁布《文物、博物馆工作科学研究人员定职升职试行办法》。

11 月 20 日　全国建筑历史学术讨论会在安徽芜湖举行。会议讨论了国家文物事业管理局起草的《文物保护法》草案中有关古建筑保护管理条款以及草拟的第二批全国重点文物保护单位中古建筑名单。

11 月　南开大学历史系设立博物馆专业。

12 月 22 日　中共中央任命任质斌为国家文物事业管理局局长，王冶秋为国家文物事业管理局顾问；国家文物事业管理局成立党组。

1980 年

1 月 3 日　中共中央组织部任命孙轶青为国家文物事业管理局副局长。

2 月 2 日　根据国务院实行"划分收入，分级包干"，中央、地方"分灶吃饭"财政管理体制的通知，从 1980 年起各地文物事业费预算指标不再由国家文物事业管理局安排。

2月6日　国家文物事业管理局、国家建工总局、中国建筑学会、中国建筑科学研究院在北京故宫博物院联合举办"古代建筑展览"。

4月1日　国家文物事业管理局邀请国家旅游局和北京市建委、城市规划局、文物局等单位，就如何更好处理国家建设与文物古建筑保护关系问题举行座谈。

同日　故宫博物院明清档案部再次划归国家档案局建制。

4月12日　"伟大的中国青铜时代展览"在美国纽约开幕。

4月16日　公安部、文化部、国家文物事业管理局联合印发《关于加强文物安全保卫工作的通知》。

4月　国家文物事业管理局会同中国科学院、教育部颁布《图书馆工作人员职称条例》。

5月13日　全国政协文化组举行座谈会，讨论国家文物事业管理局起草的《中华人民共和国文物保护法》（征求意见稿）。

5月15日　国务院批转国家文物事业管理局和国家基本建设委员会《关于加强古建筑和文物古迹保护管理工作的请示报告》。

5月17日　国务院印发《关于加强历史文物保护工作的通知》。

5月20日　全国政协文化组举行第二次座谈会，讨论国家文物事业管理局起草的《中华人民共和国文物保护法》（征求意见稿）。

同日　国家文物事业管理局邀请国家出版局、中央广播局等单位，就与国外合作摄制文物电视、电影和出版文物书刊等问题进行座谈。

5月24日　"中国古代艺术珍宝展"在丹麦哥本哈根开幕。

5月26日　由胡耀邦同志主持中共中央书记处第23次会议讨论了文物、图书馆工作。会议决定文化部设图书馆管理局。

5月28日　河北省人民政府发布保护长城的布告。

5月31日　国家文物事业管理局向新华社记者发表《关于切实加强文物古迹的保护管理有关问题》的谈话。

6月4日　中共中央、国务院颁布《关于收回"文化大革命"期间散失的珍贵文物和图书的规定》。

6月11日　中共中央组织部任命金紫光为国家文物事业管理局副局长。

同日　公安部、文化部、国家文物事业管理局联合召开会议，传达中央负责同志对保护长城的指示并部署调查工作，对北京、陕西、甘肃、河北、内蒙古的长城破坏情况进行调查，并向国务院呈报《长城破坏情况和今后加强保护管理意见》的报告。

6 月 27 日～7 月 7 日　国家文物事业管理局在北京召开全国文物工作会议。

6 月　由国家文物事业管理局主持，中国历史博物馆及山西雁北文物工作站组成山西应县木塔辽代文物整理研究组。

6 月　国家副主席宋庆龄为广东省东莞县虎门鸦片战争博物馆题词。

7 月 1 日　中央军委主席邓小平参观陕西临潼县秦始皇陵兵马俑博物馆和华清池。

7 月 9 日　国家文物事业管理局印发《关于妥善保管"参考资料"和处理品的通知》。

7 月 15 日　中央军委主席邓小平视察湖北武汉市八七会议会址纪念馆。

7 月 26 日　文化部、国家文物事业管理局印发《关于图书馆工作改变领导体制的通知》。从 8 月 1 日起，图书馆管理工作移交文化部。国家文物事业管理局图书馆处撤销。

7 月　国家文物事业管理局委托南京工学院（现东南大学）举办古建专业进修班，学制 1 年。

9 月 24～28 日　国家文物事业管理局在北京召开"全国纪念馆调查座谈会"，贯彻中共中央关于"少宣传个人"的方针。

9 月　国家文物事业管理局与北京市东城区鼓楼中学、二〇五中学联合创办文博职业高中班。

10 月 6 日　中共中央组织部任命汪小川为国家文物事业管理局副局长，李兆炳为国家文物事业管理局顾问。

10 月 28 日　文物商店总店更名为中国文物商店总店。

11 月 1 日～12 月 27 日　国家文物事业管理局在河北承德开办博物馆馆长、博物馆学、中国古代史、中国通史、中国革命史、文物基础知识等读书班。

11 月 18～24 日　国家文物事业管理局在北京召开全国文物事业财务工作汇报会。

12 月 5 日　海关总署通知：文物复制品的出口展销是非贸易性出口业务，由国家文物事业管理局所属中国对外文物展览公司兼管，直接办理出口手续。

12 月 24～29 日　中国文物保护技术协会第一次代表大会在北京召开。该协会受中国科学技术协会领导，挂靠在国家文物事业管理局。

1981 年

1 月 8 日　青海省图书馆失火，大藏经等珍贵文物被焚毁。

1 月 12 日　国家文物事业管理局在北京召开文物博物馆干部培训座谈会。对今后培训工作提出"全面安排、重点掌握、统一规划、分级负责"的要求。

1月15日　国务院批转国家文物事业管理局《关于加强文物工作的请示报告》，报告中提出在全国开展文物普查等意见。

1月30日　中共中央宣传部批准国家文物事业管理局成立国际友谊博物馆筹备处。

2月10日　中共中央宣传部任命马济川为国家文物事业管理局副局长，彭则放为国家文物事业管理局顾问。

2月19日　国家文物事业管理局印发《关于冻结各地收存的西藏铜佛、法器的通知》。

2月22～24日　国家文物事业管理局在北京召开革命纪念馆调整工作会议。

2月28日　国家文物事业管理局、国家城市建设总局、公安部联合印发《关于认真做好文物古迹、风景园林游览安全的通知》。

2月28日～3月5日　国家文物事业管理局在北京召开各省、市、自治区文物（文化）局长会议。会议研究贯彻执行国务院批转国家文物事业管理局《关于加强文物工作的请示报告》，部署开展文物普查和编写文物志工作。

3月11日　国家文物事业管理局颁布《直拨经费使用管理办法》（试行）和《直拨经费财务管理细则》。

3月17日　国家文物事业管理局在河北承德举办文博系统领导干部"中国革命史"读书班。

4月10日　国务院办公厅转发文化部、国家文物事业管理局《关于长城破坏情况的调查报告》。

4月20日　国家文物事业管理局、财政部、公安部联合印发《关于加强安全措施防止文物失窃的意见》。

4月29日　国家文物事业管理局颁布《文物工作人员守则》。

5月7日　国家文物事业管理局印发《不要匆匆忙忙将佛、道庙观交给宗教部门的通知》。

5月10日　国家文物事业管理局委托山西省文物局在山西解州举办的第一期古建培训班开学。

6月26日　国家文物事业管理局、公安部联合印发《关于加强古建筑防火工作的通知》。

7月5日　国家文物事业管理局举办博物馆学讨论会，集体重新编审《中国博物馆学概论》（1985年出版）。

7 月 17 日　国家文物事业管理局颁布《文物商店工作条例（试行稿）》。

8 月 6～8 日　国家文物事业管理局在北京召开文物管理体制问题座谈会。

8 月 8 日　中央军委主席邓小平视察甘肃敦煌莫高窟并作重要指示。

9 月 11～17 日　国家文物事业管理局召开全国博物馆安全防护工作会议，讨论改善省级博物馆安全设备条件等问题。

9 月 17 日　为纪念鲁迅诞辰 100 周年，扩建后的鲁迅博物馆重新开放并举行开馆仪式。

10 月 1 日　首都博物馆正式建成并对外开放。

10 月 24 日　中国文物商店总店协助安徽省文物商店在安徽合肥召开文物商品小型交易会。文物商店之间调剂文物 5000 件。

10 月 30 日　国务院批转国家文物事业管理局《关于加强文物市场管理的请示报告》。报告明确提出将文物对外批发逐步转为在国内市场零售，逐年减少对外批发的数量。

10 月 31 日～11 月 5 日　国家文物事业管理局在北京召开省级博物馆保卫干部会议。

10 月　国家文物事业管理局印发《关于文物安全防护工作的调查情况通报》及公安部、国家文物事业管理局《关于必须对文物部门的整顿情况进行验收的通知》。

10 月　国家文物事业管理局在四川成都建立西南文物干部培训中心。

11 月 1 日　国家文物事业管理局在湖南板仓建立中南文物干部培训中心。

11 月 3 日　国家文物事业管理局印发《关于不断发现国外旅客携带禁止出口文物出境的情况通报》。

11 月 10 日　北京市人民政府颁布《北京市文物保护管理办法》。

12 月 10 日　国家出版事业管理局、国家文物事业管理局印发《关于允许中国书店和上海书店到全国各地收购古旧书刊的通知》。

12 月 21 日　国家文物事业管理局赠送美国谢尔通用建材公司古砖博物馆长城古砖（1 件）。

1982 年

1 月 14 日　对外文化联络委员会、国家文物事业管理局印发《关于文物事业涉外工作的几点意见》。

1 月 19 日　中共中央宣传部任命常书鸿为国家文物事业管理局顾问。

1月24日　陕西省人民政府颁布《陕西省文物保护管理暂行办法》。

2月8日　国务院批转国家基本建设委员会、国家文物事业管理局、国家城市建设总局《关于保护我国历史文化名城的请示》，公布第一批24个国家历史文化名城。

2月20日　国家文物事业管理局和海关总署联合发布《关于加强文物出口监管公告》。

2月23日　国务院公布第二批全国重点文物保护单位名单62处（全国总计242处）。

2月26日　国家文物事业管理局在天津召开文物库房建筑工作会议。

3月1日　国家文物事业管理局在江苏扬州建立华东文物干部培训中心。

3月9～17日　中国文物商店在北京召开全国文物商店工作会议。会议讨论修改了《文物商店管理条例（草案）》。

3月23～27日　中国博物馆学会大会暨首届学术讨论会在北京召开。

3月30日　国家文物事业管理局在北京召开13个省、市文物局（文化局、文管会）文物出口鉴定工作交流座谈会。起草《文物出口鉴定管理工作暂行规定》和修改《文物出口界限和鉴定标准的规定》。

3月　海关总署、国家文物事业管理局发布关于加强文物出口监管公告。

4月24日　中共中央任命孙轶青为文化部文物事业管理局局长。

5月4日　全国人大常委会第23次会议通过关于国务院部委机构改革实施方案的决议。国家文物事业管理局等5单位合并，设立文化部。国家文物事业管理局改为文化部文物事业管理局（以下简称"文化部文物局"）。

5月31日　北京市人民政府发布《北京市文物市场管理暂行规定》。

6月4～6日　文化部文物局在广西南宁召开中南、西南、华东三大区文物干部培训工作座谈会。

7月8日　文化部文物局在北京召开全国拣选文物工作座谈会。

7月20日　中共中央宣传部任命马济川、沈竹为文化部文物局副局长。

8月1日　国务院批准宗教事务局、文化部《关于处理封存在甘肃等地的西藏铜佛法器的请示报告》。

9月24日　文化部文物局转发地质矿产部《关于在地质找矿中注意保护文物古迹、风景名胜的通知》。

10月11日　文化部印发邓小平及胡乔木、邓力群关于保护帝国主义侵略战争遗迹用以教育人民、教育青少年、教育子孙后代的指示并发出《做好保护日本侵华罪行遗址工作的通知》。

10 月 14 日　文化部文物局在北京中山公园召开现场会，研究处理中山公园违章扩建招待所工程及故宫西朝房的安全问题。

10 月　文化部文物局文物档案资料室与研究室合并为研究资料室。

11 月 8 日　国务院批转城乡建设环境保护部、文化部和国家旅游局《关于审定第一批国家重点风景名胜区的请示》，公布第一批国家重点风景名胜区 44 处。

11 月 9 日　中共中央总书记胡耀邦视察南京雨花台烈士事迹陈列室。

11 月 19 日　第五届全国人民代表大会常务委员会第 25 次会议审议通过并公布实施《中华人民共和国文物保护法》。

12 月 4 日　中华人民共和国第五届全国人大第五次会议通过并公布施行《中华人民共和国宪法》。《宪法》总纲第二十二条规定："国家保护名胜古迹，珍贵文物和其他重要历史文化遗产。"

12 月 18 日　国务院任命谢辰生为文化部文物局顾问。

12 月 22 日　"中国秦代兵马俑展览"在澳大利亚墨尔本开幕。

1983 年

1 月 17～24 日　文化部文物局在云南昆明召开文博干部培训工作调查座谈会，讨论并修改《关于加强文博干部轮训教育的意见》。

1 月 26 日　文化部国家文物委员会举行成立会议。该委员会是文物工作咨询性机构，由文物、考古、历史、建筑等方面专家、学者组成。夏鼐和廖井丹先后担任主任委员。

1 月 31 日　徐悲鸿纪念馆新馆落成并正式开放。

同日　国务院批复文化部同意恢复中国革命博物馆、中国历史博物馆建制。

2 月 4 日　文化部印发《关于颁发中华人民共和国考古发掘证照和中华人民共和国考古发掘申请书的通知》。

3 月 9 日　城乡建设环境保护部印发《关于加强历史文化名城规划工作》的通知。

4 月 5～7 日　文化部文物局在北京召开全国书画巡回鉴定专家座谈会。会议决定正式成立中国古代书画鉴定组，从 1983 年下半年开始在全国进行书画巡回鉴定，其成果编辑《中国古代书画目录》和《中国古代书画图目》，由文物出版社出版。（此次鉴定于 1990 年 5 月结束）

5 月 2 日　文化部文物局邀请复旦大学、南开大学、清华大学、北京大学、南京大学、南京工学院、吉林大学、中央美术学院等 8 所高校有关专业负责人就培养文博专业人才问题进行座谈。

5 月 28 日　城乡建设环境保护部、文化部联合印发《关于在建设中认真保护文物古迹和风景名胜的通知》。

6 月 6 日　文化部党组批准文物局成立分党组。

7 月 12 日　全国重点文物保护单位河南洛阳龙门石窟八作司洞和若干佛像被砸。

7 月 25 日　中国博物馆代表团出席在英国伦敦举行的国际博物馆协会第十三届大会。中国加入联合国教科文组织国际博物馆协会。

7 月 28 日~8 月 5 日　文化部文物局在贵州贵阳举行全国文物普查与文物志编写工作座谈会。

8 月 10 日　北京圆明园整修工程举行奠基仪式。经党中央、国务院批准决定，将圆明园整修为遗址公园。

8 月 16 日　文化部文物局印发《关于直拨经费财务管理问题的通知》。

9 月 13 日　文化部印发《关于制定系统内全国重点文物保护单位维修和安全保护规划的通知》。《通知》要求加强各级文化系统使用的全国重点文物保护单位维修和安全保护（如防火、防雷、防盗设施等）工作。

10 月 1 日　陕西省"秦代兵马俑全国巡回展"在黑龙江等地展出。

10 月 22 日　湖南省博物馆马王堆汉墓陈列室 38 件珍贵文物被盗（破案后追回被盗文物 31 件）。

10 月 24 日~11 月 1 日　文化部文物局在山东曲阜召开全国古城遗址保护工作座谈会，拟订《古遗址、古墓葬保护管理条例》（草案）。

11 月 2 日　文化部文物局在浙江杭州召开文博干部培训中心工作会议，修改并通过了《关于加强文博干部培训教育工作的意见》。

11 月 10 日　文化部文物局邀请有关部门在湖南长沙举行严厉打击文物走私活动座谈会，研究如何抓好查禁和打击文物走私活动的措施。

12 月 24~30 日　文化部文物局在陕西西安召开城市博物馆建设座谈会。

12 月　文化部文物局山东泰安培训中心设立。

1984 年

1 月 5 日　国务院颁布《城市规划条例》，其中对历史文化名城规划、城市规划中应保护文物古迹等作出明确规定。

1 月 18 日 文化部印发《关于不作为宗教活动场所的寺观教堂等古建筑不得从事宗教活动和封建迷信活动的通知》。

2 月 8 日 文化部、中国人民银行联合印发《关于加强对古钱币抢救保护的紧急通知》。

2 月 28 日 由文化部部长周巍峙签发,文化部、公安部联合颁布《古建筑消防管理规则》。

3 月 5～15 日 文化部文物局在四川成都召开 1983 年考古发掘汇报会,讨论制定省级文物考古机构工作条例和田野考古工作规程。

3 月 13 日 文化部印发《关于文物商店立即停止'小内柜'纠正不正之风的紧急通知》。

3 月 30 日 国务院办公厅转发文化部《关于加强文物保护、制止破坏的紧急报告》。通知要求各地区、各部门要认真检查《中华人民共和国文物保护法》执行情况。

4 月 3 日 国务院任命吕济民为文化部文物事业管理局局长;庄敏为文化部文物事业管理局副局长。

同日 文化部文物局印发《关于改变直拨经费财务管理办法的通知》,决定先在 10 个省(市)试行"逐项核定预算,按年汇总拨款,省、市统筹调度,年终一次核销"的决算财务管理办法。

4 月 12 日 中共中央宣传部出版局、文化部出版局和文化部文物局在北京召开编辑出版《中国美术全集》工作会议。(1989 年 9 月《中国美术全集》60 卷出齐)

4 月 14～20 日 文化部文物局和公安部刑侦局在浙江杭州联合召开反文物走私座谈会。

4 月 16 日 文化部文物局在陕西咸阳成立文物干部培训中心并举办第 1 期文物法与文物保护管理培训班。

4 月 30 日～5 月 6 日 中共中央宣传部和文化部在北京召开全国文物工作会议。中央书记处书记、中宣部部长邓力群到会并讲话。中共中央政治局委员、国务院副总理王震接见全体代表。

5 月 10 日 由文化部部长周巍峙签发,文化部颁布《田野考古工作规程(试行)》。

6 月 26 日 国家主席李先念视察陕西西安半坡博物馆。

7 月 1 日 南通博物馆恢复"南通博物苑"原名。

7 月 14 日 中共中央书记处召开第 143 次会议,专门研究我国文物保护工作和博物馆事业建设问题。文化部和文物局领导列席听取中央领导同志指示。

7月26日　文化部文物局在山东长岛召开文博干部培训教材编辑及制定教学大纲研究会。

8月14日　文化部、公安部联合印发《关于加强非文物部门收藏文物安全保卫工作的通知》。

8月26～31日　文化部文物局在甘肃兰州召开全国博物馆整顿改革工作座谈会。

9月1日　中央军委主席邓小平为"爱我中华、修我长城"社会赞助题词：爱我中华，修我长城。

9月2日　中国历史博物馆主办的"中国古代文明展览"在南斯拉夫克罗地亚共和国首府萨格勒布开幕。总书记胡耀邦为展览题词。国家主席李先念出席开幕式。

9月9～15日　文化部文物局在湖南韶山召开全国革命纪念馆工作座谈会，讨论制定《革命纪念馆工作条例（草案）》。

9月10日　文化部文物局在山东兖州举办田野考古领队培训班。

10月17～22日　公安部和文化部文物局在山东烟台召开省级博物馆安全保卫工作会议，讨论了《博物馆安全保卫工作条例》草案。

10月27日～11月2日　国家民委和文化部在北京联合召开全国少数民族文物工作会议。讨论加强民族文物保护工作的措施，发出《全国少数民族文物工作会议呼吁书》。

10月31日　中宣部、文化部在北京联合召开文物工作座谈会。中央书记处书记邓力群主持并讲话。

11月6日　文化部文物局局长吕济民在中央人民广播电台作题为《大家都来保护文物》的广播讲话。

12月11日　文化部印发《关于使用文物古迹拍摄电影、电视故事片的暂行规定》。

12月19～25日　文化部文物局就接收外贸库存文物问题在京召开座谈会。

12月24日　国家文物委员会召开第六次会议。会议着重讨论湖北省铜绿山古矿冶遗址的保护问题，以及中共陕西省委、陕西省人民政府给中央、国务院的《关于发掘桥陵墓室、秦陵周围遗址和科学探测秦陵墓室的报告》，认为主客观条件不具备，不宜主动发掘。

12月　中国考古学会编辑的《中国考古学年鉴（1984）》由文物出版社出版。

1985 年

1月9日　由文化部部长周巍峙签发，文化部颁布《革命纪念馆工作试行条例》。

1 月 15 日　文化部文物局印发《关于博物馆整顿改革的几点意见》。

1 月 16 ~ 22 日　文化部文物局在福建福州召开配合基本建设考古工作座谈会。

1 月 22 ~ 28 日　文化部文物局在广西南宁召开文博干部培训点工作会议。

1 月 25 日　文化部、公安部联合印发《博物馆安全保卫工作规定》。

3 月 1 日　全国重点文物保护单位北京法海寺正式对外开放。

3 月 6 日　文化部文物局在河南郑州举办古钱币整理工作骨干人员培训班。

4 月 7 日　全国重点文物保护单位拉卜楞寺发生火灾，烧毁一座大经堂及内部珍藏的大部分文物。

4 月 18 日　文化部印发《关于统一文物商品外销发票的通知》。

4 月 19 日　文化部颁布《关于拍摄电影、电视有关文物的暂行规定》。

4 月 24 ~ 26 日　文化部文物局在上海召开博物馆电脑管理座谈会。重点探讨了博物馆藏品管理、博物馆藏品分类标准化问题。

5 月 24 日　公安部、文化部、国务院宗教事务局、城乡建设环境保护部联合印发《关于全国重点文物保护单位拉卜楞寺发生重大火灾事故的通报》。

6 月 7 日　国务院颁布《风景名胜区管理暂行条例》。

7 月 2 ~ 6 日　文化部文物局和公安部刑侦局在河南洛阳召开反文物走私经验交流会。

7 月 5 日　文化部文物局在江苏常州召开丝织文物复制工作座谈会。

8 月 23 日　航空部、文化部、江西省文化厅、江西省国防工办和景德镇市人民政府就全国重点文物保护单位湖田古瓷窑址遭受破坏问题召开会议，形成《湖田古窑址保护区和 602 所生活区问题的会议纪要》。

9 月 9 日　文化部文物局委托中国人民大学、复旦大学举办的文博干部专修班开学。学制 2 年。

10 月 10 日　故宫博物院在北京人民大会堂举行庆祝建院 60 周年纪念大会。中共中央政治局委员杨尚昆、胡乔木等参加大会。胡乔木代表党中央和国务院讲话。

10 月 14 日　全国政协副主席邓颖超视察重庆红岩纪念馆并题词。

10 月　文化部文物局决定将承德、太原、郑州、咸阳、长沙板仓培训中心交由所在省文化部门自办，经费由地方承担，文物局保留使用权。泰安和扬州培训中心予以保留。

11 月 11 日　文化部文物局印发《关于对北京市文物商店试点外销古钱币进行鉴定

并钤盖火漆标识的通知》。

11 月 14～20 日　文化部文物局在福建福州召开全国博物馆藏品保管工作座谈会。会议在讨论修改 1978 年颁发《博物馆藏品保管试行办法》的基础上，研究和制订《博物馆藏品保管条例》、修订了《博物馆一级藏品鉴选标准》、草拟了《关于博物馆藏品分类办法的意见》等。

11 月 25 日　中共中央书记处召开会议。胡耀邦同志主持会议，讨论关于加强文物保护和利用促进社会主义精神文明建设问题。会议听取了文化部文物局"关于加强文物的保护和利用，促进社会主义精神文明建设"的汇报。会议决定：文物商业由文物部门归口管理、统一经营，外贸部门不再经营文物，现有外贸库存文物一律作价移交文物部门。

12 月 22 日　中华人民共和国第六届全国人民代表大会常务委员会第十三次会议决定：批准我国加入联合国教育、科学及文化组织大会第十七届大会于 1972 年 11 月16 日在巴黎通过的《保护世界文化和自然遗产公约》。

12 月 28～30 日　文化部召开新中国成立以来第一次全国文博系统先进集体、先进工作者表彰大会。大会表彰了 70 个先进集体，170 多名先进个人。文化部文物局向从事文博工作 30 年的 16000 多名同志颁发证书和纪念章。

12 月　中国文物商店总店在山东曲阜县举办第一期文物商店经理学习班。

1986 年

1 月 16～22 日　文化部文物局在黑龙江哈尔滨召开文物普查座谈会，研究起草《〈中国文物分布图集〉（后定名为〈中国文物地图集〉）编绘细则》（征求意见稿）。

1 月 20 日　故宫博物院地下文物库房建设工程举行奠基典礼。

3 月 5～9 日　文化部在北京召开国家文物鉴定委员会成立大会。国家文物鉴定委员会由文化部聘任 54 位委员组成，主任委员启功。

3 月 30 日～4 月 4 日　文化部文物局在云南昆明召开全国考古发掘与文物普查工作会议。会议决定编写《中国文物地图集》。

4 月 1 日　国务院总理赵紫阳视察河南洛阳古代艺术馆。

4 月 11 日　由联合国教科文组织赞助、中国博物馆学会和中国文物保护技术协会在北京联合举办亚洲地区文物保护技术讨论会。

5 月 1 日　《黑龙江省文物管理条例》开始施行。

5 月 3 日　文化部文物局在四川成都召开全国文物保护科学技术"七五"规划工作

会议。

5 月 5 日　文化部文物局按照中央领导同志在西藏自治区党委、自治区人民政府《关于清退"文革"中查抄寺庙珠宝、玛瑙情况的报告》批示精神，成立铜造像整理组，将 9271 件鎏金藏传佛教铜像退还西藏自治区。

5 月 18 日　"中国文明史—华夏瑰宝展览"在加拿大蒙特利尔开幕。国务院总理赵紫阳为展览题词。

5 月 20 日　文化部印发《关于做好文物普查工作的通知》。

5 月 29 日　文化部颁布《省、自治区、直辖市文物考古研究所工作条例（试行)》。

6 月 2 日　文化部、公安部联合印发《关于检查落实文物和古建筑防火安全措施的通知》。

6 月 7 日　全国人大常委会委员长彭真视察陕西临潼县唐华清宫遗址发掘工地和秦始皇兵马俑博物馆。

6 月 9 日　文化部和外经贸部联合印发《关于外贸文物部门办理一般文物（旧工艺品）交接事宜的通知》，决定将外贸部门的库存文物全部拨交文物部门。

6 月 19 日　文化部颁布《博物馆藏品管理办法》。

同日　文化部文物局根据对外经济贸易部、文化部《关于外贸、文物部门办理一般文物（旧工艺品）承接事宜的通知》，向北京市文物局、天津市文化局、上海市文管会、广东省文管会办公室发出《关于立即停止对外贸易工艺品进出口公司外销文物鉴定放行的通知》。

7 月 6 日　文化部文物局和中国历史博物馆联合举办的"全国文物保护科技成果展览"开幕。

7 月 9 日　文化部在北京召开文物局等 10 多个单位及专家学者参加的水下考古座谈会。

7 月 12 日　文化部颁布《纪念建筑、古建筑、石窟寺修缮管理办法》。

7 月 17 日　文化部文物局成立《中国文物地图集》编辑委员会。

7 月 20 日　文化部、国家工商局联合印发《关于对经营文物商品的单位重新进行审批和换发营业执照的通知》。

7 月　文物出版社印刷厂与英国香港怡和印刷有限公司合资成立文怡印刷有限公司。这是改革开放以后我国印刷行业中第一家合资企业。

8 月 2 日　文化部印发《关于做好接收外贸工艺品进出口公司库存文物准备工作的通知》。

8 月　国务院副总理万里考察甘肃敦煌文物保护工作。

8 月　《中国大百科全书 – 考古学》卷由中国大百科全书出版社出版。

9 月 20 ～ 25 日　文化部文物局先后在湖北洪湖、监利召开革命遗址（群）保护工作会议。

9 月　文化部文物局委托北京大学举办考古研究生班、石窟考古研究生班和文博专业证书班，学制 2 年；委托南开大学举办博物馆学研究生班，学制 3 年。

10 月 18 日　国务院批复原则同意文化部《关于加强我国水下考古工作的报告》。具体工作由文化部承办，中国历史博物馆组建水下考古协调小组，设立国内唯一水下考古专业机构—水下考古学研究室。

10 月 20 ～ 24 日　文化部文物局在天津召开全国博物馆群众教育工作座谈会。

10 月 23 ～ 29 日　文化部文物局在上海召开文物出口鉴定管理工作会议，修订《文物出口鉴定管理工作规定》、《对私人携带旧存文物出口的管理办法》（附实施细则）、《限制建国后已故著名书画家作品出境者名单（参考）》等有关规定。

10 月 25 日　文化部文物局印发《关于开始接收外贸库存文物的通知》。

11 月 17 日　文化部、湖南省人民政府在湖南长沙联合召开表彰查处湖南省进出口公司走私文物案有功集体和个人大会。中共中央书记处书记邓力群等出席会议。

11 月 18 日　文化部文物局决定要求驻故宫博物院外单位全部迁出。

12 月 1 日　文化部文物局组成文物接收小组赴香港接收港英当局自 1983 年以来缉获的内地走私文物 413 件。

12 月 17 日　陕西省博物馆发生一级文物藏品秦乐府钟被盗重大案件。

1987 年

1 月 3 日　香港海关移交的第一批文物 400 件运抵中国历史博物馆（第二批文物 500 件亦于同年 10 月 8 日运抵该馆）。

2 月 3 日　文化部颁发《文物藏品定级标准》。

2 月 13 日　文物出版社庆祝建社 30 周年大会在中国革命博物馆中央大厅举行。中共中央书记处书记邓力群等到会祝贺。

2 月 14 日　陕西省考古研究所等单位组成考察队对扶风县法门寺塔基进行考古发掘。

3 月 13 日　全国水下考古协调小组第一次会议在北京召开。

4 月 1 日　财政部印发《关于执法机关依法没收的国家禁止出口的文物无偿交由专

管机关处理的通知》。

4月14日　国务院批准文化部《关于进一步加强文物出国展览工作的几项规定》。

5月11日　文化部文物局印发《关于印发中央和国务院领导同志关于严厉打击挖坟盗墓、走私文物等犯罪活动批示的通知》。

5月19日　国务院召开第140次常务会议。会议讨论《关于打击盗掘和走私文物活动的通告》等问题。会议同意印发《关于打击盗掘和走私文物活动的通告》；同意恢复国家文物事业管理局，领导关系不变，不升格，不增加编制。

5月26日　国务院发布《关于打击盗窃走私文物活动的通告》。

5月31日　文化部印发《贯彻国务院〈关于打击盗窃走私文物活动的通告〉的通知》。

6月6日　文化部召开全国电话会议。文化部文物局就贯彻《关于打击盗窃走私文物活动的通告》、国务院第140次常务会议决定和中央领导关于加强文物工作的意见提出了要求。

6月18日　文化部颁布《文物商店向国内群众销售文物的试行办法》。

6月20日　国务院办公厅发布《关于文化部文物事业管理局改为国家文物事业管理局的通知》，为了加强对全国文物工作的领导和管理，国务院决定将文化部文物事业管理局改为国家文物事业管理局，隶属关系不变，仍由文化部领导。国家文物事业管理局独立行使职权，计划、财政、物资分配等单列户头。

6月25日　中国长城学会在北京成立。

6月26～29日　国家文物事业管理局、公安部消防局联合在山东曲阜召开全国部分省、市、自治区古建筑消防工作经验交流会，贯彻落实国务院办公厅《关于防止重大火灾事故的紧急通知》。

7月14～19日　国家文物事业管理局在四川成都召开民俗文物工作座谈会。

7月15日　文化部、公安部联合印发《关于切实加强文物安全防护工作的紧急通知》。

7月16日　文化部党组指示，故宫博物院实行院长负责制。

7月17～22日　国家文物事业管理局在河北易县召开深入贯彻国务院《关于打击盗掘和走私文物活动的通告》和文化部颁布《纪念建筑、古建筑、石窟寺等修缮工程管理办法》座谈会。

7月24日　中共中央总书记赵紫阳视察辽宁省绥中姜女石遗址考古工地。

7月～12月　国家文物事业管理局办公室编发《文物简报》，至年底共编发35期，专门刊登全国各地贯彻国务院《关于打击盗掘和走私文物活动通告》的有关情况。

8月8日　国家文物事业管理局在吉林集安召开11省、市《中国文物地图集》编辑工作会议。

9月2日～10月10日　国家文物事业管理局、海关总署在北京海关总署培训基地共同举办文物鉴定知识学习班。

9月6日　中共中央政治局委员胡乔木视察甘肃敦煌莫高窟。

9月15日　国家文物事业管理局和故宫博物院联合举办的"全国重要考古新发现展览（1985～1986）"在故宫博物院展出。

9月　国家文物事业管理局委托吉林大学举办考古研究生班，学制2年。

10月1日　《中国文物报》创刊。该报是在河南省文化厅1985年创办的《文物报》基础上，改由国家文物委员会主办，由国家文物事业管理局研究室主管。

10月6日　国家文物局在湖南长沙召开考古所长座谈会，交流贯彻《省、自治区、直辖市文物考古研究所工作条例》的经验，并决定开展考古工地检查。

10月16日～11月16日　国家文物事业管理局在湖南板仓培训中心举办首届省市博物馆群教部主任培训班。

10月21日　中共中央总书记赵紫阳视察江西井冈山革命遗址群。

11月24日　国务院印发《关于进一步加强文物工作的通知》。

同日　国家文物事业管理局印发《关于文物拍卖暂不扩大试点的通知》。

11月25日　国家文物事业管理局印发《关于加强古建筑消防工作，落实防火岗位责任制的通知》。

11月27日　最高人民法院法院、最高人民检察院印发《关于办理盗窃、盗掘、非法经营和走私文物的案件具体应用法律的若干问题的解释》。

12月1日　国家文物事业管理局在辽宁沈阳首次举办全国文物单位安全技术防范培训班。

12月11日　第11届联合国教科文组织世界遗产委员会会议正式批准泰山、长城、明清故宫、敦煌莫高窟、秦始皇陵（包括兵马俑坑）和北京周口店猿人遗址6项文化和自然遗产列入《世界遗产名录》。这是我国第一批列入世界文化和自然遗产的项目，其中泰山是世界上第一处世界文化与自然混合遗产。

1988 年

1月1日　全国重点文物保护单位北京天安门城楼正式向国内外游客开放。

1 月 4 日　国家文物事业管理局印发《关于贯彻执行〈关于办理盗窃、盗掘、非法经营和走私文物的案件具体应用法律的若干问题的解释〉的建议和意见给最高人民法院、最高人民检察院的函》。

1 月 8 日　国家文物事业管理局印发《关于实施文物安全技术防范设施的通知》。

1 月 13 日　国务院公布第三批全国重点文物保护单位 258 处（总计 500 处）。

1 月 20 日　国家文物事业管理局、公安部二局联合印发《关于加强考古队文物安全保卫工作给各省、自治区等有关单位的通知》。

2 月 9 日　国家文物事业管理局和江西省人民政府在江西南昌召开表彰查获重大盗窃和走私文物案有功集体和个人大会。

3 月 22 日　文化部上报国务院《关于进一步开展我国水下考古工作的请示》。

3 月 25 日　国家文物事业管理局、最高人民检察院、最高人民法院组成代表团到河南省郑州、洛阳检查贯彻落实《关于办理盗窃、盗掘、非法经营和走私文物的案件具体应用法律的若干问题的解释》情况。

4 月 1 日　国务院任命张德勤为国家文物局局长。

5 月 26 日　希腊亚历山大·奥纳西斯公益基金会为表彰中国在考古和文物保护方面取得的成就（特别是秦始皇兵马俑的发掘、整理和保护），决定将 1988 年度奥林匹亚“人与环境”奖授予中国国家文物事业管理局。“中国秦代兵马俑展览”同时在希腊雅典开幕。

6 月 3 日　北京市拍卖市场在北京民族文化宫举办北京首次文物拍卖活动。

同日　《陕西省文物保护管理条例》开始施行。

6 月 15 日　由国家文物事业管理局组织、中国历史博物馆和广东省文管会联合进行的广东沿海沉船调查工作开始。

6 月 16 日　国家文物事业管理局更名为国家文物局。国务院办公厅通知，根据 1988 年 5 月 3 日国务院常务会议决定给国家文物事业管理局颁发“国家文物局”印章。

7 月 5 日　国家文物局首届石窟考古所专修班在山西大同云冈石窟文保所开学。

7 月 15 日　国家文物局召开中国大百科全书文物卷编委会成立会。编委会由委员 17 人、顾问 4 人组成。

7 月 27～29 日　国家文物局委托中国文物保护科学技术协会在北京召开部分省、市博物馆参加的文物复制技术研讨会。

8 月 11 日　国务院批准文化部上报《关于迎接建国 40 周年中国历史博物馆“中国通史陈列”呈请调用文物的报告》。

9 月 11 ～ 16 日　国家文物局在四川成都召开部分省、市、自治区文物安全工作座谈会。

9 月 12 日　国家文物局上报国务院《关于拟与外国科研机构合作进行水下考古工作给国务院的请示及处理意见》。

9 月 13 日　国务委员李铁映视察故宫博物院防火防盗工作。

9 月 14 日　国务委员李铁映在国务院主持召开故宫博物院安全问题专题会议。会议印发《关于研究故宫博物院消防安全问题的会议纪要》，决定成立故宫安全工程领导小组。

9 月 15 日　浙江省人民政府、国家文物局在浙江杭州举行表彰杭州公安局破获特大文物走私案有功单位、集体、个人授奖大会。

9 月 16 日　由国家文物局、公安部、海关总署和工商总局联合举办的"全国打击文物违法犯罪活动成果展览"在中国历史博物馆开幕。

9 月 19 日　文化部印发《关于协助中国历史博物馆修改通史陈列调用文物的通知》。

9 月 21 日　国家主席李先念参观南京云锦研究所复制的马王堆素纱单衣和定陵万历龙袍，并对文物考古发掘等有关工作作重要指示。

9 月 27 日　吉林省各市县文物志编写工作总结表彰大会在吉林长春举行。吉林省在全国第一个完成编写文物志工作，国家文物局致电祝贺。

9 月 30 日　我国第一座县级化石博物馆在山西榆社落成并正式对外开放。

10 月 13 日　国家文物局印发《关于立即停止批量外销文物商品的紧急通知》。

10 月 20 日　湖北省荆州地区博物馆发生重大文物被盗案，盗走文物 51 件，大部分为珍贵文物。

10 月 25 日　国务院批复同意西藏自治区政府维修布达拉宫，成立维修布达拉宫领导小组。

10 月 30 日　辽沈战役纪念馆举行开馆典礼。

11 月 4 日　国家文物局印发《关于加强古建筑博物馆等文物单位安全防火工作给各省、自治区等有关部门的通知》。

11 月 28 日　《浙江省文物保护管理条例》开始施行。

12 月 13 日　安徽省博物馆 6 件均系馆藏一级文物的商代青铜器被盗。

12 月 20 日　文化部任命黄景略、马自树为国家文物局副局长。

12 月 22 日　《河南省〈文物保护法〉实施办法》开始施行。

1989 年

1 月 1 日　故宫博物院实行新的开放参观方法，调高参观票价，控制参观人数。

2 月 1 日　北京市人民政府颁布《北京市周口店北京猿人遗址保护管理办法》。

2 月 2 日　国家文物局、公安部二局在北京联合召开全国文物安全电话会议。

2 月 3 日　人事部印发《关于国家文物局所属事业单位机构和编制的批复》。同意撤销中国对外文物展览公司、文物保护科学技术研究所和古文献研究室；组建中国文物交流服务中心和中国文物研究所。调整后国家文物局设立事业机构 10 个：故宫博物院、中国历史博物馆、中国革命博物馆、北京鲁迅博物馆、国际友谊博物馆、中国文物研究所、中国文物交流服务中心、中国文物流通协调中心、文物出版社、中国文物报社。

2 月 27 日　文化部颁布《文物出口鉴定管理办法》。

同日　国家文物局在广西南宁召开全国考古发掘工作汇报会。

3 月 1～7 日　国际博物馆协会中国国家委员会和中国博物馆学会联合举办的国际博物馆协会第四届亚太地区大会在北京召开。

3 月 7 日　国务院机构改革领导小组办公室批准撤销中国对外文物展览公司，成立中国文物交流服务中心，为国家文物局直属事业单位。

3 月 9 日　国家机构编制委员会第 11 次会议审定并原则批准《文化部、国家文物局三定方案》。方案规定国家文物局是由文化部归口管理的国务院主管全国文物、博物馆工作的职能部门，在人事管理、行政和事业费预算、劳动工资等业务方面均向国务院有关部门直接联系办理。设置办公室、研究室、计划财务处、人事处、文物处、博物馆处、流散文物处、教育处、外事处、保卫处、行政处 11 个处室。另外，根据有关规定设立党委、纪委、老干部处等机构。

3 月 28 日　国家文物局和上海复旦大学共同筹建的复旦大学文物博物馆学院正式成立。

3 月　中国文物商店总店更名为中国文物流通协调中心。

4 月 12 日　国家文物局印发《关于私人所有并携运出境的旧存文物的放行标准》等规定的通知，附《对建国后已故著名书画家作品限制出境的鉴定标准》、《关于文物出境鉴定火漆标识钤盖位置的规定》。

5 月 3～7 日　文化部在北京召开全国文物工作会议。国务委员李铁映与部分代表座谈，中共中央政治局常委胡启立接见全体代表。

6 月 17 日　国家文物局、公安部联合印发《关于进一步加强文物安全工作的通知》。

6月22日　国务院办公厅向各省、自治区、直辖市人民政府印发紧急通知，要求各地在当前形势下加强文物安全工作。

7月18日　中宣部、文化部、国家文物局联合印发《人人爱护祖国文物宣传提纲》，向全国各地发出广泛开展"人人爱护祖国文物"宣传活动的通知。

7月20日　国务委员李铁映在国务院召开会议听取布达拉宫维修工程情况汇报。

7月20～27日　国务委员李铁映赴山西省考察文物工作。

8月4～17日　国务委员李铁映赴西藏就布达拉宫维修问题现场办公并视察文物工作。

8月7日　北京市人民政府印发《北京市实施文物保护管理条例罚款处罚办法》。

8月9日　国务委员李铁映主持召开布达拉宫维修工程方案座谈会。

8月23日～9月2日　国家文物局在山东青岛召开流散文物管理研讨会。

9月1日　中国历史博物馆与澳大利亚阿德莱德大学东南亚陶瓷研究中心合作在山东青岛举办的水下考古专业人员培训班开学。

9月5日　国家文物局宣布组成考古、维修工程技术、文物科技3个咨询性质的专家组。

9月18日　国家文物局印发《关于严格控制文物复制资料的通知》。

9月20日　国家文物局邀请中国建筑学会理事长戴念慈等著名专家赴山西研究应县木塔保护问题。

9月25日　国务院批复接受联合国教育、科学及文化组织于1970年11月14日在巴黎通过的《关于禁止和防止非法进出口文化财产和非法转让其所有权的方法的公约》。该公约是文物进出境管理和文物追索领域的国际公约。

同日　北京市城乡建设委员会、北京市文物事业管理局、北京市城市规划管理局联合印发《关于在基本建设工程中加强地下文物保护管理的通知》。

10月11日　西藏布达拉宫维修工程举行开工典礼。

10月15～17日　中共中央总书记江泽民视察井冈山革命旧址。

10月20日　国务院颁布《中华人民共和国水下文物保护管理条例》。

10月23日　中共中央书记处书记李瑞环主持召开会议听取文物工作汇报，商讨有关文物保护经费问题。

10月　国家文物局和复旦大学联合召开全国文博教育研讨会。

11月6日　第44届联合国大会通过决议呼吁世界各国"把无法替代的文化遗产退

还本国"。

11 月 11 日　中国航空博物馆正式对外开放。

11 月 25 日～12 月 5 日　中国历史博物馆与日本水中考古学研究所组成中国南海沉船水下考古调查队赴南海海域进行预备调查。标志着中国水下考古事业已由筹备阶段进入实际工作阶段。

12 月 3～6 日　中共中央宣传部和国家文物局联合在湖南长沙召开全国革命文物宣传座谈会。

12 月 22 日　国家文物局与公安部联合召开全国文物安全保卫工作电话表彰会。

12 月 26 日　国家文物局、财政部印发《关于颁发文物、博物馆事业单位财务管理办法的通知》。

1990 年

1 月 1 日　《中国文物报》正式改为国家文物局机关报编辑出版，并在北京组建报社，代局主办《文物工作》双月刊。

2 月 15 日　文物保护科技工作从文化部归口管理改为由国家文物局直接管理。

3 月 16 日　中共中央书记处书记李瑞环视察故宫。

4 月 2 日　文化部在北京召开《中国文物地图集》研究科技成果鉴定会。

4 月 12～21 日　中共中央书记处书记李瑞环赴陕西视察文物工作。

4 月 20 日　国家文物局与有关部门联合印发《考古调查、勘探、发掘经费预算定额管理办法》。

5 月 29 日　全国书画巡回鉴定总结座谈会在北京召开。中共中央书记处书记李瑞环、全国政协副主席谷牧会见与会人员。

6 月 25 日　国家文物局、公安部印发《关于在严打中加强古墓葬、古遗址保护，打击盗掘走私文物犯罪活动的通知》。

6 月 29 日　国家文物局举办的第一届"中国文物精华展"在故宫博物院开幕。

6 月　中共中央总书记江泽民、中共中央书记处书记李瑞环参观鸦片战争博物馆和部分抗英遗址。

7 月 1 日　中共中央总书记江泽民参观中国革命博物馆基本陈列"中国革命史陈列"并题词。

7 月 11 日　中共中央总书记江泽民，中共中央政治局常委乔石、宋平，国家副主席王震和国务院副总理田纪云等到故宫博物院参观"中国文物精华展"。

7 月 17 日　国务委员李铁映主持召开布达拉宫维修领导小组会议。

7 月 18 日　中共中央书记处书记李瑞环专程赴河北清东陵考察文物保护工作。

8 月 2 日　国家文物局印发《关于丝绸文物研究复制问题的通知》。决定从 1991 年至 2000 年 10 年间研究复制丝绸文物约 100 个品种。

8 月 14 日　中国文物保护基金会正式成立。

8 月 30 日　国家文物局宣布文物保护科学技术研究所、古文献研究室合并为中国文物研究所。中国文物研究所是国家文物局领导的科研事业单位。

9 月 9 日　西藏布达拉宫第一期维修工程通过国家文物局验收小组验收。

9 月 12 日　国务院总理李鹏，国务委员邹家华、李铁映和国务院秘书长罗干等到故宫博物院参观"中国文物精华展"。

9 月 22 日　中国历史博物馆《中国通史陈列》正式对外开放。

10 月 25～27 日　国家文物局在江苏南京召开全国文物科技工作座谈会。

10 月 31 日～11 月 3 日　国家文物局在江苏南京召开全国重点文物保护单位管理工作座谈会。

11 月 6～13 日　国家文物局在湖北洪湖召开革命遗址和革命纪念建筑物"四有"档案建设现场经验交流会。

11 月 8～14 日　国家文物局在甘肃敦煌召开全国文物系统岗位培训工作会议。

11 月 14 日　中共中央书记处书记李瑞环视察湖北省武当山紫霄宫并做重要指示。

11 月 26 日　文化部任命张柏为国家文物局副局长。

11 月 30 日　公安部、国家文物局在陕西西安召开文物安全保卫工作经验交流会。

12 月 1 日　国家文物局和湖南文物防范技术研究所联合在湖南长沙举办文博系统防范技术培训班。

12 月 10 日　黄山在第 14 届联合国教科文组织世界遗产委员会会议上被批准列入《世界遗产名录》。

1991 年

1 月 5 日　国家文物局印发《关于全国文物事业统计报表制度的通知》。

1 月 18～19 日　国务委员李铁映赴河南省考察文物工作。

1 月 28 日　国家文物局在福建福州召开 1989～1990 年度考古发掘工作汇报会。

2 月 1 日　国家文物局、公安部联合印发《关于加强文物单位安全技术防范工程管理有关事项的通知》。

2 月 22 日　《中华人民共和国考古涉外工作管理办法》开始施行。

2 月　中国文物报社发起并邀请文物、考古专家在北京评出《1990 年全国十大考古新发现》和《"七五"期间全国十大考古新发现》。

2 月 25 日　国务院总理李鹏向七届全国人大常委会第 18 次会议提交《国务院关于提请审议〈中华人民共和国文物保护法修正案（草案）〉》的议案。

3 月 19 日　中共中央书记处书记李瑞环视察南京博物院并作重要指示。

3 月 25 日　国家文物局印发《全国重点文物保护单位保护范围、标志说明、记录档案和保管机构工作规范（试行）》。

3 月 28 日　国家文物局在上海召开全国博物馆工作座谈会，交流推广上海博物馆经验。

3 月 29 日　全国政协委员谢辰生在全国政协第七届第四次会议上与 140 多名委员联合向大会提出了"建议采取果断措施，严厉打击盗掘古墓犯罪活动的提案"，建议修改补充《文物保护法》和《刑法》，增加"关于盗掘古墓犯罪的量刑条款"。

4 月 6 日　中共中央书记处书记李瑞环视察故宫博物院参观"中国文物精华展"并作重要指示。

6 月 6 日　国家文物局印发《关于成立中国文物研究所的通知》，明确该所是国家文物局领导的科研事业单位。

6 月 17 日　国家文物局印发《国家文物局文物科研项目开题及经费管理办法（试行）》、《国家文物局文物科学技术进步奖励办法（试行）》及《国家文物局文物科学技术成果鉴定办法（试行）》。

6 月 20 日　中共中央书记处书记李瑞环参加陕西历史博物馆开馆典礼。

6 月 29 日　《全国人大常委会关于修改文物保护法的决定》和《关于惩治盗掘文化遗址古墓葬犯罪的补充规定》开始施行。《决定》增加对走私国家禁止出口的文物、盗掘古文化遗址、古墓葬的，依法追究刑事责任的内容；《规定》增加对盗掘古墓犯罪的量刑标准，情节严重者可判处死刑的补充规定。

同日　中共中央书记处书记李瑞环召开中央宣传思想工作领导小组会议，商定逐年增加文物保护经费问题。

6 月　国务院办公厅委托国家计委、国家文物局在湖北黄石召开评审会。会议同意原地保护铜绿山古铜矿遗址方案。

7 月　国家文物局成立法制处。

8 月 3 日　国家文物局文物安全技术防范工程审结小组正式成立。

8月10日　国家文物局和中国博物馆学会在青海西宁召开全国博物馆藏品建档研讨会。

8月28日　中共中央宣传部、国家教委、文化部、民政部、共青团中央、国家文物局联合印发《关于充分运用文物进行爱国主义和革命传统教育的通知》。

9月8日　西藏布达拉宫第二期维修工程通过国家文物局验收小组验收。

9月10日　故宫博物院铭刻馆展出的汉、晋时代一、二级文物5件被盗。

9月17日　国家文物局印发《关于立即进行文物安全检查，确保文物安全的紧急通知》。

9月28日　中国第一座民办公助大型现代化艺术馆——炎黄艺术馆开馆。

9月30日　中国文物学会经民政部审核后正式成立。该会前身是中国老年文物研究会，是学术团体组织，下设5个专业委员会。

10月2日　国家文物局驻深圳办事处成立。

10月23～25日　国家文物局在湖南长沙召开全国博物馆群众教育工作座谈会。

10月28日　中共中央办公厅、国务院办公厅转发《公安部、国家文物局关于严厉打击盗掘古墓葬犯罪活动的意见》的通知。

10月29日　国家文物局与NHK签署拍摄《中华文明五千年》协议书。

10月30日　国家文物局印发《关于加强文物影视、照片拍摄管理工作的通知》。

10月　国家文物局与华润集团中艺（香港）有限公司合作在香港设立中国文物咨询中心。国家文物局派出代表常驻香港开展工作。

10月　国家文物局印发《关于开展法制宣传教育的第二个五年规划》。

11月1日　江泽民、李瑞环、李铁映等领导同志在人民大会堂接见文化系统先进代表。

12月25日　国际友谊博物馆筹备处转为正式建制，即撤销国际友谊博物馆筹备处，成立国际友谊博物馆。

1992 年

1月14日　国家文物局在北京召开文物流通管理工作座谈会。

2月8～15日　国务委员李铁映率教科文界知名人士考察三峡工程，调研三峡工程涉及文物抢救保护问题。

2月26日　中国丝绸博物馆正式开放。

3月14日　国家文物局印发《关于对文物出境鉴定组重新审定和考核责任鉴定员

的通知》。

3 月 20～25 日　国家文物局在山东淄博召开文物考古工作座谈会。

3 月 30 日　公安部批准《文物系统博物馆风险等级和安全防护级别的规定》。

4 月 2 日　国家文物局在天津召开首届全国文物商店供货调剂会。

4 月 7 日　国家文物局在北京召开全国文物外事工作座谈会，讨论《关于进一步加强文物对外交流与合作的意见》（讨论稿）、《文物出国（境）展览细则》（草案）等文件。

4 月 10 日　国家文物局与故宫博物院联合举办的第二届"中国文物精华展"在故宫博物院开幕。

4 月 19 日　中国文物交流服务中心主办的"董其昌世纪展"在美国开幕。

4 月 23 日　文化部任命阎振堂、彭卿云为国家文物局副局长。

4 月 24 日　"中国古代金银器玻璃器展览"在日本东京开幕。

4 月　国家文物局将文物处分为文物一处（主管地上文物）和文物二处（主管地下文物）。

5 月　国家文物局将流散文物处改称为文物三处。

5 月 3 日　国家文物局、国家工商行政管理局、公安部、海关总署联合印发《关于加强文物市场管理的通知》。明确规定 1911 年至 1949 年间制作、生产、出版的文物监管物品经批准后可以在旧货市场销售。

5 月 5 日　《中华人民共和国文物保护法实施细则》开始施行。

5 月 6～10 日　全国文物工作会议在陕西西安召开。中共中央书记处书记李瑞环和国务委员李铁映出席会议，会议明确提出"保护为主、抢救第一"的新时期文物工作方针。着重研究讨论"八五"期间文物抢救性维修保护等方面问题。党中央和国务院决定从 1992 年起将中央用于文物抢救保护的经费在原有 5000 万基础上增加 7000 万，从 1993 年起每年增加 8000 万。

5 月 9 日　国务委员李铁映赴陕西延安调查解决革命文物保护问题。

5 月 11 日　中共中央书记处书记李瑞环赴甘肃敦煌考察莫高窟文物保护工作。

5 月 27 日　中国文物交流中心与香港佳洋发展有限公司合作举办的"首届中国文物复仿制品展览"在香港开幕。

6 月 9 日　中国政府与意大利政府在北京签署建设陕西文物保护与修复中心的协议书。协议书规定意大利政府与陕西省合作在陕西省历史博物馆内建设、装备一个以意大利罗马修复中心为模式的文物保护中心。

7月11日　国家文物局、海关总署、天津市人民政府在天津联合召开天津市打击文物走私犯罪活动表彰大会。

7月20日　"紫禁城至宝——故宫博物院中国美术名品展"在日本东京开幕。

8月29日　新疆维吾尔自治区"楼兰文物展"在日本东京开幕。

8月27日　"永恒的中国展览"在澳大利亚悉尼开幕。

9月15日　西藏布达拉宫第三期维修工程通过国家文物局验收小组验收。

9月18日　国家文物局和中国博物馆学会联合举办的首届全国博物馆群众教育工作者"爱我家乡文物"讲解比赛在南京博物院举行。

9月19日　第十六届国际博物馆协会大会在加拿大魁北克市举行。中国博物馆学会理事长吕济民当选为国际博协亚太地区委员会主席。

9月23日　中国革命博物馆与中国对外友好协会、日中友好会馆合作举办的"周恩来展"在日本东京开幕。

10月5日～11月4日　国家文物局在山东泰安培训中心首次举办全国省级文物局（处）长法规研讨班。

10月23日　国家文物局印发《关于进一步贯彻〈中华人民共和国文物保护法〉及其实施细则的意见》的通知。

10月　国家文物局组织全国一级品文物鉴定确认专家组，开始有计划、有组织地对全国各地馆藏一级文物藏品进行鉴定确认。鉴定组按器物质地分成青铜器、陶瓷器、玉器杂项三个专业组。

10月　国家文物局决定委托北京大学、复旦大学、中山大学、中央美术学院等高等院校招收文物保护修复技术、文物鉴定、古建维修等专业的硕士研究生，于1993年起正式招生。

11月9日　国家文物局和《法制日报》社在北京举行纪念《中华人民共和国文物保护法》颁布十周年座谈会。

11月30日　国家文物局成立三峡工程文物保护工作领导小组和三峡工程文物保护办公室，开始三峡工程坝区和淹没区文物保护的前期调查和规划工作。

11月　中国文物交流服务中心更名为中国文物交流中心。机构、编制、性质和任务均不变动。

12月5日　由中国文物交流中心与台湾展望文教基金会联合举办的"兵马俑及金缕玉衣展览"在台湾台北开幕。

12月24～28日　国家文物局在北京召开全国文物建筑保护维修理论研讨会。

本年　国家文物局与国家计委联合颁发《文物抢救保护的基本建设专项补助投资使用管理办法》。

1993 年

1 月 19 日　国家文物局在北京召开文物安全工作新闻发布会，公布 1992 年文物安全工作情况。

1 月　《中国大百科全书·文物博物馆》卷由中国大百科全书出版社出版。

2 月 28 日～3 月 3 日　国家文物局在山东济南召开全国文物工作座谈会。

3 月 12～17 日　国家文物局在广东珠海召开全国考古工作汇报会。

3 月 17 日　国家文物局印发《关于开展地县博物馆评比创优和遴选"优秀社会教育基地"活动的通知》。

3 月 19 日　国务委员李铁映视察北京圆明园遗址并作重要指示。

3 月 26 日　国家文物局、海峡两岸关系协会与台湾沈春池文教基金会、海峡交流基金会共同组织的海峡两岸文物、考古、历史、建筑、地质等方面专家、学者及新闻单位代表近 50 人组成长江三峡文化资产维护考察团，对三峡工程所涉及的古建筑、古遗址、古栈道、古题刻及民居等进行访古考察。

5 月 7 日　国家文物局印发《关于加强文物对外交流与合作的意见》。

5 月 16 日　首届全国文物商店精品展销会在深圳博物馆开幕。展销会共展出 13 家文物商店和 4 家艺术品公司提供的数千件商品。

5 月 27 日　由美国赛克勒艺术、科技与人文基金会和北京大学合作兴建的北京大学赛克勒考古与艺术博物馆开馆。

5 月　由国家文物局与联合国教科文组织共同组织、由日本政府捐资的新疆交河故城保护修缮工程开始施工。

5 月　中华文物交流协会成立。

7 月 3～15 日　国务委员李铁映赴宁夏、甘肃视察文物工作。

7 月 14 日　国家文物局印发《关于开展全国馆藏一级革命文物鉴定确认工作的通知》。

8 月 1 日　国家文物局印发《国家文物局田野考古奖励办法（试行）》。

8 月 22 日　"中国黄金时代——唐王朝和丝绸之路的文物遗产展览"在德国多特蒙德开幕。

8 月　经国务院批准，我国加入国际古迹遗址理事会（ICOMOS）。由国家文物局牵头成立"国际古迹遗址理事会中国国家委员会"。

9月9日　中日两国政府间文物交流协商会议在北京举行。

9月20日　国家文物局主办的"第三届文物精华展"在上海博物馆开幕。

10月1日　全国政协副主席钱伟长率全国政协三峡文物保护调查团进行三峡文物保护考察工作。

10月3日　中国文物研究所、敦煌研究院、美国盖蒂保护所联合在甘肃敦煌召开丝绸之路古遗址保护国际学术会议。

10月6日　国家文物局印发《关于制止古生物化石走私的通知》。

同日　建设部和国家文物局在湖北襄樊召开首届全国历史文化名城保护工作会议暨中国历史文化名城研讨会。

11月2日　国家文物局、全国政协教科文卫体专门委员会、光明日报社在北京召开三峡文物抢救问题专家座谈会。

11月15日　财政部、国家文物局联合印发《国家重点文物保护专项补助经费使用管理办法》。从1993年开始,全国重点文物保护专项经费管理体制及下拨办法,从原来国家文物局直接拨付经费,更改为由国家文物局审核地方申请补助项目、提出补助项目名单和补助数额,与财政部和国家计委协商一致后,分别由财政部和国家计委下拨至各省、自治区、直辖市的财政厅(局)、计委,再由其转拨各该省级文物主管部门。

11月15～25日　国家文物局在湖南长沙举办文物行政执法培训班。

11月　国家文物局在北京召开三峡工程淹没区地下文物保护规划会议。

12月2日　国家文物局和北京市园林局在北京颐和园举行宝云阁铜窗暨安装竣工仪式。

12月6日　国家文物局在四川成都召开三峡工程淹没区地面文物保护规划会议。

12月7日　国家文物局、中国文物学会主办的全国文物修复技术研讨会在北京召开。会议对从事馆藏文物科技保护和修复、复制工作满30年的同志颁发荣誉证书。

1994 年

1月1日　国家文物局和国家旅游局共同举办的1994年中国文物旅游年在北京故宫博物院举行开幕典礼。国务院副总理钱其琛、国务委员李铁映出席开幕式。

1月4日　中共中央书记处书记胡锦涛和国务委员李铁映在中南海接见维修布达拉宫先进工作者代表。

1月28日　国务院办公厅印发《关于印发文化部和国家文物局职能设置、内设机构和人员编制方案的通知》：国家文物局为文化部管理的（副部级）国家局；设 4 个职能司（室）——办公室、文物保护司、博物馆司、人事司（机关党委）（此方案至 1996 年 12 月实施）。

1 月 22～29 日　中国联合国教科文组织全国委员会和国家文物局在河北易县举办中国古建筑保护规划与管理国际研讨班。

2 月 18 日　国家文物局在北京召开文物市场管理座谈会。

2 月 20 日　建设部、国家文物局印发《全国历史文化名城保护工作会议纪要》。

3 月 24 日　三峡工程文物保护规划会议在北京召开。

4 月 13 日　国家文物局在陕西西安召开全国文物出境鉴定工作会议。

4 月 17 日　国家技术监督局发布《中华人民共和国国家标准学科分类与代码》，将考古学由原来的归属历史学的二级学科提为一级学科。

4 月 27 日　国家文物局在北京召开会议研究高句丽和渤海国考古文化问题和中韩文化交流事。

5 月 7 日　国务委员李铁映召集国务院有关部门领导，听取有关陕西、河南文物保护重点地区、大型历史文化遗址及其周围地区、历史文化名城的基本情况、存在问题及原因等进行调查研究的汇报。

5 月 10 日　国家文物局、国际博物馆协会人员培训委员会、中国博物馆学会、荷兰莱茵瓦尔德学院联合举办的中国博物馆中高级管理人员国际研讨班在国家文物局山东泰安培训中心举行。

5 月 16 日　国家文物局与 NHK 签署合作拍摄《故宫》电视片协议。

5 月 16～24 日　全国人大检查组赴江西检查《文物保护法》执行情况。

5 月 30 日　中央机构编制委员会办公室印发《关于文化部及国家文物局机关后勤服务机构编制的批复》。同意成立国家文物局机关服务中心，具有事业法人资格。

6 月 20 日　河北曲阳文物部门发现唐末五代时期王处直墓被盗掘。

7 月 14 日　由国家文物局主办，内蒙古自治区文化厅协办的全国藏传佛教文物鉴定员培训班在内蒙古呼和浩特举办。

7 月 16 日 "世界文明摇篮之一——中国展"在德国西尔德斯海姆市开幕。

8 月 1～15 日　国务委员李铁映率中央代表团赴藏参加布达拉宫维修竣工典礼。

8 月 6～19 日　全国人大检查组赴山西考察《文物保护法》执法情况。

8 月 21 日　由日本政府援建的敦煌莫高窟文物保护中心举行落成典礼。国务委员李铁映、日本前首相竹下登等出席。

9 月 6 日　中国长城博物馆在北京八达岭长城正式落成开放。

9 月 13 日　"中国六千年秘宝展——上海博物馆珍藏"展览在日本开幕。

10 月 8 日　国家文物局邀请部分文物博物馆界的专家及博物馆、纪念馆、全国重点文物保护单位负责人座谈贯彻落实《中共中央关于爱国主义教育实施纲要》。

10 月 14 日　陕西秦始皇兵马俑博物馆 2 号坑举行开放典礼。国务委员李铁映出席典礼。

10 月 25 日　国家文物局在河南郑州召开六省市文物局长会议。国务委员李铁映出席并讲话。

11 月 8 日　国家文物局和国家文物鉴定委员会主办、故宫博物院承办的"全国重要书画赝品展"在故宫展出。

11 月 11 日　国家文物局、公安部文化保卫局联合在云南昆明召开文物安全保卫工作经验交流会。

11 月 11～24 日　大陆博物馆事业与文物交流学术访问团应台湾海基会和沈春池文物基金会邀请赴台访问。

11 月　国家文物局、公安部二十二局根据《文物系统博物馆风险等级和安全防护级别的规定》，审核批准第一批全国 74 个文物博物馆（单位）为一级风险单位。

12 月 13 日　国家文物局在北京召开专家评审会，遴选出 21 个文博单位为 1994 年度全国优秀地县级博物馆和优秀社会教育基地。

12 月 15 日　武当山古建筑群、承德避暑山庄和周围寺庙、曲阜孔庙孔林孔府在第 18 届联合国教科文组织世界遗产委员会会议上被批准列入《世界遗产名录》。

1995 年

2 月 7 日　国家文物局致函英国内务部，要求英国警方将 1994 年破获盗窃、走私文物团伙中一批中国新石器时代至明清时期文物归还中国。

3 月　中国收藏家协会成立。

3 月 22 日　国务委员李铁映主持会议研究恐龙蛋保护问题。

4 月 26 日　故宫博物院举办"故宫秘藏钟表精华展"在日本东京开幕。

5 月 5 日　西南地区抢救少数民族文物与鉴定培训班在云南大理崇圣寺三塔文物培训中心开班。

5 月 6 日　国家文物局在河北石家庄召开全国考古工作汇报会。

5 月 16 日　中国历史博物馆和澳大利亚西澳海洋博物馆联合组成水下考古队，对福建连江县定海白礁 1 号遗址进行水下考古调查和发掘。

6 月 1 日 国家文物局主办"中国古代文物展"应邀赴德国、瑞士、英国、丹麦四国展出。德国总统赫尔佐克、英国前首相希思、撒切尔夫人、丹麦女王玛格丽特夫妇及王室成员先后参观了展览。江泽民、朱镕基、李铁映、钱其琛、吴仪、李岚清等领导同志也在出访期间先后参观了展览。

6 月 4 日 四川省大足县全国重点文物保护单位北山摩崖造像石刻多宝塔 1 号龛内释迦牟尼佛头被盗割。

6 月 6 日 文化部、国家文物局印发《国家重点文物文物保护经费决算审计验证试行办法》。

6 月 7 日 国家文物局、外经贸部、外交部和中国驻意大利使馆组团的中国政府代表团参加由国际统一私法协会和意大利政府联合在罗马召开的外交会议。中国代表团在《关于被盗或者非法出口文化财产公约》和最后文件上签字。公约规定了在国际范围内归还被盗文物或退还非法出口文物的原则。这是中国直接参与制定的第一个国际保护文物公约。

6 月 15 日 "纪念徐悲鸿诞辰 100 周年展览"在北京中国美术馆开幕。江泽民、乔石、丁关根等先后参观展览。

7 月 6 日 国家文物局、公安部、国家工商局、海关总署等联合成立文物市场管理协调小组。

7 月 10 日 《中国文物精华大辞典》获国家新闻出版署主办的首届中国辞书一等奖和国家图书奖。

7 月 19 日 中共中央总书记江泽民、国务院总理李鹏就延安革命纪念馆有关维修问题作重要批示。

同日 国家文物局在辽宁绥中召开陕西、河南大遗址保护规划论证会。

7 月 24 日 "中国、联合国教科文组织、日本国共同修复西安唐代大明宫含元殿遗址"协议在北京签字。

9 月 8～12 日 全国文物工作会议在陕西西安召开。国务院总理李鹏发来贺信。国务委员李铁映在讲话中提出新时期文物工作的"有效保护、合理利用、加强管理"的原则,要求将文物保护纳入当地经济和社会发展计划、城乡建设规划、财政预算、体制改革、各级领导责任制(简称"五纳入"),要求建立以国家保护为主、动员全社会参与的新体制。会议还讨论了《国务院关于新时期加强文物工作的通知》和《文物市场管理条例》等征求意见稿。

9月14～16日　国务委员李铁映赴陕西延安召开现场办公会。会议作出保护革命圣地、建设好现代化延安的一系列决定和措施。

10月16～20日　国家文物局在江西井冈山召开省、市、自治区博物馆工作座谈会。

10月20日　文化部、国家文物局和陕西省政府在北京人民大会堂召开"老延安"座谈会。国务委员李铁映等出席会议。

10月21日　台湾文博代表团访问大陆，作为我文物代表团访问台湾回访。

11月3日　中意合作在陕西西安建立的文物保护修复中心举行开幕典礼。

1996 年

1月　全国29个文博单位被评定为1995年全国文物系统优秀爱国主义教育基地。

2月5日　中国敦煌石窟保护研究基金会成立。

3月28日　全国人大常委会副委员长王光英将金代文物9件捐赠北京辽金城垣博物馆。

4月4日　国务院任命张文彬为国家文物局局长。

同日　国家文物局在广西桂林召开全国文物安全保卫工作表彰会。

5月28日　河南省人民政府印发《关于落实文物保护工作"五纳入"的通知》。

5月30日　邹家华、李铁映、宋健等同志就溧阳发现迄今最古老的高级灵长类动物化石作重要批示。

同日　国务委员李铁映约请国务院、文化部、国家文物局、公安部和北京市人民政府的有关领导人就故宫博物院安全保护问题召开现场办公会。

6月11日　李鹏、李铁映、罗干等领导同志就韩城港建设破坏龙门古迹问题作重要批示。

6月16日　国家文物局组织古建工程、壁画保护、考古方面科研人员赴西藏对阿里地区文物保护工作进行全面考察。

7月1日　国家文物局、财政部联合印发《文物、博物馆事业单位财务管理办法》。

7月4日　国务委员李铁映就修复吴哥古迹和平遥古城申报世界文化遗产作重要批示。

7月6～7日　国务委员李铁映赴山东视察文物工作。

7月21日　国务委员李铁映就中国文物外展工作作重要批示。

7月22日　国务委员李铁映就西沙群岛文物普查作重要批示。

9 月 16 日　国家文物局印发《关于都江堰二王庙产权给四川省文化厅的意见》。

9 月 27 日　文化部部长刘忠德签发报送国务院《关于公布第四批全国重点文物保护单位的请示》。

10 月 12 日　上海博物馆新馆建成举行开馆典礼。

10 月 21 日　国务委员李铁映就修复八思巴、班智达等人纪念碑作重要批示。

10 月 27 日　国家文物局颁布《国家文物局机关工作人员守则》。

11 月 20 日　国务院印发《关于公布第四批全国重点文物保护单位的通知》，公布全国重点文物保护单位 250 处（总计 750 处）。

12 月 5 日　庐山、峨眉山和乐山大佛在第 20 届联合国教科文组织世界遗产委员会会议上被批准列入《世界遗产名录》。

12 月 17 日　国家文物局制定《国家文物局内设机构、职能配置及人员编制实施方案》。设办公室（人事劳动司）、文物保护司、博物馆司、综合财务司、机关党委、机关服务中心。

12 月 24 日　国家文物局印发《关于故宫博物院管理的规定》。这是国家文物行政管理部门制定的第一部有关全国重点文物保护单位的专项法规。

同日　国家文物局印发《加强文物拍卖标的鉴定管理的通知》。

1997 年

1 月 16 ～ 18 日　全国文物局长会议在北京召开。国务委员李铁映出席并讲话。会议学习、讨论国务院即将下发的《关于新时期加强文物工作的通知》、部署《中国文物、博物馆事业"九五"计划及 2010 年远景目标纲要》的实施。

1 月 28 日　中山舰整体打捞出水仪式在湖北武汉江夏金口镇长江大堤上举行。国务委员李铁映，全国人大常委会副委员长何鲁丽等出席仪式。

2 月 6 日　中央组织部批复同意成立国家文物局党组。

3 月 3 日　国务院任命马自树、张柏、董保华为国家文物局副局长。

3 月 7 日　国务院批复同意加入《国际统一私法协会关于被盗或者非法出口文物的公约》（公约于 1997 年 11 月 7 日在我国生效）。

同日　国家文物局印发《中国文物博物馆工作人员职业道德准则》。

3 月 30 日　国务院印发《关于加强和改善文物工作的通知》。通知强调要努力建立与社会主义市场经济体制相适应、遵循文物工作自身规律、国家保护为主并动员全社会参与的文物保护体制，要求各部门各地方做到"五纳入"。

3月　国家文物局明确表示"九七"香港回归后，《中华人民共和国文物保护法》不在香港地区施行。

4月11日　财政部、中宣部印发《文化事业建设费使用管理办法》。

4月28日　国家文物局印发《关于加强田野石刻文物安全工作的紧急通知》。

5月7日　由国家文物局组织故宫博物院、中国历史博物馆、中国革命博物馆、北京鲁迅博物馆和国际友谊博物馆五家博物馆共同组成的流动博物馆——"汽车博物馆"在北京顺义举行首展。

5月13日　国家文物局在河北易县举办全国省、自治区、直辖市文物局长研讨班。

5月29日　公安部和国家文物局在北京召开保护石刻造像打击文物犯罪活动的电话会议，要求各地迅速遏制盗窃田野石刻文物犯罪活动。

5月30日　由文化部、国务院港澳办、国新办、国家文物局和国家档案局主办的"纪念香港回归祖国图片史料展览"在北京中国革命博物馆展出。

6月11日　财政部、国家文物局印发《文物事业单位财务制度》。

6月13日　国家文物局决定停办国家文物局扬州培训中心，移交给地方管理。

7月12日　中国历史博物馆遥感与航空摄影考古中心成立。

8月3日　国家文物局在江西南昌召开全国革命文物工作会议。国务院总理李鹏致信祝贺，国务委员李铁映发表书面讲话。

8月26日　"中国古代科技文物展"在中国历史博物馆开幕。全国人大副委员长王光英、国务委员兼国家科委主任宋健等出席。

9月11日　由国家文物局主办、中国历史博物馆承办的"全国考古新发现精品展"在中国历史博物馆开幕。全国人大副委员长王光英等出席。

9月20日　国家文物局、中国联合国教科文组织委员会联合在河北承德举办世界遗产保护管理人员培训班。

9月28日　国务院总理李鹏、国务委员李铁映视察故宫博物院，就文物保护和管理以及故宫周边环境整治等有关问题进行考察。

10月23日　中国博物馆学会与挪威合作开发署《关于中国贵州省梭嘎生态博物馆的协议》签定仪式在北京举行。国家主席江泽民和挪威国王哈拉尔五世、王后宋雅等出席签字仪式。

10月　国家文物局在山东泰安培训中心举办一级风险单位负责人培训班。

11月3日　国家文物局印发《关于中国文物流通协调中心转变职能进行改革试点的通知》。职能调整后的中国文物流通协调中心不再直接从事文物经营活动。

同日　国家文物局在贵州贵阳召开全国考古工作汇报会。

11 月 26 日　山西平遥古城、云南丽江古城和苏州古典园林在第 21 届联合国教科文组织世界遗产委员会会议上被批准列入《世界遗产名录》。

11 月 30 日　国家文物局在北京召开文物安全保卫工作座谈会。

12 月 9～11 日　国家文物局在北京召开全国外事工作会议。

12 月 15 日　由中国国家文物局、香港临时市政局联合主办，香港艺术馆、中国历史博物馆、中国文物交流中心联合筹划的"国宝——中国历史文物精华展"在香港开幕。香港特别行政区行政长官董建华等出席。

1998 年

1 月 20 日　中共中央办公厅、国务院办公厅发布关于转发中共中央宣传部、国家教委、民政部、文化部、国家文物局、共青团中央《关于加强革命文物工作的意见》的通知。

2 月 4 日　中国文物交流中心、中国展览交流中心联合举办的"中华五千年文明艺术展"在美国纽约开幕。

2 月 8 日　中共中央总书记江泽民视察故宫博物院。

2 月 17～19 日　国家文物局在北京召开全国文物局长会议。国务委员李铁映同与会代表进行座谈。

2 月 28 日　周恩来邓颖超纪念馆在天津建成开放。中共中央总书记江泽民题写馆名。

4 月 8 日　国家文物局和北京大学联合举办中国文物博物馆学院（又称北京大学考古文博院）并在北京大学举行签字仪式。

4 月 9 日　人事部和国家文物局印发《关于表彰全国文博系统先进集体和先进工作者的决定》。

5 月 6～8 日　国家民族事务委员会和国家文物局在广西南宁联合召开全国少数民族文物工作会议。

5 月　国家文物局通过法律程序，成功索回被犯罪分子盗掘并走私到英国的3000 多件（套）中国文物。本案是我国首次通过法律程序、辅以外交等手段与国际文物走私团伙斗争并成功的案例。

6 月 8 日　国家文物局在北京举办中国打击文物非法交易和走私国际研讨班。

6 月 19 日　国务院办公厅发出《关于印发国家文物局职能配置、内设机构和人员编制规定》的通知。明确国家文物局是文化部管理的负责国家文物和博物馆方面工作的行政机构。

6月24日 国家文物局印发《关于加强馆藏文物管理防止国有资产流失的通知》。

7月15日 国家文物局颁布《考古发掘管理办法》。

7月31日 国家文物局颁布《考古发掘品移交管理办法》。

8月5日 国家文物局主办，公安部、海关总署协办，中国历史博物馆承办的"打击文物走私成果展览"在中国历史博物馆举行。

8月8日 国家文物局和日本政府签署《关于日本政府决定向河南博物馆提供5000万日元文化无偿援助》的正式文本。我国外交部长唐家璇、日本国外交大臣高村正彦出席签字仪式。

8月20日 国家文物局颁布《文物复制暂行管理办法》。

8月22日 国家文物局在辽宁沈阳召开东北地区文物考古工作座谈会。

8月24日 经中国驻美使馆、国家文物局等多方斡旋，美国归还中国的47件文物经天津东港海关进境。

9月25日 由国家文物局主办的1997年度全国文物系统十大陈列展览精品评选在北京揭晓。

9月29日 国家文物局、国家民族事务委员会联合印发《关于加强少数民族文物工作的意见》。

10月7～9日 国家文物局在陕西延安召开部分省、市革命纪念馆工作座谈会。

10月26日 国家文物局在北京举行1997、1998年度"郑振铎—王冶秋文物保护奖"颁奖会，奖励在老少边困地区为文物保护事业作出优异成绩的基层文博单位和文博工作者。

10月31日 中国第一座生态博物馆在贵州六枝梭嘎乡建成开馆。

12月2日 颐和园、天坛在联合国教科文组织第22届世界遗产委员会会议上被批准列入《世界遗产名录》。

12月4日 国务院任命郑欣淼为国家文物局副局长。

12月7～11日 国家文物局在浙江宁波召开邓小平理论与文物工作研讨会。

12月21日 文化部、中国社会科学院、国家文物局在北京人民大会堂举行郑振铎诞辰100周年纪念座谈会。国家文物局编辑《郑振铎文博集》同时出版发行。

12月28日 我国第一个世界遗产高级专业研究机构北京大学世界遗产研究中心成

立，标志着中国的世界遗产研究进入新阶段。

12 月　中国首家国家大型企业举办的博物馆——保利艺术博物馆在北京成立。

1999 年

1 月　第一个利用国际互联网全面介绍我国文物、博物馆事业的综合站点——"中国文物"开通。

2 月 8 日　国家文物局在北京召开全国文物局长会议。国务院副总理李岚清发来贺信。

2 月 12 日　国家文物局印发《关于加强我国社会主义时期文物征集保护工作的通知》。

3 月 17 日　国家文物局在云南大理举办西南地区少数民族文物业务干部培训班。

3 月 25 日　西沙水下考古新闻发布会在中国历史博物馆举行，公布 1998 年底西沙群岛水下文物抢救性发掘工作取得重要成果。

4 月 5 日　国家文物局、财政部、公安部、海关总署、国家工商行政管理局联合印发《依法没收、追缴文物的移交办法》。

4 月 26 日　国家文物局在浙江杭州召开全国文物安全工作座谈会。这是国家文物局机构改革后召开的第一次全国文物安全工作座谈会。

5 月 19 日　国家文物局在河南郑州召开博物馆馆藏文物信息标准研讨会。

6 月 10 日　国家文物局制定《国家文物局内设机构职能设置和人员编制的实施方案》。

6 月 14 日　西藏阿里文物抢救保护工程正式通过国家文物局验收组的工程技术验收。

7 月　国家文物局印发《关于贯彻中央精神做好文物保护工作的紧急通知》。

7 月　国家文物局开展"讲学习、讲政治、讲正气"教育活动。

8 月 5 日　海关总署印发《中华人民共和国海关对外国政府、国际组织无偿赠送及我国履行国际条约规定进口物质减免税的审批和管理办法》。

8 月　国家文物局在北京召开部分省市文物包装工作会议。会议讨论了《出国（境）文物展品包装技术规范》（讨论稿）。

9 月 10 日　国家文物局举办的全国文物、博物馆高级研讨班在北京大学开学。

9 月 14 日　"中国考古黄金时代展"在美国华盛顿开幕。

10 月 1 日　西藏自治区博物馆建成开馆。

10 月 7 日　中国政府无偿援助柬埔寨 1000 万元人民币以修复吴哥古迹群中周萨神殿的换文仪式在柬埔寨金边举行。

10 月 18 日～11 月 9 日　由国家文物局主办，河北、河南、陕西、山西省文物局协办组织"文物保护世纪行"活动。活动小组成员由人民日报等多家新闻单位的记者和有关专家组成。

10 月 21 日　"中国陕西文物精华展"在英国伦敦开幕。国家主席江泽民与英国女王伊丽莎白二世出席开幕式。

11 月 1 日　国家文物局、北京大学联合举办的全国文物系统博物馆馆长高级研讨班在北京大学考古文博院开班。

11 月 26 日　中国国家文物局与澳大利亚环境遗产部和澳大利亚遗产委员会关于文化遗产合作谅解备忘录签字仪式在北京澳大利亚驻华使馆举行。

11 月 29 日　国家文物局在浙江杭州召开全国首届文博系统陈列展览项目交流洽谈会。

12 月 1 日　大足石刻、武夷山在联合国教科文组织第 23 届世界遗产委员会会议上被批准列入《世界遗产名录》。

12 月 3 日　国家文物局在重庆召开全国考古工作汇报会。

12 月　国家文物局召开部分省市文物出境和社会文物管理工作座谈会，讨论《民间收藏文物保护管理办法》、《文物出境鉴定标准建议》、《关于治理整顿文物市场打击非法经营文物活动的紧急通知》等规范性文件。

12 月 28 日　由江泽民总书记题写馆名的虎门炮台爱国主义教育基地"海战博物馆"开馆。

2000 年

1 月 5 日　我国加入联合国教科文组织《武装冲突情况下保护文化财产的公约》。

2 月 6 日　湖北省博物馆编钟馆 4 件一级文物受损。

2 月 23～25 日　国家文物局在北京召开全国文物局长会议。

3 月 24 日　国家文物局向全国人大教科文卫委员会做关于当前《文物保护法》实施情况及《文物保护法》部分条文修改情况的汇报。

3 月 28 日　由文化部、甘肃省人民政府和国家文物局共同举办的敦煌藏经洞发现暨敦煌学百年纪念活动新闻发布会在国家文物局举行。

3 月 29 日　吴哥古迹周萨神庙保护维修工程正式破土动工。这是我国首次参与国际文物保护行动。

4 月 9 日　国家文物局颁布《文物系统安全保卫人员上岗条件暂行规定》。

5 月 8～15 日　全国人大常委会副委员长何鲁丽率全国人大教科文卫委员会执法检查组考察陕西文物保护工作。

5 月 11～13 日　国家文物局在河北石家庄召开全国爱国主义基地教育示范基地工作座谈会。

5 月 23 日　由中国联合国教科文组织全国委员会、国家文物局和建设部共同主办的中国世界遗产工作会议在江苏苏州举行。

5 月 24～31 日　全国人大常委会副委员长彭珮云率全国人大教科文卫委员会执法检查组考察山西文物保护工作。

5 月 30 日～6 月 8 日　国家文物局在河南郑州举办博物馆安全技术防范业务培训班。

6 月 2 日　国家文物局印发《关于加强陈列展览文物安全的通知》。

6 月 14 日　我国加入国际文化财产保护与修复研究中心（ICCROM）。

6 月 15～22 日　全国人大常委会副委员长许嘉璐率全国人大教科文卫委员会检查组考察福建省《文物保护法》执行情况。

7 月 4 日　由甘肃省人民政府、国家文物局主办的"敦煌艺术大展"在中国历史博物馆展出。全国政协副主席杨汝岱等领导出席开幕式。

7 月 5 日　由国家文物局、建设部、世界银行和联合国教科文组织联合举办的"中国文化遗产保护和城市发展：机遇与挑战"国际会议在京召开。会议达成《北京共识》。

7 月 6 日　国家副主席胡锦涛，中共中央书记处书记尉健行，国务院副总理李岚清，中共中央政治局委员、中国社会科学院院长李铁映等参观中国历史博物馆"敦煌艺术大展"。

同日　文化部、国家文物局、甘肃省政府在北京人民大会堂召开敦煌藏经洞发现暨敦煌学百年纪念座谈会。中共中央政治局委员、中国社会科学院院长李铁映等出席会议。

7 月 18 日　中国历史文化名城保护与法治座谈会在北京召开。

8 月 4 日　"中国古代文明展"在日本横滨开幕。

8 月 7 日　国家文物局印发《关于加强文物拍摄活动管理的通知》。

8 月 21 日　国家文物局印发《关于加强在假日旅游中做好文物保护宣传工作的

意见》。

8 月 25 日　李瑞环、温家宝同志就进一步加强历史文化名城保护工作做重要批示。

10 月　国家文物局颁布《国家文物局社会团体管理暂行办法》。

10 月　国际古迹遗址理事会中国国家委员会大会在河北承德召开并审议通过《中国文物古迹保护准则》。

10 月 12 ~ 18 日　国家文物局在北京召开全国博物馆工作会议。

10 月 15 ~ 16 日　国家文物局在北京召开《文物工作》、《中国文物报》扩版改版宣传发行工作会议。

11 月 7 日　"中国考古发现展"在法国巴黎开幕。

11 月 9 日　"九五"国家重点科技项目"夏商周断代工程"成果新闻发布会在北京举行。正式公布《夏商周年表》。

11 月 29 ~ 30 日　青城山与都江堰、龙门石窟、明清皇家陵寝、安徽古村落在联合国教科文组织第 24 届世界遗产委员会会议上被批准列入《世界遗产名录》。

12 月 8 日　国家文物局印发《博物馆照明设计规范》。

12 月 18 日　国务院印发《关于支持文化事业发展若干经济政策的通知》。

12 月 19 日　国务院办公厅转发科技部等部门《关于非营利性科研机构管理的若干意见的通知》。

12 月 29 日　财政部印发《出国展览经费支出管理暂行办法》。

2001 年

2 月 16 日　国家文物局印发《关于山东省曲阜文物遭受破坏情况的通报》。

3 月 9 日　国家文物局印发《关于故宫博物院丢失文物的通报》。

3 月 12 日　国家文物局印发《关于江苏省徐州市文物遭受破坏情况的通报》。

3 月 22 日　国家文物局颁布《博物馆馆长专业资格条件》（试行）。

4 月 9 日　由文化部部长孙家正签发的《文物藏品定级标准》（文化部令第 19 号）开始施行。

4 月 16 日　国家文物局与日本美穗博物馆举行我被盗文物返还问题的签字仪式。日本美穗博物馆将馆藏一尊我被盗北齐石造像无偿返还我国，是我国首次通过民间友好协商途径解决我国被盗文物返还问题。

4 月 19 日　加拿大国家美术馆送还龙门石窟流失雕像仪式在北京举行。

5 月 12 日　中央机构编制委员会办公室印发《关于国家文物局部分事业单位调整

的批复》。将中国文物交流中心的建制和部分事业编制并入中国历史博物馆，成立北京新文化运动纪念馆，并将中国文物流通协调中心更名为中国文物信息咨询中心。

5月23日　中美双方就王处直墓被盗彩绘武士浮雕返还一事签署正式协议，标志这块流失海外的五代浮雕精品回归我国。

6月1日　国家文物局印发《关于河北省承德市文物园林管理局违法改建动物园的通报》。

6月6日　国家文物局颁布《文物拍摄管理暂行办法》。

6月20日　由中组部、中宣部等八部委联合主办的纪念中国共产党成立 80 周年图片展"肩负人民的希望"在中国革命博物馆开幕。国家副主席胡锦涛出席开幕式并讲话。

6月25日　国务院批准公布第五批全国重点文物保护单位 518 处和 23 处与现有全国重点文物保护单位合并项目名单。全国重点文物保护单位总计 1271 处。

7月3～14日　全国政协副主席王文元率视察团赴甘肃考察文物资源保护利用问题。

7月10日　文化部印发《关于禁止擅自改变文物保护单位管理体制的通知》。

7月17日　中国故宫博物院网站开通。

7月20日　文化部、国家文物局联合印发《关于宣传贯彻落实〈国务院关于公布第五批全国重点文物保护单位和与现有全国重点文物保护单位合并项目的通知〉》。

7月30日　国家文物局印发《文物、博物馆单位接受国外及港澳台地区捐赠管理暂行规定》。

同日　国家文物局印发《出国（境）文物展品包装工作规范》和《出国（境）文物展览展品运输规定》。

8月26～30日　国家文物局在西藏拉萨召开西藏文物工作座谈会。

8月　中国文物交流中心并入中国历史博物馆。

9月6日　国家文物局印发《关于在文物保护工作中加强法律咨询和审核的通知》。

9月16日　国家文物局印发《关于武汉市文物商店珍贵文物流失问题的通报》。

9月17日　国家文物局印发《关于整顿和规范文物市场秩序的通知》。

10月10日　国家文物局、国家经济贸易委员会、公安部、文化部、海关总署、国家工商行政管理总局联合印发《整顿规范文物市场方案》。

10月23～25日　联合国教科文组织、国家文物局在广东深圳联合召开"中国防止非法贩运文化财产研讨会"。

11月15日　国家文物局印发《关于颁发"一九四九年后已故著名书画家"和"一七九五年至一九四九年间著名书画家"作品限制出境鉴定标准的通知》。

11月19日　国务院副总理李岚清到故宫博物院视察工作并主持会议，研究故宫古建筑群维修和文物保护有关问题。

11月19～21日　全国人大教科文卫委员会修改《文物保护法》座谈会在江苏南京召开。全国人大常委会副委员长彭珮云到会并作重要讲话。

12月11日　财政部、国家文物局联合印发《国家重点文物保护专项补助经费使用管理办法》。

12月12日　国家文物局重新修订印发《国家文物局机关工作人员守则》和《中国文物、博物馆工作者职业道德准则》。

12月13日　云冈石窟在联合国教科文第25届世界遗产委员会会议上被批准列入《世界遗产名录》。

12月17日　国家文物局印发《〈文物事业"十五"发展规划和二零一五年远景目标纲要〉的通知》。

12月22日　国家文物局印发《关于发布〈博物馆藏品信息指标体系规范（试行）〉和〈博物馆藏品二维影像技术规范（试行）〉的通知》。

12月24－28日　文化部、中编办、国家计委、财政部和国家文物局组成联合检查组在湖南省考察文物保护"五纳入"工作。

12月27日　国家文物局颁布《国家文物局文物事业专项资金管理若干规定》。

2002 年

1月18日　国家文物局印发《首批禁止出国（境）展览文物目录》，规定64件（组）珍贵文物为首批禁止出国（境）展览的文物。

同日　国家文物局印发《关于开展全国文物、博物馆单位基本情况普查的通知》。

1月24日　国家文物局在北京召开全国文博单位基本情况普查工作会议。

1月25日　中国历史博物馆向全社会推出免票参观办法。

2月28日　中央机构编制委员会办公室印发《关于国家文物局机构编制的批复》。同意在国家文物局办公室加挂政策法规司、外事联络司的牌子并增加行政编制。

3月12日　国家文物局印发《关于宝鸡青铜器博物馆调拨文物被倒卖情况的通报》。

4月1日　《四川省世界遗产保护条例》开始施行，这是全国第一部综合性地方世界遗产保护法规。

5 月 17 日　国家文物局印发《关于在河南省试验开展规范整治对外开放文物保护单位管理工作的通知》。

6 月 5～7 日　山西应县木塔修缮保护工程方案论证会在山西太原举行。吴良镛等 7 位院士和来自全国建筑结构等多学科著名专家 40 余人参加了评审论证。

7 月 1 日　全国政协副主席张思卿考察故宫博物院信息化建设工作。

7 月 3～18 日　全国政协副主席张思卿率联合调查组赴山西和内蒙古调研文博信息建设工作。

8 月 9 日　国家文物局印发通知转发财政部、国家税务总局、海关总署《国有文物收藏单位接受境外捐赠、归还和从境外追索的中国文物进口免税暂行办法》。

8 月 12～19 日　全国政协副主席周铁农率全国政协社会和法制委员会考察山西省贯彻实施《中华人民共和国文物保护法》情况。

8 月 22 日　国家文物局印发《关于进一步加强文物宣传工作管理的通知》。

8 月 23 日　国务院任命单霁翔为国家文物局局长。

8 月 26 日　国家文物局上报《关于拉萨老城区改造中文化遗产保护问题的报告》。

9 月 14 日　中央机构编制委员会办公室印发《关于故宫博物院变更隶属关系和组建国家博物馆的批复》。将故宫博物院划转文化部管理，将中国历史博物馆、中国革命博物馆合并组建国家博物馆，为文化部所属事业单位，中国文物交流中心及部分事业编制从中国历史博物馆分离，仍由国家文物局管理。

9 月　中央编制委员会办公室批复文化部，将中国文物交流中心事业编制从中国历史博物馆分离出来，仍由国家文物局管理。

10 月 28 日　《中华人民共和国文物保护法》由第九届全国人大代表大会常务委员会第 30 次会议修订通过并公布施行。

11 月 1 日　《陕西省重大文物安全事故行政责任追究规定》开始施行。

11 月 6 日　文化部、国家文物局联合印发《关于做好〈中华人民共和国文物保护法〉宣传贯彻工作的通知》。

同日　国家文物局上报《关于四川成都金沙遗址发掘保护情况的报告》。

11 月 14 日　国家文物局印发《关于下发〈文物系统博物馆风险等级和安全防护级别的规定〉的通知》。

12 月 20 日　全国文物工作电视电话会议在北京中南海召开。国务院副总理李岚清出席会议并发表重要讲话。

12 月 21 日　国家文物局在北京召开全国文物局长会议。

2003 年

1 月 4～5 日　国家文物局在上海召开文博教育培训工作研讨会。会议提出，自2003 年起开始举办全国各地各级文物局长、博物馆馆长、考古所所长、古建所所长培训班。

1 月 15 日　国家文物局印发《关于开展全国重点文物保护单位档案备案及相关工作的通知》，决定自 2003 年起开展全国重点文物保护单位档案备案工作。

1 月 19 日　被列入世界文化遗产名录的武当山古建筑群重要组成部分遇真宫主殿（省级文物保护单位）发生特大火灾，主殿烧毁。

1 月 20 日　国家文物局印发《关于请立即纠正擅自改变文物保护单位管理体制问题的通知》。

1 月 21 日　国务院副总理温家宝就武当山遇真宫主殿被烧毁事件做出重要批示。

2 月 10 日　国家文物局印发《关于检查世界文化遗产地保护管理工作的通知》。

2 月 12 日　由国家文物局和国家经贸委联合举办的文物拍卖专业人员首期培训班在北京开班。

2 月 17 日　国务院副总理李岚清就陕西省宝鸡市眉县发现西周时期青铜器窖藏作重要批示。

2 月 19 日　全国人大教科文卫委员会和国家文物局在北京联合召开宣传贯彻《文物保护法》座谈会。全国人大常委会副委员长彭珮云出席并讲话。

2 月 20 日　天津海关查获近年来数量最大的文物走私案，共查获 285 件国家禁止出境文物。

同日　我国首次在南美举办的大型文物展"中国西安兵马俑展暨紫禁城帝后生活文物展"在巴西圣保罗开幕。

2 月 28 日　由中国历史博物馆、中国革命博物馆合并而成的中国国家博物馆在天安门广场西侧举行挂牌仪式。国家主席江泽民题写馆名，国务院副总理李岚清出席挂牌仪式并为国家博物馆揭牌。

3 月 1 日　《甘肃省敦煌莫高窟保护条例》开始施行，此条例是甘肃省第一部保护单处文化遗址的专项立法。

3 月 3 日　国务院副总理温家宝就河南洛阳河洛文化广场施工破坏东周王陵遗址作重要批示。

同日　国务院副总理李岚清就世界自然与文化遗产乐山大佛—麻浩崖墓核心保护区

遭破坏作重要批示。

3 月 10 日　国家文物局通令嘉奖发现和抢救陕西省宝鸡市杨家村窖藏珍贵青铜器的王宁贤等 5 位村民和宝鸡市文物局等 4 个单位。

3 月 11 日　国务院副总理李岚清就西藏萨迦寺维修工程质量作重要批示。

3 月 15 日　国家文物局批复通过《故宫保护总体规划大纲》，这是故宫首次作为世界文化遗产编制的专项保护规划。

3 月 25 日　国家文物局印发《关于抓紧报送国家一级文物藏品档案建设及保护项目规划和经费预算的通知》，要求全面开展国有馆藏一级文物建立档案、编制总目录工作。

3 月 28～29 日　国家文物局 2002 年度文物保护科研项目评审会在北京召开，第一次将"文物科学技术项目开题"与"全国文物、博物馆事业人文社会科学重点研究课题立项"评审会合并召开。

4 月 16 日　文化部、国家文物局、公安部、国土资源部、建设部、国家环境保护总局、国家旅游局联合印发《关于进一步加强长城保护管理工作的通知》。

4 月 27 日　三峡库区二期工程水位淹没线下涉及重庆、湖北省库区的考古发掘项目和地面文物保护工程通过国务院长江三峡二期工程移民工程专家工作组验收。

5 月 1 日　《文物保护工程管理办法》开始施行。

5 月 13 日　国家文物局印发《近现代文物征集参考范围》和《近现代一级文物藏品定级标准（试行）》。

5 月 14 日　全国政协主席贾庆林考察河北省博物馆。

同日　国务院副总理曾培炎就重庆涪陵白鹤梁题刻原址水下保护工程启动作重要批示。

5 月 15 日　中共中央政治局常委李长春等领导考察湖北省博物馆。

5 月 16 日　国家文物局印发《国家文物局内设机构、职能配置和人员编制调整方案》，内设机构调整为办公室（政策法规司、外事联络司）、文物保护司、博物馆司、直属机关党委（纪委、人事劳动司）等 4 个职能司室和 17 个处，并重新明确各司处职能。

5 月 18 日　杭州市政府所属 10 家博物馆全部免费向公众开放。

5 月 31 日　国务委员陈至立就内蒙古自治区通辽市新出土文物保护问题作重要批示。

6 月 2 日　国家文物局、中央机构编制委员会办公室、国家发展改革委、财政部、建设部、文化部、国家税务总局等七部委联合印发《关于进一步做好文物保护"五纳入"的通知》。

6月11日　《文物保护工程勘察设计资质管理办法（试行）》和《文物保护工程施工资质管理办法（试行）》开始施行。

6月16日　国家文物局、水利部联合印发《关于做好南水北调东、中线工程文物保护工作的通知》。

6月17日　国家文物局、国土资源部联合印发《关于进一步明确古生物化石保护管理工作的通知》，就加强古生物保护工作进一步明确了职责和分工。

6月19日　国务院总理温家宝就对我国世界文化遗产地保护工作检查情况作重要批示。

7月1日　《中华人民共和国文物保护法实施条例》开始施行。

7月14日　《文物拍卖管理暂行规定》开始施行。

7月15日　国家文物局印发《关于进一步加强文物行政执法工作的通知》，要求县级以上文物行政部门建立文物行政执法机构或设立专职行政执法人员。

7月18日　国务委员陈至立分别就山西省岩山寺金代彩塑佛像被盗事件和河南省郑州商代遗址保护工作作重要批示。

7月22日　国务委员陈至立就新疆北庭古城佛寺遗址自然损毁问题作重要批示。

8月1日　《北京市长城保护管理办法》开始施行，此办法是我国第一个保护长城的专项规章。

8月4日　国家文物局批复通过《吐鲁番文物保护与旅游发展总体规划》，这是我国规模最大的第一部区域性文化遗产与地方发展相结合的专项规划。

8月8日　国务院总理温家宝考察北京城市建设工作，指出要十分注意保护好文物和历史文化遗产。

9月4～7日　国家文物局在北京怀柔举办"文物保护单位规划编制研讨班"。这是第一次举办的全国范围的文物保护规划学术交流活动。

9月9日　胡锦涛、温家宝、曾培炎同志就关于保护历史文化名城问题作重要批示。

9月11日　《文物保护科学和技术研究课题管理办法》开始施行。

9月18日　国务委员陈至立就圆明园文物在港被拍卖事件作重要批示。

9月23日　国家文物局印发《关于国家重点珍贵文物征集工作的几点意见》。

10月8日　建设部、国家文物局公布第一批中国历史文化名镇（村）。

同日　由国家文物局和北京大学共同投资建设的北京大学考古文博学院（中国文物博物馆学院）举行落成典礼并正式投入使用。

10 月 13 日　国务院总理温家宝就敦煌莫高窟保护和利用设施建设作重要批示。

10 月 23～24 日　中共中央政治局常委李长春在河南考察工作期间作出"推动公益性文化事业贴近实际、贴近生活、贴近群众"的重要指示。

10 月 24 日　国家文物局印发《关于进一步做好西气东输工程沿线文物保护工作的通知》。

10 月 25～27 日　国家文物局与公安部三局在陕西西安联合召开全国文物安全工作会议。

11 月 3 日　国务院副总理回良玉就甘肃民乐—山丹地震灾区抗震救灾工作作重要批示。

11 月 11 日　国务院总理温家宝就我国世界文化遗产保护和管理工作作重要批示。

11 月 18 日　国家文物局印发《关于将"文留"文物全部移交国有博物馆的函》。

11 月 19 日　国务院任命童明康为国家文物局副局长。

11 月 21 日　《文物保护科学和技术研究课题招标投标暂行办法》开始施行。

11 月 29 日　广州广裕祠获亚太地区文化遗产保护奖（杰出项目奖第一名），这是我国第一次获得联合国亚太地区文化遗产保护奖。

12 月 1 日　由法国国家文化遗产学院、中国文物博物馆学院和中央美术学院联合主办的"中国博物馆高级管理人员培训班"在中央美术学院开课。

12 月 4～8 日　国家文物局在广东广州召开 2002～2003 年度全国考古工作汇报会。

12 月 18 日　文化部、国家文物局在北京联合召开表彰全国文物先进县大会，表彰奖励 31 个全国文物工作先进县。

12 月 21 日　中共中央总书记胡锦涛就保管传世藏文《大藏经》工作作重要批示。

12 月 22 日　天津海关正式移交天津市文化局从 1995～2001 年查获的 8691 件走私文物，是我国海关一次性移交文物最多的一次。

同日　中共中央宣传部、文化部、国家文物局联合印发《关于进一步加强博物馆宣传展示和社会服务工作的通知》，具体部署博物馆"三贴近"工作。

12 月 23 日　全国馆藏文物保护管理工作座谈会在北京召开。

12 月 23～24 日　国务院在北京召开三峡工程建设工作会议。国家文物局文物保护司获得"三峡工程建设先进集体"荣誉称号。

12 月 24 日　国家文物局印发《关于加强国有文物商店改制管理工作的通知》。

同日　国家文物局印发《关于对申领和颁发文物拍卖许可证有关事项的通知》。

2004 年

1月1日　浙江省博物馆实行免费开放，成为全国省级博物馆第一家取消门票的博物馆。

1月14日　公安部、国家旅游局、国家宗教事务局、国家文物局联合印发《关于开展古建筑消防安全专项治理的通知》。

1月17日　中共中央政治局常委李长春在中国国家博物馆调研并作重要指示。

同日　国家文物局印发《关于发布文物保护工程勘察设计、施工单位资质的通知》，授予第一批文物保护工程勘察设计、施工单位资质。

1月20日　国家文物局印发《关于贯彻实施行政许可法加强文物法制工作的意见》。

2月4日　北京明十三陵等6项世界文化遗产开始首次集中修缮。

2月7日　中意合作文物保护修复培训班开学典礼暨中意合作文物保护修复培训中心揭牌仪式在北京中国文物研究所举行。

2月10日　世界文化遗产地重庆大足石刻石门山2尊石刻雕塑头像被盗。

2月25日　国务院办公厅转发文化部、建设部、文物局、发展改革委、财政部、国土资源部、林业局、旅游局、宗教局《关于加强我国世界文化遗产保护管理工作的意见》。

3月8日　全国人大副委员长、民进中央主席、中国长城学会会长许嘉璐听取国家文物局工作汇报并做重要指示。

4月2日　文化部、国家文物局联合印发《关于贯彻落实〈中共中央　国务院关于进一步加强和改进未成年人思想道德建设的若干意见〉的通知》。

4月9日　国家文物局印发《关于文物系统博物馆及爱国主义教育基地对未成年人免费开放和建立辅导员队伍的通知》。

4月19日　中国国家文物局和柬埔寨王国文物局签署《关于加强文物合作保护的谅解备忘录》。

4月29日　文化部向国务院报送《关于进一步加强我国水下考古工作的报告》。

4月30日　38家拍卖企业首批获得文物拍卖许可证。

5月18日　中央电视台10频道播出"走进博物馆——5·18国际博物馆日特别节目"。这是中央电视台首次为国际博物馆日特别制作专题节目。

同日　由中国博物馆学会、中国自然科学博物馆协会、北京市文物局承办的首届

"2004 博物馆及相关产品及技术博览会" 在中国农业展览馆开幕。

5 月 27 日　南水北调工程文物保护工作协调小组在北京召开第一次会议。

6 月 17 日　中共中央政治局常委李长春参观西柏坡精神巡回展览。

6 月 23～29 日　国家文物局在河北石家庄举办安全技术防范业务培训班。

6 月 24 日　国家文物局印发《关于湖北省文物考古研究所丢失文物的通报》。

6 月 28 日～7 月 7 日　第 28 届联合国教科文组织世界遗产委员会会议在苏州举行。国家主席胡锦涛致书面贺词。国务委员陈至立等领导出席开幕式。会议通过《苏州宣言》。

7 月 1 日　《国家文物局行政许可管理办法》开始施行。

同日　吉林高句丽王城、王陵及贵族墓葬在联合国教科文第 28 届世界遗产委员会会议上被批准列入《世界遗产名录》。

7 月 5 日　由中国文物研究所文物保护修复培训中心承办的 "2004 年中国政府 TCCR 文物保护技术与管理非洲国家培训班" 在北京开学。这是新中国成立以来文博系统首次面向国际的文物保护技术与管理培训。

7 月 6 日　《文物保护科学和技术创新奖励办法》开始施行。

7 月 8～11 日　国际古迹遗址理事会（ICOMOS）执行局扩大会和亚太地区会议在北京召开。

7 月 12 日　印发《国家文物局关于国务院取消和调整我局行政审批项目的通知》。国务院决定取消国家文物局行政审批项目 22 项，下放管理层级 1 项。

7 月 21 日　全国人大常委会副委员长李铁映赴陕西岐山考察周公庙遗址保护和考古发掘工作。

同日　贵州省黎平县全国重点文物保护单位地坪风雨桥被特大山洪冲垮。

7 月 26 日　国家文物局印发《历史文化遗产保护领域科学和技术研究课题指南（2004～2005）》。

8 月 2 日　国家文物局印发《全国重点文物保护单位保护规划编制审批办法》和《全国重点文物保护单位保护规划编制要求》。

8 月 6～7 日　中国古迹遗址保护协会大会在北京召开。国家文物局副局长张柏当选为中国古迹遗址保护协会主席。

8 月 13 日　《国家文物局重点科研基地管理办法（试行）》开始施行。

8 月 14～23 日　世界文化遗产地保护管理机构负责人培训班在世界遗产地福建省武夷山举行。这是我国首次在世界文化遗产领域针对遗产地和上级主管行政部门保护管理负责人进行岗位培训。

8月29日　2004年度文物保护科学和技术创新奖评审会议召开。这是国家文物局首次举行文物保护科学和技术创新奖评选活动。

9月1日　纪念邓小平同志"爱我中华　修我长城"题词20周年大会在北京人民大会堂举行。

9月3日　《文物保护行业标准管理办法（试行）》开始施行。

9月24～26日　全国文物科技工作会议在北京召开。

9月25日～10月24日　国家文物局在中华世纪坛举办新中国成立以来首次历史文化遗产保护科学和技术成果展览。

10月12日　由国家文物局和美国纽约大都会博物馆共同主办的"走向盛唐"大型中国文物展在美国纽约开幕。

10月15～16日　国务委员陈至立考察河南省开封龙亭、延庆观玉皇阁等6处文物保护单位。

10月15～20日　全国大遗址保护规划现场研讨会在陕西西安召开。

10月18～21日　由中国科学院、科技部、文化部、教育部、国家文物局、国家自然科学基金委共同主办的首届国际遥感考古会议在北京召开。

10月24～29日　全国文物宣传教育工作会议在江西南昌召开。

10月25日　澳门"德成按"典当行获"2004年联合国教科文组织亚太文化遗产保护奖"。

10月28日　敦煌莫高窟北区加固工程正式开工，是历史上首次对莫高窟北区进行工程加固。

10月29日　北京地坛文物修缮工程开工，是新中国成立以来对地坛进行的规模最大、最完整的修缮工程。

11月2日　首届出土文献抢救、保护、整理骨干培训班在北京举行开学典礼。

11月2～6日　新中国成立以来首次全国文物保护工作工程汇报会在河北石家庄举行。

11月9～11日　全国文物行政执法工作交流会在云南昆明召开。

11月20日　国家文物局编辑出版第一部《中国文物年鉴·2003》。

11月24日　我国第一部文物保护工程施工监理规划－《文物保护工程监理规划》在河南发布试行。

12月18日　文化部、国家文物局联合召开表彰全国文物先进县大会。会上表彰奖励了31个全国文物工作先进县，并对贵州省黎平县地坪乡抢救全国重点文物保护单位风雨桥的先进集体和先进个人进行了特别表彰。

12 月 20 日　全国文物行业首家科技成果推广应用机构——湖北省文物科技成果推广应用中心正式成立。

12 月 28 日　由陕西省文物局和上海博物馆联合举办的"周秦汉唐文明大展"在上海博物馆开幕。

2005 年

1 月 13 日　国家文物局开始开展以实践"三个代表"重要思想为主要内容的保持共产党员先进性教育活动。

1 月 24 日　由文化部部长孙家正签发的《文物行政处罚程序暂行规定》开始施行。

2 月 17 日　山西省文物局表彰第一批文物安全金铠甲工程达标单位。

3 月 1 日　福建省在全省范围开展涉台文物专题普查工作。

3 月 21 日　中国国家文物局和美国规划协会在美国旧金山签署文物保护交流合作谅解备忘录。

3 月 24 日　国家文物局印发《关于做好红色旅游中的文物保护工作的通知》。

3 月 30 日　《丝绸之路（新疆段）重点文物抢救保护工程计划》正式启动。

4 月 1 日　江西省文化厅召开文物保护"5＋2"工作专门会议。江西省提出在文物保护"五纳入"的基础上，增加将文物保护纳入社会防灾体系、纳入社会治安体系两项内容。

4 月 26 日　福建漳州历史街道等 4 个项目获"2004 年度亚太地区遗产保护奖"。

4 月 26 日　河南博物馆"天地经纬——汉代张衡地动仪、元代郭守敬观星台"陈列通过验收。

5 月 10～15 日　第 35 届国际考古学术讨论会在北京举行。这是首次在亚洲国家举办国际科技考古会议。

5 月 24 日　国家文物局提交财政部《国家重要大遗址保护规划纲要》（第一批）。

5 月 27 日　国家文物局印发《文物出境展览管理规定》。

6 月 1 日　国家文物局与三建委联合印发《关于开展三峡库区文物保护综合监理工作的通知》。

6 月 13 日　财政部、国家文物局在辽宁沈阳联合召开文物调查及数据库管理系统建设座谈会。

6 月 24 日～7 月 21 日　国家文物局行政执法专项督察组赴河北、天津、山西等 9

省市 83 个文博单位督察行政执法工作。

6 月 28 日　苏州庆祝第一个"文化遗产保护日"。苏州是全国第一个确定"文化遗产保护日"的城市。

7 月 15 日　澳门历史城区在联合国教科文第 29 届世界遗产委员会会议上被批准列入《世界遗产名录》。

7 月 21 日　胡锦涛、温家宝、华建敏就有关专家来信呼吁加强文化遗产保护作重要批示。

8 月 8 日　中央机构编制委员会办公室印发《关于增加国家文物局机构编制的批复》。同意国家文物局设立政策法规司并增加行政编制。调整后，国家文物局内设职能机构 4 个，即办公室（外事联络司）、政策法规司、文物保护司、博物馆司。

8 月 16 日　国家文物局发布公告，决定采用四川成都金沙遗址出土的金饰图案作为中国文化遗产标志。

8 月 22 日　《文物保护工程勘察设计资质管理办法》和《文物保护工程施工资质管理办法》开始施行。

8 月 23 日　《文物保护科学和技术研究课题评审程序暂行规定》及《文物保护科学和技术评审与咨询专家管理办法》开始施行。

8 月 25 日　财政部、国家文物局印发《大遗址保护专项经费管理办法》。

8 月 30 日　国务委员陈至立就文物调查及数据库管理系统建设项目进展情况作重要批示。

9 月 12 日　国务院总理温家宝参观深圳博物馆"深圳改革开放实物资料展"。

9 月 16 日　建设部、国家文物局公布第二批中国历史文化名镇（村）。

9 月 24 日　南通博物苑 100 年暨中国博物馆事业发展百年纪念大会召开。中共中央政治局常委李长春、全国政协副主席刘延东发贺信。全国政协副主席张克辉等领导出席。

10 月 1 日　首部古代帝王陵墓保护地方法规《陕西省秦始皇陵保护条例》开始施行。

10 月 17 日　国际古迹遗址理事会第 15 届大会在陕西西安举行。大会通过《西安宣言——保护历史建筑、古遗址和历史地区的环境》。

10 月 23 日　国家文物局表彰巩义市公安局干警破获巩义宋陵石刻文物被盗案。

10 月 26 日　国家文物局印发《关于加强和改进馆藏文物保护管理工作的意见》。

11 月 1 日　《湖南省文物保护条例》、《重庆市实施〈中华人民共和国文物保护法〉办法》开始施行。

11 月 3 日　中央机构编制委员会办公室印发《关于调整国家文物局人事劳动机构问题的批复》。同意将人事劳动司更名为人事教育司，与机关党委合设办事机构。

11 月 20 日　国务委员华建敏就加强珍贵文物保护措施问题作重要批示。

11 月 22 日　全国支援南水北调工程文物保护工作动员大会在河南郑州召开。

11 月 30 日　国务院总理温家宝就南水北调工程中文物保护工作作重要批示。

12 月 6 日　文化部、国家文物局决定授予山西省临汾市文物局文物保护特别奖。

12 月 9 日　敦煌莫高窟北区崖体加固工程完工。

12 月 16 日　国家文物局印发《关于表彰全国文物档案工作先进集体、优秀档案（单位）和先进个人的通知》。

12 月 22 日　国务院印发《关于加强文化遗产保护的通知》，首次明确提出建立文化遗产保护制度体系的宏伟目标；通知决定从 2006 年起每年 6 月的第二个星期六为我国的"文化遗产日"。

12 月 30 日　文化部上报"指南针计划 – 中国古代发明创造的价值挖掘与展示"专项情况的报告。

2006 年

1 月 1 日　由文化部部长孙家正签发的《博物馆管理办法》（文化部令第 35 号）、《山西省实施中华人民共和国〈文物保护法〉办法》、《浙江省文物保护管理条例》开始施行。

· 1 月 6 日　故宫太和殿关闭，开始修缮。

1 月 9 ~ 11 日　全国科学技术大会在北京人民大会堂举行。国家文物局博物馆司被国家科技奖励办公室评为 2005 年国家科技奖励工作先进集体；由国家文物局推荐的美国盖蒂保护所专家内维尔·阿格纽（Neville Agnew）被授予中华人民共和国国际科学技术合作奖。

1 月 12 日　中共中央、国务院印发《关于深化文化体制改革的若干意见》。

同日　国家文物局印发《国家文物鉴定委员会管理规定》。

1 月 16 日　国家文物局印发《关于贯彻落实〈国务院关于加强文化遗产保护的通知〉的意见》。

1 月 20 日　中国国家文物局与意大利文化遗产与文化活动部在京签署《中意关于防止盗窃、盗掘和非法进出境文物的协定》及《中国国家文物局与意大利文化遗产与文化活动部关于文化遗产保护合作的谅解备忘录》。

2月7日　国家文物局印发《关于进一步推行政务公开的意见》，决定成立国家文物局政务公开领导小组，同时公布73项国家文物局政务公开项目。

2月17日　中国博物馆学会民族博物馆专业委员会在北京举行成立大会。

2月19日　中共中央政治局常委李长春就博物馆工作作重要批示。

2月21日　国家文物局在北京举行贯彻落实《国务院关于加强文化遗产保护的通知》座谈会。

2月24日　国家文物局在河北秦皇岛召开长城保护工程启动工作会议。

2月28日　贵州黎平地坪风雨桥动工修复。

3月18日　北京首都博物馆举办"世界文明珍宝——大英博物馆250年之藏品展"。

4月9日　国务委员陈至立就我国民俗文物保护问题作重要批示。

4月12日　中国国家文物局和柬埔寨王国文物局在柬埔寨首都金边签署《中华人民共和国国家文物局和柬埔寨文物局关于保护吴哥古迹二期项目的协议》，确定茶胶寺修复工程作为中柬合作保护吴哥古迹二期项目。国务院总理温家宝和柬埔寨首相洪森出席签字仪式。

4月17～18日　中国古迹遗址保护协会、江苏省文物局和无锡市人民政府在江苏无锡举办中国工业遗产保护论坛。论坛通过《无锡建议》，呼吁注重经济高速发展时期的工业遗产保护。

4月26～27日　中共中央政治局常委李长春在北京考察北京文物工作并作重要指示。

4月29日　李长春、陈至立同志就第一个文化遗产日组织工作作重要批示。

5月8日　国家文化遗产保护领导小组第一次全体会议在北京召开。国务委员陈至立出席并讲话。

5月11日　国家文物局印发《关于加强全国馆藏文物腐蚀损失调查项目数据管理的通知》。

5月12日　国家文物局印发《关于加强工业遗产保护的通知》。

5月18日　北京5·18国际博物馆日宣传活动开幕式暨首都博物馆新馆正式开放典礼在首都博物馆新馆举行。

5月24日　京杭大运河保护与申遗研讨会闭幕。会议通过《杭州宣言》。

5月25日　国务院公布第六批全国重点文物保护单位1080处，全国重点文物保护单位总计 2351 处。

同日　国务院新闻办公室就中国文化遗产保护状况举行新闻发布会。

5 月 26 日　中共中央政治局常委李长春到国家图书馆参观"文明的守望——中华古籍特藏珍品暨保护成果展"。

同日　国家文物局印发《关于授予郑孝燮等同志"文物保护特别奖"的决定》。决定授予郑孝燮等 11 名同志"文物保护特别奖"。

5 月 27 日　中蒙两国首次合作保护蒙古国博格达汗宫博物馆古建筑维修工程开工仪式在蒙古乌兰巴托举行，并签署《中华人民共和国国家文物局与蒙古国教育文化科学部关于合作保护博格达汗宫博物馆门前区的协议》。

5 月 31 日　国家文物局印发《关于表彰"全国文物保护工作先进个人"的决定》。决定授予廖静文等 70 名同志"全国文物保护工作先进个人"荣誉称号。

5 月　上海获得 2010 年国际博物馆协会第 22 届大会的主办权。

5 月 31 日　第 2 届文化遗产保护与可持续发展国际会议在浙江绍兴召开。

6 月 5 日　由文化部、财政部、国家文物局共同主办，中国国家博物馆承办的"文化遗产日特别展览——国家珍贵文物征集成果"开幕。

6 月 10 日　中国第一个"文化遗产日"。活动主题：保护文化遗产，守护精神家园。

6 月 19 日　国家标准化技术委员会同意成立全国文物保护标准化技术委员会。其专业范围是负责不可移动文物、可移动文物、文物调查与考古发掘、文物保护、博物馆及其信息化和信息建设领域国家标准制修订工作。

6 月 21 日　国家文物局印发《关于尽快开展清理积压考古报告工作的通知》。

6 月 22 日　国家文物局印发《关于加强文物拍卖标的审核工作的通知》。

6 月 26 日　国家文物局在北京召开 2006 年度行政执法专项检查检查组会议，启动 2006 年度行政执法专项检查工作。

6 月 27 日　国务委员陈至立就珍贵文物征集作重要批示。

6 月 30 日　中共中央政治局常委李长春到中国国家博物馆参观"开天辟地——纪念中国共产党成立 85 周年图片展"。

同日　"艺术与帝国——大英博物馆藏亚述珍品展"在上海博物馆开幕。

7 月 1 日　《四川省〈中华人民共和国文物保护法〉实施办法》开始施行。

7 月 5 日　国家文物局印发《关于加强和改进博物馆工作的意见》。

7 月 13 日　河南安阳殷墟在联合国教科文第 30 届世界遗产委员会会议上被批准列

入《世界遗产名录》。

7月18日　第三次全国文化文物援藏工作会议在云南昆明召开。

同日　美国海关官员与中国政府代表在洛杉矶签署协议，美方向中方移交一批非法入境的中国恐龙蛋化石。

7月28日　国家文物局印发《关于做好第三次全国文物普查准备工作的通知》。

8月2日　联合国教科文组织世界遗产中心和国家文物局联合在新疆吐鲁番召开丝绸之路申报世界文化遗产国际协商会议。

8月7日　由文化部部长孙家正签发的《古人类化石和古脊椎动物化石保护管理办法》（文化部令第38号）开始施行。

8月21日　国务委员陈至立就汉代长城保护问题作重要批示。

8月23日　国家文物局组织召开中国世界文化遗产专家委员会成立会议。

9月　全国政协副主席张思卿率全国政协调研组赴浙江考察"新农村建设中文化遗产保护工作"。

9月1日　三峡三期移民工程阶段文物保护工作通过验收。

9月18日　国家文物局举行"南水北调文物保护宣传行动"启动仪式。

9月21日　国家文物局在山东临淄召开全国县级博物馆展示服务水平提升项目座谈会。

10月1日　《陕西省文物保护条例》、《福建省"福建土楼"文化遗产保护管理办法》开始施行。

10月9日　国家文物局印发《关于颁发首批文物保护工程勘察设计、施工个人从业资格证书的通知》，决定核发首批文物保护工程勘察设计、施工个人从业资格证书。

10月17日　国务院总理温家宝就南京、常州历史文化名城保护问题作重要批示。

10月20日　国际古迹遗址理事会西安国际保护中心（IICC）在陕西西安成立。

10月26日　国家文物局与国家测绘局就合作开展长城地理信息资源调查签署协议，标志着"数字长城"建设工程进入实施阶段。

10月29日　国家文物局在山西太原召开全国博物馆建设与发展座谈会。

11月3日　国家文物局在河北山海关召开贯彻落实《长城保护条例》座谈会。

11月10日　国家文物局印发《国家文物事业"十一五"发展规划》和《文化遗产保护科学和技术发展"十一五"规划》。

11月14日　由文化部部长孙家正签发的《世界文化遗产保护管理办法》（文化部令第41号）开始施行。

11 月 17 日　全国人大常委会委员长吴邦国视察河南博物院。

同日　国家文物局在北京故宫建福宫举行颁奖仪式，向意大利驻华大使孟凯蒂颁发"中国文化遗产保护特别贡献奖"并聘请其担任中国文化遗产保护国际顾问。

11 月 21 日　中国国家文物局和印度考古局在印度新德里签署《中华人民共和国政府和印度共和国政府关于防止盗窃、盗掘和非法进出境文物的协定》和《中华人民共和国国家文物局和印度共和国考古局关于保护文化遗产谅解备忘录》。国家主席胡锦涛和印度总理辛格出席签字仪式。

11 月 23 日　国务委员陈至立考察全国重点文物保护单位宁明花山岩画的保护及利用情况。

同日　国家文物局印发《关于发放使用文物行政执法证的通知》。决定自 2007 年起启用统一制式的《中华人民共和国文物行政执法证》，逐步实现全国文物行政执法人员持证上岗。

11 月 27 日　国家文物局 2006 年度文物行政执法培训班暨文物行政处罚案卷评比颁奖会在福建福州召开。

12 月 1 日　《长城保护条例》开始施行。该条例是我国第一次在综合性法规之外为单项文化遗产制定国家专项法规。

12 月 8 日　《中国世界文化遗产监测巡视管理办法》和《中国世界文化遗产专家咨询管理办法》开始施行。

12 月 15 日　国家文物局公布重新设置的《中国世界文化遗产预备名单》，共 35 个项目列入中国世界文化遗产预备名单。

12 月 18 日　全国世界文化遗产工作会议、第三次全国文物普查工作会议在北京召开。

12 月 19 日　全国文物工作先进县表彰大会在北京召开。

12 月 22 日　中国国家文物局与肯尼亚国家遗产部在肯尼亚内罗毕签署《中华人民共和国国家文物局与肯尼亚共和国国家遗产部关于在拉穆岛进行合作考古的协议》。这是中国首次与非洲国家合作开展考古发掘项目。

12 月 26 日　"西天诸神——古代印度瑰宝展"在首都博物馆开幕。

12 月 29 日　全国人大常委会批准《保护和促进文化表现形式多样性公约》。

同日　国家文物局、财政部联合印发《"十一五"期间大遗址保护总体规划》。

2007 年

1 月 13 日　中共中央政治局常委李长春参观中共三大会址纪念馆。

1 月 16 日　国家文物局印发《关于加强基本建设工程中考古工作的指导意见》。

1 月 17 日　柬埔寨王国政府为我援助吴哥古迹工作队队长姜怀英、副队长刘江授勋。

1 月 19 日　全国人大副委员长李铁映视察柬埔寨我援柬保护吴哥古迹周萨神庙施工工地。

同日　国务院办公厅印发《关于进一步加强古籍保护工作的意见》。

1 月 25 日　国家文物局颁布《国家文物局新闻宣传工作管理办法》。

1 月 26 日　国家文物局印发《关于转发〈江苏省文物局文化遗产保护与城市规划建设培训情况的报告〉的通知》。

2 月 7 日　国家环境保护总局、建设部、文化部、国家文物局联合印发《关于加强涉及自然保护区、风景名胜区、文物保护单位等环境敏感区影视拍摄和大型实景演艺活动管理的通知》。

2 月 9 日　国家文物局印发《关于颁发第二批文物保护工程勘察设计、施工单位甲、一级资质的通知》。

同日　国家文物局、国家测绘局在北京召开全国长城资源调查工作会议。

2 月 14 日　中国文物交流中心在北京文博大厦举行挂牌仪式。

2 月 20 日　"中国西藏文物展"在德国柏林艺术博物馆开幕。

3 月 8 日　中央机构编制委员会办公室印发《关于调整北京新文化运动纪念馆隶属关系的批复》。同意北京新文化运动纪念馆及部分事业编制由文化部所属国家博物馆划转国家文物局管理。

3 月 17 日　中国国家博物馆改扩建工程动工。

3 月 18 日　《保护和促进文化表现形式多样性公约》正式生效。

3 月　河南洛阳大遗址保护工程开工。

4 月 4 日　国务院印发《关于开展第三次全国文物普查的通知》，决定成立第三次全国文物普查领导小组，从 2007 年开始开展第三次全国文物普查工作。

4 月 6 日　国家文物局与国务院发展研究中心签署协议，启动"文化遗产事业与经济社会发展"课题研究。

4 月 13 日　国家文物局颁布《文物保护工程监理资质管理办法》（试行）。

同日　国家文物局印发《关于做好大运河保护与申报世界文化遗产工作的通知》。

4 月 18 日　国家文物局颁布《文化遗产保护领域国家科技支撑计划课题管理暂行办法》、《文化遗产保护领域国家科技支撑计划课题第三方机构评估咨询管理暂行办法》；并印发《关于落实国务院通知精神认真做好第三次全国文物普查的通知》。

4 月 23 日　科技部、国家文物局在北京举行文化遗产保护领域国家科技支撑计划课题启动实施大会。

同日　国家文物局在秘鲁驻华大使官邸举行仪式，聘任前秘鲁驻华大使陈路为中国文化遗产保护国际顾问。

4 月 25 日　由福建省人民政府、国家文物局和台盟中央委员会主办的 2007 海峡西岸文化遗产保护论坛在福建福州开幕。

4 月 30 日　国家文物局印发《关于加强乡土建筑保护的通知》。

5 月 21 日　国家文物局、国务院国有资产监督管理委员会授予中国建筑设计研究院建筑历史研究所"文物保护特别奖"。

5 月 22 日　国务院第三次全国文物普查领导小组在北京召开第一次全体会议。国务委员、第三次全国文物普查领导小组组长陈至立出席会议并讲话。

5 月 24～28 日　由中国国家文物局、联合国教科文组织世界遗产中心、国际文化财产保护与修复研究中心和国际古迹遗址理事会联合主办，北京市文物局、故宫博物院承办的东亚地区文物建筑保护理念与实践国际研讨会在北京召开。会议通过《北京文件》。

5 月 28 日　国家文物局印发《关于授予全国优秀长城保护员"文物保护特别奖"的决定》。

同日　国家文物局印发《关于授予陕西省宝鸡市保护文物的农民群体"文物保护特别奖"的决定》。

6 月 3 日　李长春、陈至立就加强西沙水下文物发现与保护工作作重要批示。

6 月 5 日　国家文物局颁布《文物出境审核标准》，1960 年开始施行的《文物出口鉴定参考标准》同时废止。

同日　国家文物局印发《关于表彰全国文化遗产保护工作先进集体和先进个人的决定》。决定授予北京市周口店北京人遗址管理处等 42 个单位"全国文化遗产保护工作先进集体"称号；授予周洪福等 120 名同志"全国文化遗产保护工作先进个人"称号。

6 月 8 日　人事部、文化部和国家文物局在北京人民大会堂举行全国文化遗产保护工作表彰大会。国务委员陈至立出席大会。

6月9日　我国第二个"文化遗产日"。活动主题：保护文化遗产，构建和谐社会。

6月9-11日　建设部、文化部、国家文物局在北京举行城市文化国际研讨会暨第二届城市规划国际论坛。论坛通过《城市文化北京宣言》。

6月11日　国家发改委、国家文物局印发《国家"十一五"抢救性文物保护设施建设专项规划》。

6月20日　国家文物局在北京召开大运河保护与申遗工作协调会在京召开。

6月25日　开平碉楼与村落在联合国教科文第31届世界遗产委员会会议上被批准列入《世界遗产名录》。

6月28日　"国之重宝——故宫博物院藏晋唐宋元书画展"在香港开幕。香港特区行政长官曾荫权等出席开幕仪式。

7月13日　由文化部部长孙家正签发的《文物进出境审核管理办法》开始施行。

7月14日　民政部、国家文物局联合印发《关于做好烈士纪念建筑物保护单位文物普查和附属可移动文物鉴定工作的通知》。

7月19日　国家文物局在山东青岛召开全国文物外事工作会议。

7月30日　国家文物局成立第三次全国文物普查办公室。

8月31日　国家文物局在北京召开全国可移动文物保护管理工作座谈会。

9月3日　全国文物进出境审核管理工作暨表彰会在辽宁沈阳举行。

9月5日　中共中央政治局常委李长春考察湖北省博物馆。

9月11日　全国政协副主席张思卿率全国政协"文化遗产保护"联合调研组赴四川考察世界遗产保护和管理状况。

9月14日　财政部和国家文物局联合印发《第三次全国文物普查专项经费使用管理办法》。

9月17日　第三次全国文物普查电视电话会议在北京召开，动员部署第三次全国文物普查工作。国务委员陈至立出席并讲话。

9月19日　国家文物局启动2007年度行政执法专项督察工作。

9月20日　全国政协委员郭修圃捐赠文物仪式在全国政协礼堂举行。中共中央政治局常委、全国政协主席贾庆林，全国政协副主席、中央统战部部长刘延东等出席仪式。

9月28日　全国人大副委员长李铁映考察重庆中国三峡博物馆。

10月4日　国务院副总理回良玉考察江苏南通博物苑。

10 月 8 日　中国政府无偿援助蒙古国文化遗产保护项目——博格达汉宫博物馆门前区维修工程竣工。

10 月 18 日　国家文物局印发《关于博物馆登记年检工作情况的通报》。

10 月 27 日　中共中央政治局常委李长春出席井冈山革命博物馆开馆仪式。

10 月 28～29 日　全国文物法制工作会议在北京召开。

10 月 30 日　全国人大教科文卫委员会、文化部、国务院法制办和国家文物局在北京联合召开《中华人民共和国文物保护法修订实施五周年》座谈会。全国人大常委会副委员长路甬祥等出席会议。

11 月 2 日　"伦勃朗与黄金时代——荷兰阿姆斯特丹国立博物馆珍藏展"在上海博物馆开幕。

11 月 20 日　中国文物研究所更名为中国文化遗产研究院。

11 月 22 日　李长春、陈至立同志就我国世界文化遗产保护情况作重要批示。

同日　国家文物局在北京召开"贯彻十七大精神，繁荣博物馆文化"部分博物馆馆长座谈会。

11 月 30 日　中国共产党第五次全国代表大会会址纪念馆落成典礼在湖北武汉举行。

12 月 10～14 日　由全国政协副主席徐匡迪带队的"全国政协大运河保护与申遗考察团"在河南和安徽考察隋唐大运河相关遗迹。

12 月 20 日　文化部、国家文物局在北京召开全国文物工作先进县表彰大会。

12 月 22 日　"南海 I 号"古沉船整体打捞成功。

12 月 30 日　国务委员陈至立就"南海 I 号"整体打捞情况作重要批示。

2008 年

1 月 14 日　中共中央政治局常委李长春、国务委员陈至立到中国国家博物馆调研。

1 月 23 日　中共中央宣传部、财政部、文化部、国家文物局联合印发《关于全国博物馆、纪念馆免费开放的通知》。

1 月 30 日　国家文物局印发《关于做好雨雪冰冻灾情下文物保护工作的紧急通知》。

1 月 31 日　国家文物局印发《关于甘肃省博物馆文物安全事故的通报》。

2 月 1 日　中宣部、财政部、文化部和国家文物局在北京召开全国博物馆纪念馆免费开放工作会议。

2月4日　国家文物局、国务院南水北调办公室印发《南水北调东、中线一期工程文物保护管理办法》。

2月5日　国家文物局印发《全国博物馆评估办法（试行）》、《博物馆评估暂行标准》和《博物馆评估申请书》。

2月14日　国家文物局印发《关于加强文物消防工作的紧急通知》。

2月22日　国家文物局印发《关于加强突发事件应急预案制定和落实确保文物安全的紧急通知》。

2月26日　中国国家文物局与希腊文化部在北京签署《中华人民共和国国家文物局与希腊共和国文化部关于防止盗窃、盗掘和非法进出境文物的谅解备忘录》。

2月29日　国家文物局印发《〈古代壁画病害与图示〉等9项文化遗产保护行业标准的通知》。

3月1日　国务院印发《关于公布第一批国家珍贵古籍名录和第一批全国古籍重点保护单位名单的通知》。

3月4日　国家文物局印发《关于做好博物馆免费开放工作的实施意见》。

3月13日　国家文物局印发《全国文物保护标准化技术委员会章程》。

3月20日　国家文物局、中宣部、发展改革委、教育部、民政部、财政部、住房城乡建设部、文化部、国家旅游局、共青团中央联合印发《关于加强革命文物工作的若干意见》。

3月21日　国家文物局印发《关于开展2008年度文物行政执法专项督察工作的通知》。

4月7日　国家文物局印发《关于进一步加强大运河文化遗产及其环境景观保护工作的通知》。

4月9～10日　全国政协副主席孙家正赴浙江考察杭州西湖申遗工作。

4月11～12日　国家文物局在江苏无锡召开全国大遗址保护现场会。

4月13日　中共中央书记处书记何勇考察山西太行八路军纪念馆。

4月14日　"马普切—智利的起源"展览在首都博物馆举行。智利总统米歇尔·巴切莱特等出席开幕式。

同日　中国国家文物局和智利外交部在北京签署《中华人民共和国政府和智利共和国政府关于防止盗窃、盗掘和非法进出境文物的协定》。

同日　国家文物局印发《关于发布〈第一批文物保护工程监理甲级资质单位及部分勘察设计甲级、施工一级资质单位名单〉的通知》。

4 月 17 日　国务委员刘延东就博物馆免费开放作重要批示。

4 月 18 日　国务委员刘延东到文化部、国家文物局调研。

4 月 24 日　国务委员刘延东就我国成功追索非法流失丹麦的中国文物作重要批示。

5 月 1 日　《文物保护工程审批管理暂行规定》在北京、河北、山西、浙江、四川 5 省开始试行。

5 月 12 日　四川汶川发生 7.8 级地震，四川、陕西、甘肃等省市文物、博物馆遭受地震破坏、毁损严重，共有 145 处全国重点文物保护单位（其中 2 处世界文化遗产）、285 处省级文物保护单位受到不同程度损害，包括 372 件珍贵文物在内的 4109 件馆藏文物受损。

5 月 15 日　国务委员刘延东就四川、陕西、甘肃等省市文物博物馆遭受地震破坏毁损严重作重要批示。

5 月 16 日　国家文物局印发《关于发布首批国家一级博物馆名单的决定》。故宫博物院等 83 家单位获此称号。

5 月 20～28 日　国家文物局分别在川渝陕甘灾区召开抗震救灾现场会。

5 月 22 日　国务院总理温家宝视察北川县，并就建立地震遗址博物馆作重要指示。

5 月 29 日　国务委员刘延东视察四川成都都江堰灾情。

6 月 1～3 日　中共中央政治局常委李长春赴四川绵阳、德阳和成都察看受灾情况。

6 月 3 日　国务院总理温家宝、中共中央政治局常委李长春、国务委员刘延东就高度重视灾后文物恢复重建工作作重要批示。

6 月 12 日　首届中国文化遗产保护年度杰出人物颁奖暨事迹报告会在北京举行。

6 月 14 日　我国第三个文化遗产日。活动主题：文化遗产人人保护，保护成果人人共享。

6 月 19 日　国家文物局印发《关于做好汶川地震灾后文物抢救保护工作的意见》。

6 月 20～21 日　国家文物局在北京召开全国文物局长座谈会、文物系统抗震救灾先进集体先进个人表彰会和全国文物系统支援地震灾区文物抢救保护工作会议。

6 月 24 日　国务院总理温家宝和国务委员刘延东就开展地震遗址博物馆（纪念馆）工作作重要批示。

6 月 30 日　四川省人民政府、国家文物局在四川都江堰举行都江堰古建筑群抢救保护工程开工仪式。

7 月 1 日　《历史文化名城名镇名村保护条例》开始施行。

7 月 6 日　福建土楼在联合国教科文第 32 届世界遗产委员会会议上被批准列入

《世界遗产名录》。截止到 2008 年 7 月，我国拥有世界遗产 37 处，其中文化遗产 26 处，自然遗产 7 处，文化与自然混合遗产 4 处。

7 月 10 日　温家宝、李克强、回良玉、刘延东、马凯同志就四川汶川地震灾后重建保护羌族文化遗产作重要批示。

7 月 15 日　国家文物局、四川省人民政府在四川阿坝理县桃坪羌寨举行羌族碉楼与村寨抢救保护工程开工仪式。

7 月 18 日　国家文物局向国家灾后重建规划组报送《关于报送〈汶川地震灾后文物抢救保护修复专项规划〉的函》。

7 月 28 日　"奇迹天工——中国古代发明创造文物展"开幕式在中国科学技术馆新馆举行。全国人大常委会副委员长、中国科协主席韩启德，全国人大常委会副委员长、北京奥组委副主席陈至立，全国政协副主席、中国文联主席孙家正等领导出席。

8 月 1 日　中宣部、国家文物局在江西南昌召开全国革命文物工作座谈会。

8 月 13 日　国务委员刘延东担任国务院第三次全国文物普查领导小组组长。

8 月 15 日　文化部部长蔡武主持召开第 7 次部务会议，研究"改革开放 30 年文化建设"研究课题方案，确定"中国文物事业改革开放 30 年"作为该课题的独立分报告。

　　　　　　　　　　　　　　　　　　负责人：董保华

　　　　　　　　　　　　　　　　　　统稿人：刘曙光

　　　　　　　　　　　　　　　　　　执笔人：董　琳